해설과 관련판례로 살펴본

알기 쉬운
부정경쟁방지법

편저 조희진

법문북스

머 리 말

제4차 산업사회로 진입하면서 각종 기술 및 지식이 무한경쟁시대의 핵심적인 생산요소로 발전하고, 기업이 보유한 기술상 또는 경영상 정보는 기업의 경쟁력을 좌우할 수 있는 중요한 요소로서 부각되었다. 아울러 기업간 경쟁의 심화 및 산업의 전문화, 세분화와 벤처기업의 창업활성화, 컴퓨터 등 정보통신수단의 발달 등으로 기업이 보유한 각종 정보의 유출 가능성은 더욱 커지고 있으며, 부정한 방법으로 기업의 정보를 활용하여 그 피해가 날로 급증하고 있다.

이러한 부정한 수단에 의한 상업상의 경쟁을 방지하여 건전한 상거래의 질서를 유지하려는 목적에서 「부정경쟁방지 및 영업비밀보호에 관한 법률」이 제정되었다. 이 법에서는 기업 등이 보유하고 있는 비밀정보를 법적으로 보호하기 위하여 영업비밀의 요건, 영업비밀침해행위의 유형, 침해시의 법적 구제수단, 부정경쟁행위의 범위를 정하고 고의 또는 과실로 부정경쟁행위를 한 자에게 손해배상책임을 지도록 하는 것 등을 규정하고 있다.

이 법에서 "부정경쟁행위"란 크게 보아 혼동초래행위, 저명상표 희석행위, 오인유발행위, 대리인 또는 대표자의 무단 상표사용행위, 사이버스쿼팅, 형태모방행위, 아이디어가 포함된 정보의 부정사용행위, 데이터 부정사용행위, 타인의 성명 등 부정사용행위, 그리고 일반규정으로서 타인의 성과 등 부정사용행위 등 10개의 유형으로 나누어 설명할 수 있다.

이 책에서는 복잡하게 규정된 부정경쟁행위를 법조문에 맞춰서 해설과 관련판례를 체계적으로 정리하였다. 이러한 자료들은 대법원의 판례와 특허청의 해설서 및 법제처의 국가법령정보센터 등을 참고하였으며, 이를 종합적으로 정리·분석하여 일목요연하고 알기 쉽게 편집하였다.

이 책이 기업을 하면서 부당하게 영업비밀을 침해받아 억울하게 피해을 받으신 분이나 손해를 당한 분, 또 이들에게 조언을 하고자 하는 전문가들에게도 큰 도움이 되리라 믿으며, 열악한 출판시장임에도 불구하고 흔쾌히 출간에 응해 주신 법문북스 김현호 대표에게 감사를 드린다.

편저자 드림

차 례

Chapter 1. 총칙

Chapter 2. 부정경쟁행위의 금지 등

Chapter 3. 영업비밀의 보호

Chapter 4. 보칙

Chapter 5. 부록 : 관련법령

Chapter 1.
총칙

제1조(목적)

> **제1조(목적)** 이 법은 국내에 널리 알려진 타인의 상표·상호(商號) 등을 부정하게 사용하는 등의 부정경쟁행위와 타인의 영업비밀을 침해하는 행위를 방지하여 건전한 거래질서를 유지함을 목적으로 한다.

[해설]

1. 국내에 널리 알려진 타인의 상표·상호 등을 부정하게 사용하는 행위

① 「국내」란 대한민국 전역을 말하고, 「널리」란 인식의 정도가 아니라 국내에서의 공간적 범위를 한정하는 의미로서, 일률적으로 결정할 수 없고 상품과 영업의 종류 및 성질, 거래에 관여하는 자와 수요자 계층 등 여러 가지 사정을 고려하여 개별적으로 결정되어야 한다.

② 「상표」의 개념에는 협의의 상표뿐만 아니라 서비스표, 단체표장, 업무표장을 포함하는 광의의 상표의 개념을 말하며, 원칙적으로는 등록상표만을 의미하지만 미등록상표도 주지·저명한 경우 타인에 의한 상표등록을 배제하여 간접적으로 보호된다는 점에서 미등록 주지·저명상표도 포함하는 의미로 해석될 수 있고, 「부정경쟁방지 및 영업비밀보호에 관한 법률(이하 '부정경쟁방지법'이라 한다)」에서의 「상호」란 상법규정에 의한 상호보호의 대상보다 넓고 탄력적인 개념으로 영업주체가 자기의 영업활동을 타인의 것과 구별시키기 위하여 사용하는 명칭을 의미한다.

이에 국내에 널리 알려진 타인의 상표·상호 등을 부정한 수단으로 사용하여 경쟁하는 부정경쟁행위를 금지하는 것은 건전한 거래질서를 유지하고, 경업자를 보호하는 차원으로 볼 수 있다.

2. 타인의 영업비밀을 침해하는 행위

① 「영업비밀을 침해하는 행위」란 "영업비밀 침해행위에 의하여 영업상의 이익이 침해되거나 침해될 우려가 있어야 한다."라는 것을 의미한다. 「영업」이란 경제주체가 경제상 수지의 계산위에서 활동하는 모든 행위를 포함하는 개념으로, 영리성 유무와 관계없이 계속적·반복적으로 시장에 참여하는 행위를 말한다.

② 「영업상의 이익」이란 영업비밀 침해행위로부터 보호받을 가치가 있는 모든 이익을 말한다. 이러한 영업상의 이익은 현실로 침해되었을 필요는 없고 침해될 우려만 있으면 된다. 「우려」란 단순히 침해될 가능성만으로는 부족하고 침해될 것이 확실히 예상되는 개연성을 의미하므로 주관적 침해 가능성만으로는 부족하며, 사회 통념상 객관적으로 영업상 이익이 침해될 가능성이 있어야 하고, 이에 대한 주관적·객관적 입증책임은 청구권자가 부담한다. 그러나 침해자의 고의 및 과실은 금지 및 예방 청구권의 요건이 아니다.

③ 「침해될 우려」는 "단순히 침해될 가능성만으로는 부족하고 침해될 것이 확실히 예상되는 개연성을 의미하지만, 원래 영업비밀은 그것이 공개되는 순간 비밀성을 상실하게 되어 보호적격마저 부인되는 특성이 있다. 그 어느 때보다도 기업경쟁이 치열한 오늘날 개발하거나 획득한 영업비밀의 유지는 그 기업의 사활이 걸린 중대한 문제이다. 일단 상대방이 부정한 수단으로 영업비밀을 취득한 것이 입증되면 특별한 사정이 없으면 그 부정취득자에 의하여 영업비밀이 사용되거나 공개되어 영업비밀 보유자의 영업상의 이익이 침해될 우려가 있다고 보아야 할 것"으로 해석된다.

3. 건전한 거래질서를 유지함을 목적

상표법과 부정경쟁방지법은 다 같이 부정경쟁행위를 방지하고 경쟁영업질서를 바로잡기 위하여 마련된 제도이지만, 부정경쟁방지법은 무엇보다도 등록 여부를 불문하고 국내에 널리 알려진 상표 등을 그 보호대상으로 하며, 타인의 부정경쟁행위가 있는 경우 금지청구권·손해배상청구권 등 일정한 권리를 인정함으로써 부정경쟁행위를 금지하고 공정한 경쟁 질서를 유도하고자 하는 것으로, 결국 일반거래 및 수요자의 이익을 보호하는 차원으로 볼 수 있다.

[관련판례]

① 상호 사용에 있어 이른바 역혼동에 의한 피해의 인정기준

상호를 먼저 사용한 자(선사용자)의 상호와 동일·유사한 상호를 나중에 사용하는 자(후사용자)의 영업규모가 선사용자보다 크고 그 상호가 주지성을 획득한 경우, 후사용자의 상호사용으로 인하여 마치 선사용자가 후사용자의 명성이나 소비자 신용에 편승하여 선사용자의 상품의 출처가 후사용자인 것처럼 소비자를 기망한다는 오해를 받아 선사용자의 신용이 훼손된 때 등에 있어서는 이를 이른바 역혼동에 의한 피해로 보아 후사용자의 선사용자에 대한 손해배상책임을 인정할 여지가 전혀 없지는 않다고 할 것이나, 상호를 보호하는 상법과 부정경쟁방지및영업비밀보호에관한법률의 입법 취지에 비추어, 선사용자의 영업이 후사용자의 영업과 그 종류가 다른 것이거나 영업의 성질이나 내용, 영업방법, 수요자층 등에서 밀접한 관련이 없는 경우 등에 있어서는 위와 같은 역혼동으로 인한 피해를 인정할 수 없다[대법원 2002. 2. 26. 선고 2001다 73879 판결].

② '국내에 널리 인식된 상표·상품'에 해당한다고 한 사례

부정경쟁방지법 제2조 제1호 (가)목 및 (나)목 에서 타인의 상품 또는 영업임을 표시한 표지가 '국내에 널리 인식되었다'는 의미는 국내 전역에 걸쳐 모든 사람에게 주지되어 있음을 요하는 것이 아니고, 국내의 일정한 지역범위 안에서 거래자 또는 수요자들 사이에 알려진 정도로써 족하다고 할 것이고(대법원 1995. 7. 14. 선고 94도399 판결, 1997. 4. 24.자 96마675 결정 등 참조), 널리 알려진 상표 등인지 여부는 그 사용기간, 방법, 태양, 사용량, 거래범위 등과 상품거래의 실정 및 사회통념상 객관적으로 널리 알려졌느냐의 여부가 일응의 기준이 된다 할 것인바(대법원 1997. 2. 5.자 96마364 결정 참조), 원심이 인정한 사실에 의하더라도, 원고 또는 승계참가인은 1988.경부터 이 사건 등록상표를 사용하여 대형할인매장이나 문구도매상 등을 통하여 이 사건 등록상표를 부착한 색종이 등을 판매하여 왔는데 그 매출액이 해마다 증가하여 최근 10년간의 총매출액이 약 376억 원에 이르고, 1991.경부터 1999.경까지 동종 거래업계의 월간지에 광고를 게재하고, 1992.경부터 6년 동안 어린이전문신문에 131회의 광고를 하였으며, 1995.경부터 2년 동안 약 25회의 텔레비전광고를 하였고, 1993.경부터 현재까지 각종 종이접기 공모전이나 세미나를 협찬하면서 이 사건 등록상표가 부착된 공작용 색종이 등을 배포하고 종이접기협회지 및 각종 도서에 광고문을 게재해 왔다는 것이고, 한편 기록에 의하면, 이 사건 등록상표를 부착한 색종이 등의 제품 단가는 1000원 미만의 비교적 저가로서 위 매출액만으로도 그 판매 수량이 상당하고 색종이를 제조·판매하는 동종업자가 소수이며 그 중 승계참가인의 색종이 시장점유율이 상당히 높은 것을 알 수 있어, 이 사건 등록 상표의 사용기간, 매출액, 판매수량, 선전광고의 종류, 기간, 빈도, 동종의 거래업계의 객관적인 평가 등 이 사건 기록에 나타난 모든 사정에 비추어 보면, 이 사건 등록상표는 그 상표가 부착된 색종이 제품 분야의 일반 수요자나 거래자 사이에서는 이미 승계참가인의 상표로서 현저하게 인식되어 부정경쟁방지법에서 말하는 국내에 널리 알려진 상표라고 보기에 충분하다고 할 것이다[대법원 2003. 9. 26. 선고 2001다76861 판결].

③ 구 부정경쟁방지법에서 고소인의 상표가 국내에서 널리 알려져 있음을 전제로 하는지 여부

구 부정경쟁방지법(1991.12.31. 법률 제4478호로 개정되기 전의 것) 제1조에서는 "이 법은 부정한 수단에 의한 상업상의 경쟁을 방지하여 건전한 상거래의 질서를 유지함을 목적으로 한다"고 규정하고 있고, 그 제2조 제5호에서는 "타인의 상품을 사칭하거나 상품 또는 그 광고에 상품의 품질, 내용, 제조방법, 용도 또는 수량의 오인을 일으키게 하는 선전 또는 표지를 하거나 이러한 방법이나 표지로써 상품을 판매, 반포 또는 수입, 수출하는 행위"를 부정경쟁행위의 한 유형으로 규정하고 있을

뿐이고, 타인의 상품 등이 널리 알려져 있음을 요한다고 규정하고 있지 아니하므로, 고소인의 상표가 국내에서 널리 알려져 있어야 함을 전제로 하지 않는다[대법원 1995. 11. 7. 선고 94도3287 판결].

④ "국내에 널리 인식된 타인의상호, 상표"의 의미

부정경쟁방지법 제2조 제1호 (가)목 소정의 "국내에 널리 인식된 타인의 상호, 상표"라 함은 국내 전역에 걸쳐 모든 사람들에게 주지되어 있음을 요하는 것이 아니고, 국내의 일정한 지역적 범위 안에서 거래자 또는 수요자들 사이에 알려진 정도로써 족하고 또 그 상표 등의 등록 여부와 관계없다[대법원 1995. 7. 14. 선고 94도399 판결].

⑤ 병행수입업자가 당해 진정상품 생산업체의 영업표지를 사용할 수 있는 범위

국내에 널리 알려진 타인의 상호, 표장 등을 부정하게 사용하는 등의 부정경쟁행위를 방지하여 건전한 거래질서를 유지함을 목적으로 하고 있는 부정경쟁방지법의 입법취지 등을 종합하여 볼 때, 병행수입업자의 제한 없는 상호, 표장 등 영업표지의 사용행위는 어느 정도 규제되어야 마땅하다고 할 것이고, 결국 병행수입업자가 당해 상품 생산업체의 영업표지를 사용할 수 있는 한계는 '진정상품 그 자체를 가지고 하는 것과 동일시 할 수 있는 방법에 의한 사용행위' 또는 '병행수입품의 광고에 상품 생산업체의 영업표지를 기술적·설명적으로 표기하는 정도의 사용행위' 등과 같이 최소한의 범위 내에서만 이를 사용할 수 있다고 봄이 타당하다[서울지법 1998. 5. 29. 선고 97가합32678 판결 : 항소].

⑥ 의료기관의 명칭사용행위에 상법 제23조나 부정경쟁방지법 규정의 적용여부

의사들의 의료행위는 국민보건의 보호증진에 기여함을 주목적으로 하는 것이므로 사회통념상 의료행위가 주목적인 의료기관의 개설운영행위

를 상법 제23조 소정의 영업이나 부정경쟁방지법 제1조 소정의 상거래에 해당한다거나 그 의료기관을 개설한 의사를 상인으로 볼 수는 없으므로 상법 제23조나 부정경쟁방지법 규정은 의료기관의 명칭사용행위에 적용될 수는 없다[서울고법 1983. 6. 10. 선고 83나274 제5민사부판결 : 확정].

제2조(정의)

제2조(정의) 이 법에서 사용하는 용어의 뜻은 다음과 같다.
1. "부정경쟁행위"란 다음 각 목의 어느 하나에 해당하는 행위를 말한다.
 가. 다음의 어느 하나에 해당하는 정당한 사유 없이 국내에 널리 인식된 타인의 성명, 상호, 상표, 상품의 용기·포장, 그 밖에 타인의 상품임을 표시한 표지(標識)(이하 이 목에서 "타인의 상품표지"라 한다)와 동일하거나 유사한 것을 사용하거나 이러한 것을 사용한 상품을 판매·반포(頒布) 또는 수입·수출하여 타인의 상품과 혼동하게 하는 행위
  1) 타인의 상품표지가 국내에 널리 인식되기 전부터 그 타인의 상품표지와 동일하거나 유사한 표지를 부정한 목적 없이 계속 사용하는 경우
  2) 1)에 해당하는 자의 승계인으로서 부정한 목적 없이 계속 사용하는 경우
 나. 다음의 어느 하나에 해당하는 정당한 사유 없이 국내에 널리 인식된 타인의 성명, 상호, 표장(標章), 그 밖에 타인의 영업임을 표시하는 표지(상품 판매·서비스 제공방법 또는 간판·외관·실내장식 등 영업제공 장소의 전체적인 외관을 포함하며, 이하 이 목에서 "타인의 영업표지"라 한다)와 동일하거나 유사한 것을 사용하여 타인의 영업상의 시설 또는 활동과 혼동하게 하는 행위
  1) 타인의 영업표지가 국내에 널리 인식되기 전부터 그 타인의 영업표지와 동일하거나 유사한 표지를 부정한 목적 없이 계속 사용하는 경우
  2) 1)에 해당하는 자의 승계인으로서 부정한 목적 없이 계속 사용하는 경우
 다. 가목 또는 나목의 혼동하게 하는 행위 외에 다음의 어느 하나에 해당하는 정당한 사유 없이 국내에 널리 인식된 타인의 성명, 상호, 상표, 상품의 용기·포장, 그 밖에 타인의 상품 또는 영업임을 표시한 표지(타인의 영업임을 표시하는 표지에 관하여는 상품 판매·서비스 제공방법 또는 간판·외관·실내장식 등 영업제공 장소의 전체적인 외관을 포함한다. 이하 이 목에서 같다)와 동일하거나 유사한 것을 사용하거나 이러한 것을 사용한 상품을 판매·반포 또는 수입·수출하여 타인의 표지의 식별력이나 명성을 손상하는 행위
  1) 타인의 성명, 상호, 상표, 상품의 용기·포장, 그 밖에 타인의 상품 또는 영업임을 표시한 표지가 국내에 널리 인식되기 전부터 그 타인의 표지와 동일하거나 유사한 표지를 부정한 목적 없이 계속 사용하는 경우

2) 1)에 해당하는 자의 승계인으로서 부정한 목적 없이 계속 사용하는 경우

3) 그 밖에 비상업적 사용 등 대통령령으로 정하는 정당한 사유에 해당하는 경우

라. 상품이나 그 광고에 의하여 또는 공중이 알 수 있는 방법으로 거래상의 서류 또는 통신에 거짓의 원산지의 표지를 하거나 이러한 표지를 한 상품을 판매·반포 또는 수입·수출하여 원산지를 오인(誤認)하게 하는 행위

마. 상품이나 그 광고에 의하여 또는 공중이 알 수 있는 방법으로 거래상의 서류 또는 통신에 그 상품이 생산·제조 또는 가공된 지역 외의 곳에서 생산 또는 가공된 듯이 오인하게 하는 표지를 하거나 이러한 표지를 한 상품을 판매·반포 또는 수입·수출하는 행위

바. 타인의 상품을 사칭(詐稱)하거나 상품 또는 그 광고에 상품의 품질, 내용, 제조방법, 용도 또는 수량을 오인하게 하는 선전 또는 표지를 하거나 이러한 방법이나 표지로써 상품을 판매·반포 또는 수입·수출하는 행위

사. 다음의 어느 하나의 나라에 등록된 상표 또는 이와 유사한 상표에 관한 권리를 가진 자의 대리인이나 대표자 또는 그 행위일 전 1년 이내에 대리인이나 대표자이었던 자가 정당한 사유 없이 해당 상표를 그 상표의 지정상품과 동일하거나 유사한 상품에 사용하거나 그 상표를 사용한 상품을 판매·반포 또는 수입·수출하는 행위

1) 「공업소유권의 보호를 위한 파리협약」(이하 "파리협약"이라 한다) 당사국

2) 세계무역기구 회원국

3) 「상표법 조약」의 체약국(締約國)

아. 정당한 권원이 없는 자가 다음의 어느 하나의 목적으로 국내에 널리 인식된 타인의 성명, 상호, 상표, 그 밖의 표지와 동일하거나 유사한 도메인이름을 등록·보유·이전 또는 사용하는 행위

1) 상표 등 표지에 대하여 정당한 권원이 있는 자 또는 제3자에게 판매하거나 대여할 목적

2) 정당한 권원이 있는 자의 도메인이름의 등록 및 사용을 방해할 목적

3) 그 밖에 상업적 이익을 얻을 목적

자. 타인이 제작한 상품의 형태(형상·모양·색채·광택 또는 이들을 결합한 것을 말하며, 시제품 또는 상품소개서상의 형태를 포함한다. 이하 같다)를 모방한 상품을 양도·대여 또는 이를 위한 전시를 하거나 수입·수출하는 행위. 다만, 다음의 어느 하나에 해당하는 행위는 제외한다.

1) 상품의 시제품 제작 등 상품의 형태가 갖추어진 날부터 3년이 지난 상

품의 형태를 모방한 상품을 양도·대여 또는 이를 위한 전시를 하거나 수입·수출하는 행위

2) 타인이 제작한 상품과 동종의 상품(동종의 상품이 없는 경우에는 그 상품과 기능 및 효용이 동일하거나 유사한 상품을 말한다)이 통상적으로 가지는 형태를 모방한 상품을 양도·대여 또는 이를 위한 전시를 하거나 수입·수출하는 행위

차. 사업제안, 입찰, 공모 등 거래교섭 또는 거래과정에서 경제적 가치를 가지는 타인의 기술적 또는 영업상의 아이디어가 포함된 정보를 그 제공목적에 위반하여 자신 또는 제3자의 영업상 이익을 위하여 부정하게 사용하거나 타인에게 제공하여 사용하게 하는 행위. 다만, 아이디어를 제공받은 자가 제공받을 당시 이미 그 아이디어를 알고 있었거나 그 아이디어가 동종 업계에서 널리 알려진 경우에는 그러하지 아니하다.

카. 데이터[「데이터 산업진흥 및 이용촉진에 관한 기본법」 제2조제1호에 따른 데이터 중 업(業)으로서 특정인 또는 특정 다수에게 제공되는 것으로, 전자적 방법으로 상당량 축적·관리되는 기술상 또는 영업상의 정보(제2호에 따른 영업비밀은 제외한다)를 말한다. 이하 같다]를 부정하게 사용하는 행위로서 다음의 어느 하나에 해당하는 행위

1) 접근권한이 없는 자가 절취·기망·부정접속 또는 그 밖의 부정한 수단으로 데이터를 취득하거나 그 취득한 데이터를 사용·공개하는 행위

2) 데이터 보유자와의 계약관계 등에 따라 데이터에 접근권한이 있는 자가 부정한 이익을 얻거나 데이터 보유자에게 손해를 입힐 목적으로 그 데이터를 사용·공개하거나 제3자에게 제공하는 행위

3) 1) 또는 2)가 개입된 사실을 알고 데이터를 취득하거나 그 취득한 데이터를 사용·공개하는 행위

4) 정당한 권한 없이 데이터의 보호를 위하여 적용한 기술적 보호조치를 회피·제거 또는 변경(이하 "무력화"라 한다)하는 것을 주된 목적으로 하는 기술·서비스·장치 또는 그 장치의 부품을 제공·수입·수출·제조·양도·대여 또는 전송하거나 이를 양도·대여하기 위하여 전시하는 행위. 다만, 기술적 보호조치의 연구·개발을 위하여 기술적 보호조치를 무력화하는 장치 또는 그 부품을 제조하는 경우에는 그러하지 아니하다.

타. 국내에 널리 인식되고 경제적 가치를 가지는 타인의 성명, 초상, 음성, 서명 등 그 타인을 식별할 수 있는 표지를 공정한 상거래 관행이나 경쟁질서에 반하는 방법으로 자신의 영업을 위하여 무단으로 사용함으로

써 타인의 경제적 이익을 침해하는 행위

파. 그 밖에 타인의 상당한 투자나 노력으로 만들어진 성과 등을 공정한 상
   거래 관행이나 경쟁질서에 반하는 방법으로 자신의 영업을 위하여 무단
   으로 사용함으로써 타인의 경제적 이익을 침해하는 행위

2. "영업비밀"이란 공공연히 알려져 있지 아니하고 독립된 경제적 가치를 가지
   는 것으로서, 비밀로 관리된 생산방법, 판매방법, 그 밖에 영업활동에 유용
   한 기술상 또는 경영상의 정보를 말한다.

3. "영업비밀 침해행위"란 다음 각 목의 어느 하나에 해당하는 행위를 말한다.

   가. 절취(竊取), 기망(欺罔), 협박, 그 밖의 부정한 수단으로 영업비밀을 취득
      하는 행위(이하 "부정취득행위"라 한다) 또는 그 취득한 영업비밀을 사
      용하거나 공개(비밀을 유지하면서 특정인에게 알리는 것을 포함한다. 이
      하 같다)하는 행위

   나. 영업비밀에 대하여 부정취득행위가 개입된 사실을 알거나 중대한 과실
      로 알지 못하고 그 영업비밀을 취득하는 행위 또는 그 취득한 영업비밀
      을 사용하거나 공개하는 행위

   다. 영업비밀을 취득한 후에 그 영업비밀에 대하여 부정취득행위가 개입된
      사실을 알거나 중대한 과실로 알지 못하고 그 영업비밀을 사용하거나
      공개하는 행위

   라. 계약관계 등에 따라 영업비밀을 비밀로서 유지하여야 할 의무가 있는
      자가 부정한 이익을 얻거나 그 영업비밀의 보유자에게 손해를 입힐 목
      적으로 그 영업비밀을 사용하거나 공개하는 행위

   마. 영업비밀이 라목에 따라 공개된 사실 또는 그러한 공개행위가 개입된
      사실을 알거나 중대한 과실로 알지 못하고 그 영업비밀을 취득하는 행
      위 또는 그 취득한 영업비밀을 사용하거나 공개하는 행위

   바. 영업비밀을 취득한 후에 그 영업비밀이 라목에 따라 공개된 사실 또는
      그러한 공개행위가 개입된 사실을 알거나 중대한 과실로 알지 못하고
      그 영업비밀을 사용하거나 공개하는 행위

4. "도메인이름"이란 인터넷상의 숫자로 된 주소에 해당하는 숫자ㆍ문자ㆍ기호
   또는 이들의 결합을 말한다.

[해설]

1. 부정경쟁행위의 개념

「부정경쟁행위」란 국내에 널리 인식된 타인의 성명, 상호, 상표, 상품의 용기·포장, 그 밖에 타인의 상품임을 표시한 표지(標識)와 동일하거나 유사한 것을 사용하거나 이러한 것을 사용한 상품을 판매·반포(頒布) 또는 수입·수출하여 타인의 상품과 혼동하게 하는 행위, 국내에 널리 인식된 타인의 성명, 상호, 표장(標章), 그 밖에 타인의 영업임을 표시하는 표지(상품 판매·서비스 제공방법 또는 간판·외관·실내장식 등 영업제공 장소의 전체적인 외관을 포함한다)와 동일하거나 유사한 것을 사용하여 타인의 영업상의 시설 또는 활동과 혼동하게 하는 행위를 말한다.

2. 국내에 널리 인식된(주지성)

① 「국내에 널리 인식된」이란 타인의 상품임을 표시한 표지가 외국이 아닌 우리나라에서 당업자(當業者)를 포함한 거래관계자나 일반수요자 사이에서 주지된 것을 의미하며 일반적으로 이를 주지성이라 한다.

② 주지성은 국내 전역에 걸쳐 모든 사람에게 주지되어 있음을 필요로 하는 것이 아니고, 국내의 일정한 지역범위 안에서 거래자 또는 수요자들 사이에 알려진 정도로써 충분하고 상표 등의 등록 여부와 관계없으며, 널리 알려진 상표 등인지 아닌지는 그 사용기간, 방법, 태양, 사용량, 거래범위 등과 상품거래의 실정 및 사회 통념상 객관적으로 널리 알려졌느냐의 여부 등이 일응의 기준이 된다.

③ 주지성의 판단자료로는 상표의 사용기간, 영업의 규모나 점포의 수, 판매수량과 판매망, 광고의 종류·방법·빈도, 광고비 지출액 등을 들 수 있으며, 주지성의 대상은 상품이나 영업 그 자체가 아닌 상품 또는 영업임을 표시하는 표지이다.

④ 주지성의 지역적 범위는 상품표지는 상품의 유통성으로 인하여 전국을 대상으로 판단해야 하고, 영업표지는 영업이 특정시설 및 활동과 밀접한 관계가 있으므로 일정 지역을 기준으로 판단해야 한다.

⑤ 주지성의 판단시기는 금지청구권 판단에 있어서는 사실심 변론종결 당시를 기준으로 하고, 침해행위를 이유로 한 손해배상청구나 형사책임 인정에 있어서는 침해당시를 기준으로 한다.

3. 타인의 상품 또는 영업임을 표시한 표지(상품 또는 영업표지)

① 「타인」이란 상품 또는 영업주체로서 상품 또는 영업표지에 관한 혼동초래행위로부터 보호를 주장할 수 있는 자이며, 행위자와 경쟁 관계만 존재하면 「타인」의 개념에 해당될 수 있다. 따라서 영업주체의 상행위 여부, 법인격 유무, 영리 · 비영리 등과 상관없이 시장에서 폭넓은 경쟁 관계만 존재하면 된다.

② 「상품」이란 상업학의 측면에서 보면, 인간의 물질적 욕망을 만족하게 할 수 있는 실질적 가치를 가지고 있고 매매를 위하여 이동할 수 있는 유체재산이지만, 여기서 말하는 상품이란 그중에서도 표지와 관련이 있는 것으로 유체물이고 이동 가능해야 할 뿐만 아니라, 독립적 · 반복적 거래의 대상이 되어야 한다. 따라서 일반 소비자에게 제공되는 것에 국한되지 않고 업무용 상품과 중간재, 자본재, 부품 등 독립적 · 반복적 거래의 대상이 되면 족하다.

③ 「영업」이란 경제주체가 경제상 수지의 계산위에서 활동하는 모든 행위를 포함하는 개념으로, 영리성 유무와 관계없이 계속적 · 반복적으로 시장에 참여하는 행위를 말한다. 따라서 순수 개인적인 활동 및 순수 행정적 행위는 제외된다.

④ 「표지」란 영업주체가 자기의 상품 또는 영업을 타인의 상품 또는 영업과 구별시키기 위하여 사용하는 일종의 표시로서 부정경쟁방지법의 보호대상이 되는 표지는 한정할 수 없지만, 성질상 영업주체의 상품 또는 영업을 개별화시킬 수 있고 다른 상품 또는 영업으로부터 구별시킬 수 있어야 한다.

4. 타인의 성명·상호

① 「타인의 성명」이란 인격권의 일종인 성명권과 다른 개념으로 상품 또는 영업에 화체되어 자신의 상품 또는 영업을 타인의 상품 또는 영업과 구별시키는 표지의 일종을 말하며, 상표 또는 서비스표로 등록되었을 경우 상표로서 기능을 가짐은 물론이고, 민법상 법인의 명칭 또는 상법상 상호 등으로 사용될 수도 있다.

② 상법상 「상호」란 상인이 영업(기업)활동상 사용하는 영업(기업)의 명칭을 말하고 상법 제18조 이하 규정에 따른 보호대상이지만, 부정경쟁방지법에서의 「상호」란 상법규정에 따른 상호보호의 대상보다 넓고 탄력적인 개념으로 영업주체가 자기의 영업활동을 타인의 것과 구별시키기 위하여 사용하는 명칭이다. 따라서 문자로 표시되고 발음할 수 있어야 하며, 타인의 상품 또는 영업활동과 개별화시키는 기능을 가진 것이면 충분하고 등기가 필요하지 않다.

5. 상표

상표법상 「상표」란 자기의 상품과 타인의 상품을 식별하기 위하여 사용하는 기호, 문자, 도형, 소리, 냄새, 입체적 형상, 홀로그램·동작 또는 색채 등으로서 그 구성이나 표현방식에 상관없이 상품의 출처(出處)를 나타내기 위하여 사용하는 모든 표시를 말한다. 그러나 부정경쟁방지법상의 「상표」란 상품의 표지로서 상표법상의 상표에만 한정되지 않으며, 상표등록 여부와 관계없이 국내에서 주지성만 갖추고 있으면 된다.

6. 상품의 용기 · 포장

① 「상품의 용기」란 상품을 담는 병, 상자, 곽 등을 말하고, 「상품의 포장」이란 상품을 싸서 혹은 씌워서 꾸리는 포장지 등을 말하지만, 용기가 포장을 겸하기도 한다.

② 상품의 용기 · 포장에 대하여는 일반적으로 상품의 용기나 포장은 상품의 출처를 표시하는 기능을 가진 것은 아니고, 다만 어떤 용기나 포장의 형상과 구조 또는 문양과 색상 등이 상품에 독특한 개성을 부여하는 수단으로 사용되고 그것이 장기간 계속적 · 독점적 · 배타적으로 사용되거나 지속적인 선전 · 광고 등에 의하여 그 형상과 구조 또는 색상 등이 갖는 차별적 특징이 거래자 또는 수요자에게 특정한 품질을 가지는 특정 출처의 상품임을 연상시킬 정도로 현저하게 개별화되기에 이른 경우 「타인의 상품임을 표시한 표지(標識)」에 해당한다고 본다. 즉, 상품의 용기나 포장에 대한 보호의 경우 표장 자체 외에도 상품포장 용기에 표시된 문자, 색상, 사진, 도안 등을 모두 포함한 전체적인 외양에 대해 보호를 구하는 경우가 많다.

7. 표장

① 「표장」이란 어떤 표지(標識)로 나타내 보이는 부호나 그림을 말하지만 여기서는 영업주체가 자신의 영업을 개별화시키는 인식수단으로 사용되는 표지로서, 우리나라 상표법에서는 기호, 문자, 도형, 소리, 냄새, 입체적 형상, 홀로그램·동작 또는 색채 등으로서 그 구성이나 표현방식에 상관없이 상품의 출처(出處)를 나타내기 위하여 사용하는 모든 표시로 정의하고 있으나, 부정경쟁방지법의 보호대상이 되는 표장은 등록 여부와 상관없이 국내에서 주지성을 획득한 표지이므로 반드시 이에 한정할 필요는 없으며, 표장을 상품에 부착시키면 상표로서 기능하지만, 영업활동의 표지로 광고·선전 등에 이용되어 계속적으로 사용된다면 영업표지에 해당된다.

② 표장이 상호와 다른 점은 상호는 문자로 표시되고 발음할 수 있어야 하지만, 표장은 반드시 문자로 표시될 필요가 없고 발음 가능 여부도 상관이 없다.

8. 영업

① 부정경쟁방지법에서의 「영업」이란 주지표지의 사용대상으로 일반적으로 이윤추구를 목적으로 한 영리사업이 중심이 되지만, 이윤이 발생하지 않는다 하더라도 수지타산을 목적으로 영업을 반복, 계속하고 있는 사업이라면 침해행위로부터의 보호 필요성은 영리사업과 동일하게 인정되므로 단순히 영리를 목적으로 하는 경우만이 아니고 널리 경제상 그 수지계산 위에서 행해지고 있는 사업도 포함된다.

② 따라서 영리를 목적으로 하는 개인기업이나 주식회사와 같은 영리법인만이 아니고 농업협동조합과 같은 비영리 특수법인이 독립채산제 하에서 경영하는 사업이나 각종 비영리단체, 협동조합, 자연인의 사업활동도 수지타산 위에서 이루어진다면 영업에 포함되고, 병원·약국·학원 등의 경영, 변호사·변리사·의사·공인회계사·설계사·예술가 등의 소위 자유직업, 학술이나 기술의 진흥을 목적으로 하는 사업, 사회복지나 문화활동상의 사업 등 경제적 경쟁이 수반되는 사업도 영업에 포함된다고 할 것이다.

9. 그 밖에 타인의 상품 또는 영업임을 표시한 표지

① 「그 밖에 타인의 상품임을 표시한 표지」란 상품의 형태, 캐릭터, 인쇄물의 표제 등이 해당될 수 있으며, 「그 밖에 타인의 영업임을 표시한 표지」란 프렌차이즈, 영업 표장, 슬로건, 캐치프레이즈 등이 해당될 수 있다.

② 여기에서 상품의 형태란 상품의 형상, 모양으로서 상품의 실용적인 기능이나 미적 효과를 나타내기 위한 것이다. 따라서 일반적으로 상품의 형태나 모양은 상품의 출처를 표시하는 기능을 가진 것은 아니고, 다만 어떤 상품의 형태와 모양 등이 상품에 독특한 개성을 부여하는 수단으로 사용되고, 그것이 장기간 계속적·독점적·배타적으로 사용되거나 지속적인 선전·광고 등에 의하여 그 것이 갖는 차별적 특징이 거래자 또는 수요자에게 특정한 출처의 상품임을 연상시킬 정도로 현저하게 개별화되기에 이른 경우, 비로소 타인의 상품임을 표시한 표지에 해당한다.

10. 상품 판매·서비스 제공방법 또는 간판·외관·실내장식 등 영업제공 장소의 전체적인 외관

① 「상품 판매·서비스 제공방법 또는 간판·외관·실내장식 등 영업제공 장소의 전체적인 외관」이란 소위 '트레이드 드레스'를 말하는 것으로서, 상품이나 서비스의 출처를 표시하는 문자나 기호 또는 도형들과는 달리 상품이나 서비스의 포장, 색채의 조합 그리고 도안을 포함하는 '상품이나 서비스의 전체적인 이미지' 또는 영업제공 장소의 형태와 외관, 내부 디자인, 장식, 표지판, 근로자의 작업복 등 '영업의 종합적인 이미지' 등을 의미한다.

② 영세·소상공인 등이 일정기간 노력을 기울인 결과 일반 소비자에게 알려지게 된 매장의 실내·외 장식 등 영업의 종합적 외관을 무단으로 사용하여 영세·소상공인의 영업에 심대한 손해를 끼치는 불공정한 행위를 규제하기 위한 것으로서, 기존에는 부정경쟁방지법 제2조 제1호 파목(일반규정)으로 보호해 왔던 것을 2018년 개정법에서 영업표지의 범위에 포함시킨 것이다.

11. 동일 또는 유사한 표지

① 부정경쟁방지법에서 「표지」란 자기의 상품 또는 영업을 타인의 상품 또는 영업과 구별하기 위하여 사용하는 기호·문자·도형·색채(타 요소에 결합한 경우) 또는 이들을 결합한 것 등으로서 이를 예시해 보면 성명·명칭·상호·초상·서명·인장·아호·예명·필명 또는 이들의 약칭과 상표(색채상표·입체상표·소리상표·냄새상표 등 포함)·서비스표, 단체표장, 업무표장, 상품의 용기, 포장 및 캐릭터 (character), 상품의 형태(trade dress), 캐치프레이즈 (catchphrase), 기타 상품 또는 영업임을 표시한 표지로서 자타상품 또는 영업의 식별기능, 출처표시기능, 품질보증기능 등 본원적 기능 과 재산적 기능, 광고적 기능, 보호적 기능, 경쟁적 기능 등 파생적 기능을 가진 것을 말한다.

② 「동일」이란 대비되는 표지의 구성요소인 기호, 문자, 도형, 색채 또 는 이들을 결합한 것이 완전히 동일한 "물리적 동일"과, 물리적으로 완전히 동일하지 않지만 수요자 및 거래자가 상품 및 영업 출처에 대하여 오인·혼동을 초래할 우려가 있을 정도로 근사하고 실제 거 래에 있어 동일한 상표로 인식되는 "사회통념상의 동일"도 포함하는 개념이다.

③ 「유사」란 대비되는 표지가 동일한 것은 아니지만, 그 구성요소 또는 표지 자체가 어느 면에서 비슷한 것을 의미한다. 그러나 단순히 형 식적으로 같거나 유사하다고 하여 혼동을 초래하는 것은 아니므로 「동일」 또는 「유사」란 대비되는 표지가 타인의 상품 또는 영업표지 와 혼동을 일으키게 하는 요소 또는 수단에 불과하다. 이 점에서 상 표법이 타인의등록상표와 동일 또는 유사한 상표를 그 지정상품과 동일 또는 유사한 상품에 사용하는 행위를 침해행위로 보는 형식적 판단 방법과 달리 부정경쟁방지법은 동일·유사한 상표 등의 표지를 사용하여 혼동을 초래하는 행위를 금지시켜 공정한 경쟁을 보호하려

는 것이므로 실질적인 혼동의 개념이 중요하다. 따라서 상표법상 논의되는 동일·유사의 개념은 혼동초래행위를 판단하기 위한 중요한 기준은 되지만 충분조건은 될 수 없다.

12. 혼동하게 하는 행위

① 「혼동하게 하는 행위」는 상품주체 본위로서 상품 자체는 부차적이고, 규제대상인 상품표지에 대해 혼동하게 하는 행위를 말한다.

② 「혼동」이란 서로 다른 것을 같은 것이라고 착각하는 것이고, 반드시 동종의 상품 또는 영업일 필요는 없다. 여기에서 「혼동하게 하는 행위」란 반드시 현실의 혼동을 초래함을 필요로 하는 것은 아니고 구체적 혼동위험의 존재만으로도 충분하다. 그 이유는 법은 혼동의 표시 자체를 문제 삼는 것이지 혼동의 표시행위의 결과 오인이 생기는지 아닌지를 문제삼는 것은 아니기 때문이며, 혼동의 주체는 주지성의 주체와 같다고 보아야 할 것이기 때문이다.

③ 표지의 혼동은 상품 자체 또는 상품주체가 동일한 것으로 오인하는 협의의 혼동뿐만 아니라, 상품주체 간 경영상·조직상·재정상 또는 계약상 어떠한 관계가 있는 것은 아닌가 하는 광의의 혼동도 포함되며, 법 제2조 제1호 (가)목·(나)목 소정의 출처의 혼동에 해당하는지를 판단함에 있어서는 상품의 성질, 영업의 형태, 기타 거래사정 등에 비추어 유사상표를 사용하는 상품 또는 영업이 저명상표의 저명도와 그 지정상품 또는 영업이 갖는 명성에 편승하여 수요자를 유인할 수 있을 정도로 서로 경업관계나 경제적 유연·후원관계가 있는지가 일응의 기준이 될 수 있고, 그 구체적인 판단에 있어서는 표지선택의 동기, 표지에 나타난 악의도 참작하여야 할 것이다. 또한, 이러한 경우의 혼동에는 반드시 현실의 혼동에 한하는 것이 아니라 혼동의 구체적 위험까지도 포함된다.

13. 제1호 다목

○ 대통령령(大統領令)이 정하는 정당한 사유(동법시행령 제1조의2)

① 비상업적으로 사용하는 경우

② 뉴스보도 및 뉴스논평에 사용하는 경우

③ 타인의 성명 · 상호 · 상표 · 상품의 용기 · 포장 그밖에 타인의 상품 또는 영업임을 표시한 표지(이하 "표지"라 한다)가 국내에 널리 인식되기 전에 당해 표지와 동일하거나 유사한 표지를 사용해온 자(그 승계인을 포함한다)가 그 표지를 부정한 목적 없이 사용하는 경우

④ 그밖에 당해 표지의 사용이 공정한 상거래 관행에 상반되지 아니한 것으로 인정되는 경우

　①과 ②의 내용을 규정한 것은 패러디 · 뉴스보도 · 논평 등에 주지성을 획득한 표지를 사용되는 경우도 금지되면 언론의 자유를 저해할 우려가 있고, ③은 주지성을 획득하기 전의 선의의 선사용자를 보호해야 할 필요가 있으며, ④의 경우 부정경쟁방지법의 입법 취지가 건전한 거래질서에 있는 점을 고려한 규정이다.

　따라서 본 규정은 거래 관행에서 부정경쟁행위가 아닌 것으로 합리적으로 판단될 수 있는 사유를 명시적으로 규정하여 유명표지의 명성에 무단편승하려는 행위의 방지와 언론의 자유 등 관련 법익의 균형적인 보호를 도모하고, 실재하는 공정한 거래 관행에 합치되는 기준을 설정하기 위한 것이다.

○ **국내에 널리 인식된 표지**

　「저명상표 희석행위」의 보호 대상 표지는 국내에 널리 인식된 타인의 성명 · 상호 · 상표 · 상품의 용기 · 포장 그밖에 타인의 상품 또는 영업임을 표시한 표지이다. 이 규정의 입법 취지와 그 입법 과정에 비추어 볼

때, 여기에서 사용하고 있는 '국내에 널리 인식된'이라는 용어는 국내 전역 또는 일정한 지역 범위 안에서 거래자 또는 수요자들 사이에 알려지게 된 '주지의 정도'를 넘어 관계 거래자 이외에 일반 공중의 대부분에까지 널리 알려지게 된 이른바 '저명의 정도'에 이른 것을 의미하는 것으로 해석된다.

○ 타인의 영업임을 표시하는 표지에 관하여는 상품 판매 · 서비스 제공방법 또는 간판 · 외관 · 실내장식 등 영업제공 장소의 전체적인 외관

2018년 개정법에서 괄호 부분에 신설된 트레이드 드레스 보호는 나목에 관한 규정과 같은 취지이며, 다만 다목에서도 별도의 규정을 두었다는 점에서 영업주체 혼동행위 뿐만 아니라 식별력 손상 행위로부터도 영업제공 장소의 전체적인 외관이 보호된다는 점을 알 수 있다.

○ 동일 또는 유사한 표지

「동일 또는 유사한 표지」란 상품주체 및 영업주체 혼동초래행위에서와 기본적으로 같은 개념으로서, 저명표시와 관련 주체의 1대1 대응을 붕괴하고 희석화 등을 일으킬 정도로 흡사한 표시, 즉 용이하게 저명표시를 상기시킬 정도로 흡사한 표시이어야 한다. 본목의 부정경쟁행위에 해당하기 위해서는 저명상표와 동일 또는 유사한 표지의 사용이어야 하며, 가목 및 나목과 달리 혼동 가능성은 불문한다. 그리고 문언 규정에도 불구하고 다목은 가목 및 나목과 중첩적으로 적용될 수 있다.

○ 식별력 또는 명성 손상행위

① 「식별력 손상행위」란 특정상품과 관련하여 사용되는 것으로 널리 알려진 표지를 그 특정상품과 다른 상품에 사용함으로써 신용 및 고객 흡인력을 실추 또는 희석화시키는 등 자타상품 식별기능을 훼손하는 것, 즉 상품이나 서비스를 식별하게 하고 그 출처를 표시하는 저명상표의 힘(식별력, 단일성, 독특함, 명성 등)이나 기능이 감소하게 하는 행위를 말하며, 구체적인 예로는 KODAK(카메라) 상표를 피아노

에 사용하는 경우, SONY(가전제품)를 초콜릿 등에 사용하는 경우, Johnnie Walker(위스키)를 담배에 사용하는 경우, Dunghill(담배)을 안경에 사용하는 경우 등이 있다.

② 「명성 손상행위」란 어떤 좋은 이미지나 가치를 가진 주지의 표지를 부정적인 이미지를 가진 상품이나 서비스에 사용함으로써 그 표지의 좋은 이미지나 가치를 훼손하는 행위를 말하는 행위를 말하며, 구체적인 예로는 Dunghill(담배)을 품질이 조악하고 저가의 안경에 사용하는 경우, 식품인 라면에 유명한 농심을 사료에 사용하는 경우, OB(맥주)를 살충제에 사용("젊음이 있는 곳에 OB가 있다" → "바퀴벌레가 있는 곳에 OB가 있다")하는 경우, 4711(독일의 유명한 향수 상표)을 분뇨수거회사의 전화번호로 사용하여 광고하는 경우 등이 있다.

14. 제1호 라목, 마목, 바목

○ 거짓의 원산지 표지행위(라목)

1) 표지의 대상

① 거짓의 원산지 표지 대상물은 「상품」이나 그 「광고」에 의하여 또는 공중이 알 수 있는 방법으로 행해진 「거래상의 서류 또는 통신」이다.

② 「상품」이란 상품표지의 혼동초래행위에서와 같이 일반 소비자에게 제공되는 것에 국한되지 않고 업무용 상품과 중간재, 자본재, 부품 등 독립적·반복적 거래의 대상이 되는 것을 말하고, 후단의 「원산지」의 문구를 볼 때 부동산과 서비스업 등의 영업은 여기에 포함되지 않는다.

③ 「광고」란 넓은 의미에서 일반 공중에게 상품 등에 관하여 행해진 표시·선전·주장 등 일체의 행위를 말하지만, 여기서는 거래(영업)의 목적 하에 행하여 진 광고로서, 「그」 상품에 대한 광고만을 의미하고, 「또는 공중이 알 수 있는 방법」의 문구로 볼 때, 광고의 형태·매체 및 방법에 대하여는 제한이 없는 것으로 해석된다. 따라서 신문·잡지 등에 문자 또는 화보로 광고하거나, TV 또는 라디오에 음성·음악·연기 또는 이들을 결합하여 광고하거나, 거리에서 전단지를 나누어 주거나 구두로 광고하거나, 인터넷을 이용한 광고 등 일체의 행위가 포함된다.

④ 「거래」란 영업목적을 가지고 상품을 판매·반포 또는 수입·수출하기 위하여 시장에 내놓는 행위를 말한다. 따라서 상품과 관련된 판매뿐만 아니라 임대·교환·전시 등도 포함되며, 영리성 유무 및 이윤획득 여부는 불문이다.

⑤ 「서류 또는 통신」이란 그 광고에 의하여 또는 공중이 알 수 있는 방법으로 거짓의 원산지를 표시한 대상물을 말하며, 「광고」 및

「공중이 알 수 있는 방법」의 문구로 볼 때, 거래(영업)의 목적 하에 행하여진 「그」 상품에 대한 모든 서류와 통신의 의미로 해석된다.

2) 거짓의 원산지의 표지

① 「원산지」란 그 상품의 주산지를 말하는 것으로서 나라, 지방, 특정지역 모두를 포함하며, 행정구역명이라도 상관없다. 산지의 범위 또한 당해 상품이 그곳에서 과거에 생산되었거나 현재 생산되고 있는 경우는 물론 거래자 또는 일반수요자가 그곳에서 생산되는 것으로 인식하고 있는 경우를 모두 포함한다.

② 이렇듯 일반적으로 「원산지」란 원료나 제품의 생산지를 의미하지만, 여기서는 어떤 상품이 배타적 혹은 필수적으로 자연적 또는 인간적 요소, 혹은 자연적 · 인간적 요소를 모두 포함하는 지리적 환경에 기인하는 특성과 품질 사이와 밀접한 관련이 있는 산지(産地)의 명칭을 말하는 것으로서, 천연의 산출물(농산물 · 수산물 등)을 생산하는 지명만이 아니고, 가공 · 제조된 상품(술, 섬유, 화학제품, 기계류)을 산출하는 지명도 포함하는 것으로 해석된다

③ 「거짓의 원산지 표지」란 원산지를 사칭하는 행위를 말하는 것으로서, 반드시 완성된 상품의 원산지만에 관한 것은 아니고, 거래 통념에 비추어 상품 원료의 원산지가 중요한 의미를 가지는 경우에는 그 원료의 원산지를 허위로 표시하는 것도 포함된다.

④ 원산지와 관련되는 상품은 배타적 혹은 필수적으로 기후 · 토양 혹은 전통적 생산방법 같은 지리적 요소에 기인하는 것들로 구성되어 있으며, 「지(地)」란 행정 및 사회경제적 구역을 불문하는 지리적 공간을 의미한다. 예를 들면, 특정생산품과 관련하여 널리 알려지고 특별 현저성(顯著性)을 취득한 일정한 장소[예; 코냑 시(술), 뮌헨(맥주)], 지방[예; 샴페인(술), 라인(술)], 국가[예; 한국 인삼] 등이 모두 포함된다.

3) 오인하게 하는 행위

　① 「오인하게 하는 행위」란 오인이 일어날 것을 요하지 않으며, 오인
　　이 일어날 우려만으로도 충분하다. 예를 들면 우리나라의 제품에
　　미국 뉴욕에 있는 자유의 여신상을 도형하고 영어상표를 붙여 시
　　판하는 경우 소비자가 마치 미국제품으로 오인을 하거나 할 우려
　　가 있는 경우이다.

　② 「오인」이란 잘못 알고 있는 것을 말하고, 오인의 주체는 소비자를
　　포함하는 일반 수요자이며, 오인과 구매결정 사이의 인과관계는
　　요구되지 않는다. 따라서 대상거래권이 실제로 오인에 이르러야
　　하는 것을 뜻하는 것은 아니며, 전술한 바와 같이 오인유발의 위
　　험성만 있으면 족하다.

　③ 그 이유는 법은 거짓의 원산지 표시 자체를 문제 삼는 것이지,
　　표시행위의 결과 오인이 생기는지 여부를 문제 삼는 것은 아니기
　　때문이며, 오인위험의 판단에 있어서는 「거짓의 표시」 이외의 사
　　정, 예컨대 표시가 겨냥하는 수요자의 층, 표시의 매개체, 표시의
　　주체 등을 종합적으로 고려하여 객관적 또는 전체적으로 판단하
　　여야 한다.

○ 출처지(생산·제조 또는 가공된 지역에 대하여 오인하게 하는 표지)
　오인 유발 표지 행위(마목)

1) 표지의 대상

　거짓의 원산지 표시 대상물과 마찬가지로 「상품」이나 「그 광고」에
　의하여 또는 「공중이 알 수 있는 방법으로 거래상의 서류 또는 통
　신」이다.

2) 출처지

　「출처지」는 생산지, 제조지 또는 가공지를 의미하는 것으로서 원산지 보
　다 넓은 개념이며, 원산지 표지는 출처지 표지의 한 형태로 볼 수 있다.

3) 오인하게 하는 표지

① 「오인하게 하는 표지」란 실제 지역 이외의 곳에서 생산 · 제조 또는 가공된 상품을 실제 지역에서 생산 · 제조 또는 가공된 듯이 오인하게 하는 표지를 말한다.

② 출처지 오인을 야기하는 표지는 원산지 표지와 달리 표지가 거짓인가의 여부를 묻지 않고, 생산지 등의 표지를 사실과 다르게 표시하여 오인하게 하거나, 이러한 표지를 부착한 상품을 판매 · 반포 또는 수입 · 수출하는 행위이면 족하다.

③ 이러한 출처지 오인유발 행위로는 국산품을 "외제"라고 표시하는 경우 또는 "Made in U.S.A"라고 표시하는 경우 등이 해당되며, 또한 프랑스적 풍물과 프랑스 문자로 가공(架空)의 상표를 표시하고 설명 등을 프랑스어로 하는 등 마치 프랑스에서 제조된 것과 같은 암시적 표시를 하여 오인하게 하는 경우도 해당될 수 있다.

○ 타인상품 사칭행위 또는 질 · 양 등의 오인유발 표지(바목)

1) 타인상품 사칭행위

「타인의 상품을 사칭」하는 행위란 자기의 상품을 타인의 상품인 것처럼 속이는 행위를 말하며, 구체적인 형태로는 ⅰ) 적극적으로 타인의 상품임을 알리고 구매를 권유하는 경우(예컨대, "상표는 없지만, 원래는 A사 제품이다"라고 사칭하는 경우)는 물론, ⅱ) 소극적으로 고객의 물음에 응답하는 경우(예컨대, 고객의 물음에 "이것이 바로 손님이 찾으시는 그 물건이요"라고 사칭하는 경우) 등이 해당된다.

2) 오인유발 객체

상품의 품질 · 내용 · 제조방법 · 용도 또는 수량의 오인하게 하는 행위를 말하며 구체적인 예를 들면 아래와 같다.

① 상품의 품질: 상품의 품질에 대한 오인은 불량품을 우량품으로, 검사 불합격품을 합격품으로, 저급품을 고급품으로 칭하는 것과

같은 상품의 품질에 대한 직접적인 허위선전이나 허위표지뿐만 아니라 간접적으로 정부의 품질 비인증품을 정부의 품질인증품이라든지, 선진국의 낙후기술을 도입하여 생산하였으면서도 첨단기술을 도입하여 생산한 제품이라든지, 선진국의 최신 자동컴퓨터 검사시설을 갖추고 엄격한 검사과정을 거친 제품이라든지 하는 과장광고나 표지를 하는 경우에도 일어날 수 있다. 즉, 저급품을 "초일류품", 중고품을 "신품"이라고 하는 경우, 공사의 경우 품질보증기관의 보증 또는 수상을 받았다고 하는 경우 등이 있다.

② 상품의 내용: 내용물이 수입 쇠고기인 것을 포장에는 "한우쇠고기"라고 한 경우, 실제 정가는 1,000원인데 "정가 2,000원, 세일 가격 600원, 폐업 몽땅 떨이 70% 대바겐세일"이라는 식으로 사기세일을 벌이는 경우 등이 있다.

③ 제조방법: 공장에서 기계적으로 제작되는 상품을 수공품으로 표시하는 경우, 자신의 제조방법이 일반적임에도 혁신적이라고 선전하는 경우 등이 있다.

④ 상품의 용도: 상품의 용도에 대한 오인은 상품의 효능이나 사용방법에 대한 허위선전이나 과장표시로 일어난다. 즉, 예방약을 마치 치료에도 효능이 있는 것처럼 선전이나 표시를 하여 시판함으로써 소비자가 치료약으로 오인하게 되는 경우 또는 두통약을 감기몸살에도 잘 듣는 것처럼 선전하거나 표시를 하여 시판함으로써 소비자가 두통뿐만 아니라 감기몸살에도 잘 듣는 약으로 오인하게 되는 경우가 있다.

⑤ 상품의 수량: 수량이란 상품의 수, 용적 및 중량을 말하며, 상품의 무게나 양을 사실과 다르게 표시하는 경우, 거래단위의 수량을 광고보다 줄여서 판매하는 경우 등이 있다.

3) 오인하게 하는 선전 또는 표지

① 「오인하게 하는 선전 또는 표지」란 상품 또는 그 광고에 상품의

품질·내용· 제조방법·용도 또는 수량의 오인을 일으키는 선전
또는 표시하여 오인을 유발하는 행위를 말하며, 선전 또는 표시
의 허위성을 요구하지 않고 오인 유발성만 있으면 된다.

② 여기서 「표지(標識)」란 「표시(表示)」의 의미이며, 문제는 「선전」의
경우인 데, 본래 광고·선전은 소비자에게 정확한 정보를 알리는
것이 목적이 아니라 자사 제품의 판매를 위한 것이므로 어느 정
도의 허위·과장의 광고·선전은 피할 수 없다. 따라서 어느 정
도의 허위·과장이 오인하게 하는지는 구체적·객관적 상황에 의
하여 판단할 수밖에 없다. 그리고 단지 타인이 생산, 판매하는 상
품과 동일한 형태의 상품을 제조, 판매하는 행위는 이에 해당된
다고 볼 수 없다.

15. 제1호 사목

○ 파리협약의 의의 및 기본원칙

1) 파리협약의 의의

① 파리협약(Paris Convention for Protection of Industrial Property)은 1883년 3월 20일 프랑스 파리에서 서명된 최초의 지식재산권 협정 중의 하나이다.

② 이 협정에 따르면 한 나라의 특허를 포함한 지식재산 체계는 다른 나라에 의해 재생될 수 있다는 것이다. 이 협약에 의거하여 마드리드협정, 특허협력조약, 상표등록조약 등이 탄생하게 되었다. 파리협약은 1884년 14개 회원국을 바탕으로 발효되었으며, 우리나라는 1980년 3월 7일에 국회동의를 거쳐 그 해 5월 4일(조약 제707호)부터 발효되었다.

2) 파리협약의 기본원칙

① 내외국인평등의 원칙

내외국인평등의 원칙이란 산업재산권의 보호에 관하여 보호를 청구한 다른 동맹국의 국민에 대하여 각 동맹국의 영역 내에 주소 또는 영업소가 없더라도 내국민에 과하는 조건 및 절차에 따르는 권리능력을 인정하여 산업재산권의 보호에 있어서 자국민과 동등한 이익을 부여하는 원칙을 말한다. 이를 내국민대우의 원칙이라고도 한다.

② 우선권 주장의 원칙

동일한 내용의 출원 중 어느 것이 우선하는가에 대하여 파리협약은 고안일자나 실용화일자가 아니라 출원일자를 기준으로 판단하고 있다. 어떠한 동맹국에서 정식으로 특허출원을 한 자 또는 그 승계인은 타 동맹국에서 출원의 목적상 1년간 우선권을 가진다.

우선권이란 어떤 동맹국에서 최선으로 정규로 출원한 자 또는 그 승계인이 일정기간 내에 다른 동맹국에 동일목적물에 대하여 출원하는 경우 출원순위 및 신규성 판단에 있어 그 최선 출원일을 기준으로 할 수 있는 권리를 말한다.

③ 특허독립의 원칙

산업재산권제도 자체가 원래 자국의 산업보호정신에 기초를 두고 각국이 독립된 제도로서 발전시킨 제도라는 데서 기인한다. 이는 각국이 자기 나라에서 부여한 권리에 대해서만 보호하며, 다른 나라에서 부여된 권리의 효력은 그 나 라에서만 미치고 제3국에는 미치지 않는다는 원칙이다.

파리협약은 이와 같은 산업재산권의 속지주의를 전제로 성립되었기 때문에 제3국에서 보호를 받으려면 각국마다 새로운 출원을 하여 권리를 얻어야 하며, 또한 동일한 발명에 대하여 여러 나라에서 부여된 권리는 서로 관계없이 공존하고 다른 나라의 권리에 영향을 미치지 아니한다.

○ **상표법조약**

1) 의의 및 연혁

① 상표보호절차의 간소화·통일화의 필요성이 널리 인식되면서 세계적인 상표법의 통일화 문제가 WIPO를 중심으로 논의가 시작되었는데, 최초 제1차 및 제2차 상표전문가 회의에서는 상표의 등록요건, 거절이유, 선등록상표와의 저촉 등 실체적인 내용이 토의되었으나 각국의 의견이 상이함에 따라 1991년 9월 20일 스위스 루체른에서 개최된 AIPPI 의장단 회의에서는 절차의 통일화 및 간소화의 필요성이 시급하다는 지적에 따라 WIPO에서도 이러한 AIPPI의 건의를 수용하여 절차적인 사항의 간소화를 하기로 하였다.

② 상표법조약은 1994년 10월 27일 WIPO 외교회의에서 채택되어 1996년 8월 1일 발효되었다.

2) 가입

① 「상표법조약」(Trademark Law Treaty; TLT)은 1994년에 체결되어 1996년 8월 1일에 발효된 조약으로서 우리나라는 2002년 11월 25일에 가입하였다.

② 본 조약은 WIPO 가맹국 및 파리협약의 가맹국 및 정부 간 기구에도 그 가입이 개방되어 있으며 상표법조약에 가입하기 위한 비준서 또는 가입서는 WIPO 사무총장에게 기탁하여야 한다.

3) 주요 내용

상표법조약의 규정 대부분은 특허청에 대한 절차에 관한 것으로 상표등록출원절차, 등록 후의 변경절차, 갱신절차의 3단계로 구성되어 있다.

○ 대리인 등의 상표사용행위가 부정경쟁행위로 성립되기 위한 요건

대리인 등의 상표사용행위가 부정경쟁행위로 성립되기 위해서는 다음과 같은 요건들이 동시에 충족되어야 하고, 만약 이 중 하나의 요건이라도 결여된 때에는 부정경쟁행위는 성립되지 아니한다. 그러한 점에서 이들 요건은 상호 밀접불가분의 관계를 가지고 있다.

1) 지역의 국제성

대리인 등이 사용하는 상표는 파리협약 당사국, 세계무역기구회원국 또는 상표법조약의 체약국에 등록된 것이어야 한다. 따라서 아무리 지역의 국제성이 있다 하더라도 그 이외의 상표관련 국제규범 당사국에 등록된 상표는 제외된다. 그러한 의미에서 여기에서의 지역의 국제성은 법정 한정주의를 채택하고 있다.

2) 상표의 동일 또는 유사성

'등록된 상표 또는 이와 유사한 상표'에 관한 권리를 가진 자를 보호하는 규정으로서, 등록된 상표에 한정되지 않고 유사한 상표도 포함된다.

3) 대리인 등의 권리성

등록상표 또는 이와 유사한 상표사용의 주체는 그 상표에 관한 권리를 가진 대리인이나 대표자 또는 그 행위일 전 1년 이내에 대리인이나 대표자이었던 자이어야 한다.

4) 상표사용의 정당성

대표자 등이 '정당한 사유' 없이 상표를 사용한 경우이어야 한다. 일반적으로는 '상표권자의 동의'에 의한 사용을 의미하는데, 법문에서는 '정당한 사유'라고 하고 있어서 '상표권자의 동의'가 없다 하더라도 '정당한 이유'가 있는 경우에는 그 적용이 배제될 수 있는 것으로 이해된다.

5) 상표의 사용성

파리협약 당사국 등에 등록된 상표 또는 이와 유사한 상표를 그 상표의 지정상품과 동일하거나 이와 유사한 상품에 사용하거나 그 상표를 사용한 상품을 판매·반포 또는 수입·수출하여야 한다.

16. 제1호 아목

○ 종전법의 사이버스쿼팅행위 방지의 한계

1) 상표법에 의한 해결의 한계

상표법상의 상표권침해행위에 해당하기 위해서는 상표법 제2조 제1항 제11호에서 규정하고 있는 「상표의 사용」 및 제108조의 「침해로 보는 행위」에 해당되어야 하는데 도메인이름을 등록만 하고 사용하지 않는 행위는 「상표의 사용」으로 보기 어려워서 상표권침해에 해당된다고 판단하기 어렵다.

2) 개정 전 부정경쟁방지법에 의한 해결의 한계

① 부정경쟁방지법 제2조 제1호 가목 및 나목의 「상품출처 및 영업주체의 혼동행위」에 해당하기 위해서는 상표권자와 같은 종류의 상품이나 서비스를 제공하여야 하는데 아무런 사용도 없이 상표권자에게 되파는 행위에 대하여 동 규정을 적용하는 데는 한계가 있다.

② 또한, 부정경쟁방지법 제2조 제1호 다목의 「희석화」 조항에 해당하기 위해서는 상표 등 표지의 저명성 및 상업적 사용이 충족되어야 하는데 표지의 저명성 인정이 쉽지 않고 도메인이름의 단순 선점이 상업적 사용에 해당된다고 보기도 어렵다.

3) 상법에 의한 해결의 한계

① 상법 제23조 규정에 의한 해결을 위해서는 「타인이 부정한 목적으로 자신의 영업으로 오인할 수 있는 상호를 사용」하는 조건이 만족되어야 한다.

② 여기서 상호의 「사용」이란 상인이 그 상호를 영업상 자신을 나타내는 명칭으로 이용함을 의미하는 것으로 단순히 상호를 도메인이름으로 등록하는 사이버스쿼팅행위를 상호의 사용으로 볼 수

없다. 또한, 상법에 의한 분쟁해결은 그 보호범위가 「상호」에 한정되어 상표나 성명 등이 보호받지 못하는 한계가 있다.

4) 민법에 의한 해결의 한계

① 민법 제2조의 신의성실의 원칙과 권리남용금지에 관한 일반조항에 의한 법적 구제는 제한적이기 때문에 실제 구제수단의 역할을 다하지 못할 수 있다.

② 그리고 사이버스쿼팅행위가 민법 제750조의 불법행위에 해당하기 위해서는 도메인이름의 선점행위에 위법성이 인정되어야 하는데 상표법상의 상표권침해행위, 부정경쟁방지법상의 부정경쟁행위, 상법상의 상호권 침해행위에 해당하지 아니하는 한 도메인이름 사용이 어떤 권리를 침해했다고 인정될 수 있는지 또한 위법성이 구비되는지 의문이 생긴다. 위법성이 인정되더라도 도메인이름 보유자의 고의 또는 과실 및 손해, 위법행위와 손해발생 사이의 인과관계를 입증해야 하는 등 피해자의 소송 수행상 부담이 증가된다.

○ 도메인이름과 사이버스쿼팅

1) 행위주체

사이버스쿼팅 행위주체는 도메인이름에 대하여 「정당한 권원이 없는 자」이다. 따라서 성명, 상호, 상표 또는 그 밖의 표지에 대한 정당한 권원이 있는 자와 도메인이름 등록인이 비록 상표권 등을 갖고 있지 않더라도 당해 도메인 이름으로 일반에게 널리 인식되고 있었던 경우와 같이 도메인이름에 대하여 정당한 이익을 가진 자는 보호받을 수 있으며, 상표권자 등이 자신의 권리를 남용하여 도메인이름을 빼앗으려는 행위인 역 무단점유(reverse domain name hijacking) 행위는 허용되지 않는다.

2) 보호대상의 범위

① 사이버스쿼팅의 보호대상은 국내에 널리 인식된 타인의 성명·상호·상표 그 밖에 표지이며, 이에 대한 개념은 전술한 혼동초래행위에서의 의미와 같다. 따라서 국내에서 주지성을 획득한 표지로서 「도메인이름」의 정의에 적합한 표지만 보호대상에 해당되므로 2004년 1월 29일 제정된 「인터넷주소자원에 관한 법률」이 정당한 권원이 있는 자의 모든 도메인이름을 보호하는 것과 다르다. 따라서 국내에 널리 인식되지 아니한 상표 등은 개정 법률의 보호대상이 아니다.

② 보호대상의 범위를 「국내에 널리 인식된 상표 등」으로 한정한 이유는 사이버스쿼팅 행위의 주된 목적의 하나가 바로 상표 등 표지가 갖는 경제적 가치에 편승하고자 하는 것이어서 사이버스쿼팅의 주된 대상은 널리 알려진 상표 등 표지에 한정되기 때문이고 보호대상의 범위를 한정함으로써 인터넷의 자유로운 이용이 저해되지 않도록 하고자 하는 이유에 근거하였다. 또한, 보호대상의 범위를 「널리 알려지지 아니한 상표 등」으로 확대하는 것은 부정경쟁방지법 목적 규정의 범위를 벗어난다는 인터넷업계 및 전문가 등의 의견이 동법 개정 시에 반영되었다고 볼 수 있다.

○ 사이버스쿼팅의 구성요건인 부정한 목적

사이버스쿼팅행위의 구성요건 중 가장 중요한 것은 부정한 목적(in bad faith)이다. 미국의 ACPA(1999년 사이버스쿼팅을 방지하기 위하여 미국 연방상표법을 개정한 반사이버스쿼팅소비자보호법: Anticybersquatting Consumer Protection Act), 일본의 부정경쟁방지법(사이버스쿼팅을 방지하기 위하여 2001년에 부정경쟁방지법을 개정)도 사이버스쿼팅행위의 성립 요건으로 부정한 목적을 규정하고 있다.

미국의 ACPA는 부정한 목적을 열거하고 있으며 이러한 부정한 목적은 열거된 것에 한정되지 않는다고 규정하고 있고, 일본의 부정경쟁방지법은 부정한 목적을 「부정의 이익을 얻을 목적으로 또는 타인에게 손해를 가할 목적으로」로 포괄적으로 규정하고 있다.

한편 사이버스쿼팅의 구성요건인 부정한 목적(in bad faith)을 사이버스쿼팅의 일반유형에 따라 아래와 같이 구체적으로 규정하였다.

1) 상표 등 표지에 대하여 정당한 권원이 있는 자 또는 제3자에게 판매하거나 대여할 목적

이 행위는 사이버스쿼팅의 대표적 유형이라 할 수 있는바 사이버스쿼터들이 도메인이름을 선점하고 도메인이름 취득비용보다 높은 가격에 상표권자 등 정당한 권리자 또는 제3자에게 되팔려는 행위를 부정한 목적으로 규정한 것이다.

2) 정당한 권원이 있는 자의 도메인이름의 등록 및 사용을 방해할 목적

이 행위는 도메인이름 등록원칙인 선접수 선등록(first-come,first-served) 원칙을 악용하여 경쟁업자의 도메인이름 등록을 방해하거나 사용을 방해하는 행위를 부정한 목적으로 규정한 것이다.

3) 그 밖에 상업적 이익을 얻을 목적

① 위의 (1), (2)에 규정된 행위 이외의 행위를 규제하기 위한 것으로 상업적 이익을 얻기 위하여 유명상표와 동일·유사한 도메인이름을 등록·사용함으로써 인터넷 이용자로 하여금 사이트의 출처, 후원, 연관관계에 관하여 혼동 가능성을 일으키는 행위 등을 금지하기 위한 것으로, 도메인이름을 명목상 무상으로 타인에게 이전하는 행위 및 타이포스쿼팅(typo squatting) 행위도 금지된다.

② 타이포스쿼팅(typosquatting)이란 의도된 사이트로 인터넷 사용자들을 유인하기 위해서 타인의 상표를 도메인이름으로 등록할 때 도메인이름의 단어 철자를 상표와 극히 유사하지만, 의도적으로 틀리게 쓰는 행위를 말한다. 예를 들어 "samsung" 대신에 "samsong"을 도메인이름으로 등록하는 경우를 말한다.

○ 타인의 성명, 상호, 상표 그 밖의 표지와 동일하거나 유사한 도메인이름

① 「타인의 성명, 상호, 상표 그 밖의 표지와 동일하거나 유사한 도메인이름」이라 함은 특정인의 성명, 상호, 상표 등을 표시하는 표지와 동일 또는 유사한 것을 무단으로 자기의 숫자로 표시된 인터넷 주소(IP: Internet Protocol)를 문자로 변환한 도메인이름(Domain Name)으로 도용한 것을 말한다.

② 여기에서 「도메인이름」이라 함은 인터넷에 연결된 다른 컴퓨터와의 통신은 컴퓨터의 위치를 나타내는 숫자로 표시된 인터넷 주소를 이용하게 되는데 이러한 인터넷 주소를 사용하기 쉽도록 문자로 변환하여 표시한 것을 도메인이름, 즉 도메인네임이라고 한다.

③ 부정경쟁방지법에서는 「도메인 이름」을 인터넷상의 숫자로 된 주소에 해당하는 숫자 · 문자 · 기호 또는 이들의 결합을 말한다고 규정하고 있다(법 제2조 제4호). 예를 들면 특허청의 IP 주소는 "10.133.102.51"인 반면 도메인 이름은 "Kipo.go.kr"(go: 정부기관, kr: 한국)로 나타낸다.

○ 동일하거나 유사한 도메인이름을 등록 · 보유 · 이전 또는 사용하는 행위

① 국내에 널리 인식된 타인의 성명, 상호, 상표 그 밖의 표지와 동일하거나 유사한 것을 도메인이름으로 등록 · 보유하거나 이를 이전 또는 사용(질권설정, 전용사용권 또는 통상사용권을 허여하거나 대여 또는 직접 사용)하여 상업적 이익을 추구하려는 목적의 행위를 말한다. 사용 이외에 등록 · 보유 · 이전 행위도 포함되는데, 도메인이름이 등록된 것만으로 표지에 대한 정당한 권리자는 당해 도메인이름을 등록할 수 없게 되고, 고가로 이를 구입해야 하는 등의 불이익을 입게 된다.

② 따라서 표지에 대한 정당한 권리자에게 있어 당해 도메인이름의 부정취득 · 보유자가 실제로 당해 도메인이름을 사용하고 있는지 여부

는 크게 문제가 되지 않기 때문에 이와 같이 규정한 것이다

③ 이상의 행위들은 정당한 권원 없이 부정한 이익을 보거나 정당한 권원이 있는 자에게 손해를 가할 목적을 가지고 이루어진 경우에만 성립되고, 만약 그러한 행위가 부정한 목적이나 손해를 가할 목적 없이 이루어진 경우에는 동조 동호 아목은 적용되지 않는다.

17. 제1호 자목

○ 형태모방

① 「형태모방」이란 타인이 개발·제작한 상품형태를 모방하여 자기의 상품으로 시장에 제공하는 행위를 말한다. 동 규정은 2004년 1월 부정경쟁방지법 개정시 추가된 부정경쟁행위 유형으로, 동 규정의 신설 전에는 동법 제2조 제1호 가목 규정에 따라 제한적으로 보호받아 왔다.

② 상품주체에 대한 혼동초래행위(제2조 제1호 가목)와 신설된 형태모방 금지(제2조 제1호 자목) 규정을 비교해보면, 제2조 제1호 가목의 보호대상이 되기 위해서는 상품표지로서의 상품형태가 식별기능 및 출처표시기능을 갖춰야 하고, 국내에서 주지성을 획득해야 하며, 혼동의 우려가 있어야 한다.

③ 그러나 제2조 제1호 자목의 보호대상 상품형태는 이러한 요건이 충족되지 않더라도 보호받을 수 있으며, 상품의 형태가 갖추어진 날로부터 3년이 경과하여 특정상품의 표지로서 식별기능 및 출처표시기능을 갖추고 국내에서 주지성을 획득하게 되면 제2조 제1호 가목의 보호대상이 된다.

④ 따라서 형태모방 금지 규정이 신설됨에 따라, 새로이 개발·제작된 상품의 형태는 그 차별적 특징이 거래자 또는 수요자에게 특정한 출처의 상품임을 연상시킬 정도로 개별화되지 않았더라도 보호받을 수 있고, 또한 상품의 형태가 갖추어진 날로부터 3년이 경과하여 특정 상품의 표지로서 식별기능 및 출처표시 기능을 갖추고 국내에서 주지성을 획득했다면 제2조 제1호 가목의 보호대상이 되어 보호받을 수도 있다.

○ 타인이 제작한 상품의 형태

① 「타인」이란 상품 또는 영업주체로서 새로 개발·제작한 상품의 형태에 대하여 보호를 주장할 수 있는 자이며, 혼동초래행위에서와 같이 행위자와 경쟁 관계만 존재하면 「타인」의 개념에 해당될 수 있다.

② 「상품」이란 상품표지의 혼동초래행위에서와 같이 일반 소비자에게 제공되는 것에 국한되지 않고 업무용 상품과 중간재, 자본재, 부품 등 독립적·반복적 거래의 대상이 되는 것을 말하고, 서비스업 등의 영업은 여기에 포함되지 않는다.

③ 「상품의 형태」란 형상·모양·색채·광택 또는 이들을 결합한 것을 말하고 시제품 또는 상품소개서상의 형태를 포함하며 외관상 인식할 수 있어야 하지만, 보호대상 상품형태는 양산되는 실용품이기 때문에 저작물 또는 예술품과 같이 창작성을 요구하지는 않는다.

④ 상품의 「형태」와 관련하여 입체적인 것이 아닌 평면적인 것도 포함되는지는 법문의 형태에 관한 규정(…색채, 광택…)과 입법 사유를 볼 때 당연히 포함된다고 해석되고, 상품의 포장·용기의 형태, 부품, 내부구조 등 외관상 인식할 수 없는 형태, 세트상품 등도 보호대상 형태에 포함되는지에 대하여 의문이 있으나, 상품의 형태 보호 입법 취지가 타인이 시간·비용·노력 등을 투입하여 신규로 개발한 것을 보호하기 위한 것이므로 당해 상품이 상품의 요건에 해당된다면 본 규정의 보호대상에 속한다고 보아야 할 것이다.

⑤ 다만 보호대상인 상품의 형태를 갖추었다고 하려면, 수요자가 상품의 외관자체로 특정 상품임을 인식할 수 있는 형태적 특이성이 있을 뿐 아니라 정형화된 것이어야 한다. 사회통념으로 볼 때 상품들 사이에 일관된 정형성이 없다면 비록 상품의 형태를 구성하는 아이디어나 착상 또는 특징적 모양이나 기능 등의 동일성이 있더라도 이를 '상품의 형태'를 모방한 부정경쟁행위의 보호대상에 해당한다고 할 수 없다.

○ 모방의 개념

① 「모방」이란 이미 존재하는 타인 상품의 형태를 흉내 내어 그것과 동일하거나 실질적으로 동일한 형태의 상품을 만들어 내는 것을 말한다. 따라서 모방의 요건으로 먼저 객관적으로 원형이 되는 선행자의 상품 형태와 모방을 했다고 여겨지는 후발자의 상품형태가 동일 또는 실질적으로 동일하다는 모방의 사실이 있어야 하고, 주관적으로 타인의 상품형태를 알고 그것과 동일하다든지 실질적으로 동일하다고 말할 수 있을 정도로 흡사한 형태의 상품이라고 객관적으로 평가되는 형태의 상품을 만들어 내는 것을 인식하고 있을 것이 요구된다.

② 그러나 형태모방을 실제로 판단함에 있어서는 객관적 요건이 인정된다면 주관적 요건은 추정될 것이고, 객관적 요건이 인정되지 않는다면 주관적 요건을 판단할 필요성이 없을 것이다.

③ 모방에 대한 일본의 학설과 판례는 "모방이란 행위자가 이미 존재하는 타인의 상품을 도용하거나 간단한 또는 미세한 수정을 가하여 타인의 상품형태와 동일 또는 실질적으로 동일한 상품을 의도적으로 만들어 내는 것, 즉 완전한 모방을 말하고 모방에 해당하는지는 두 상품의 형태 및 모방의 의사 유무에 의하여 판단하여야 하고, 후행자가 선행자의 상품형태를 참고하여 변경·개발한 경우에는 모방에 해당하지 않는다."고 말하고 있다.

○ 보호 대상 제외 상품의 형태

1) 상품의 시제품 제작 등 상품의 형태가 갖추어진 날부터 3년이 지난 상품의 형태를 모방한 상품을 양도·대여 또는 이를 위한 전시를 하거나 수입·수출하는 행위

① 「상품의 시제품 제작 등 상품의 형태가 갖추어진 날」이란 시간·비용·노력의 투하가 종료되어 상품의 형태가 완성된 날을 의미하며, 법문은 시제품 제작일을 상정하고 있다. 따라서 상품 광고

및 판매를 위한 카탈로그 제작일 또는 최초 판매일과는 다른 개념이다.

② 상품형태의 보호기간은 「형태가 갖추어진 날부터 3년」이다. 상품의 형태를 보호하는 법 규정의 취지는 타인의 창작성과를 보호하기 위한 것은 아니고, 그 타인이 시간·자금·노력 등을 투자하여 개발한 상품의 형태를 경업자가 허락없이 그대로 모방함으로써 선행자(타인)의 상품화 노력에 무임승차하여 선행자의 이익을 해치고 시장의 질서를 문란하게 하는 행위를 금지하려는 것이다. 따라서 선행자가 상품의 형태를 개발하는 데 투자한 자금 및 노력 등을 회수할 수 있는 기간만 보호받을 수 있도록 하고 있다.

③ 그러나 3년 경과 후 선행자의 당해 상품형태가 2차적 의미 즉 주지성을 획득한 경우, 부정경쟁방지법 제2조 제1호 가목 규정에 따른 상품의 표지로서 보호받을 수 있음은 물론이다.

2) 타인이 제작한 상품과 동종의 상품(동종의 상품이 없는 경우에는 그 상품과 기능 및 효용이 동일하거나 유사한 상품을 말한다)이 통상적으로 가지는 형태를 모방한 상품을 양도·대여 또는 이를 위한 전시를 하거나 수입·수출하는 행위

① 「동종의 상품」이란 모방한 대상과 경업관계에 있는 상품 또는 그 상품과 외관이 대체로 동일하고 그 외의 기능 및 효용 등을 종합적으로 관찰하여 동일한 종류에 속하는 것이라고 판단되는 상품을 말하며, 동일한 수요자에게 대체로 공급되는 상품을 의미하는 것으로도 이해되고 있다.

② 「동종의 상품이 없는 경우에는 그 상품과 기능 및 효용이 동일하거나 유사한 상품」이란 완전히 새로운 신규의 상품을 타인에 앞서 시장에 도입한 경우 그 시점에서 그 상품과 동종의 상품이 존재하지 아니하는 것을 말하는데, 이 경우 기능 및 효용이 동일하거나 유사한 상품을 말한다.

③ 「통상적으로 가지는 형태」란 당해 상품 또는 동종 상품에서 일반적인 형태로서 개성이 전혀 없는 상품형태 또는 당해 상품의 형태가 그 기능 및 효용을 내기 위해서는 불가피하게 채택하지 아니하면 안되는 형태를 말한다.

○ 상품형태인 트레이드 드레스의 보호범위

① 「상품형태」란 트레이드 드레스(Trade dress)를 의미하는바, 트레이드 드레스란 "물건이나 서비스의 전체적 시각적인 이미지"를 포괄하는 광범위한 의미로서 "물품의 크기, 형상, 색채 또는 색채의 조합, 소재, 도형, 설계, 광고주제 등을 포함하는 다수의 상이한 물리적 형태 등으로 구성된 것"을 말한다.

② 예를 들면 독특한 색채와 형태를 가진 콜라병, 치어리더의 복장, 독특한 색깔과 디자인을 한 트럭의 외관, 물품의 포장이나 라벨링, 물품 자체의 디자인이나 외관 또는 식당에서 사용되는 물건과 장식용품 등의 특이한 조합, 즉 의자와 테이블의 독특한 디자인, 특이한 색상의 타일로 된 벽면, 네온사인과 조명등의 조합, 식당의 메뉴, 서비스방식 판매기법 등도 트레이드 드레스의 일종으로 파악된다.

③ 이는 상품도 사람과 같이 옷을 통해 독특한 이미지를 구성하여 그 고유한 식별기능과 출처표시 기능을 한다는 뜻으로 유래된 개념이다. 이러한 트레이드 드레스가 입법 전 보호를 받지 못했던 것은 아니다. 개정 전 법에 따라서도 트레이드 드레스는 여전히 보호됐다.

1) 부정경쟁방지법에 의한 보호

① 동법 제2조 제1호 가목에는 「국내에 널리 인식된 타인의 성명, 상호, 상표, 상품의 용기·포장, 그 밖에 타인의 상품임을 표시한 표지와 동일 또는 유사한 것을 사용하는 등」의 행위를 부정경쟁행위로 규정하고 있다.

② 따라서 여기에서의 상품의 용기·포장은 그 자체가 직접적으로

상품의 출처를 표시하는 것은 아니지만, 그 용기나 포장의 형상 등이 특정인의 것으로 식별되는 식별력을 갖추고 광고 등에 의해 주지성을 획득한 경우에는 동조 동호 가목에 의한 보호가 가능하며 기타 타인의 상품임을 표시한 표지의 경우에도 동일하게 적용된다.

③ 또한 앞에서 본 바와 같이 법원은 일정한 요건을 갖춘 경우 '트레이드 드레스'를 2013년 개정법(2013. 7. 30.) 제2조 제1호 차목(현행 파목)에 신설된 '일반조항'의 보호대상인 성과물로 인정하여 보호하였다.

2) 디자인보호법에 의한 보호

① 우리나라 디자인보호법 제2조 제1호는 디자인을 "물품[물품의 부분, 글자체 및 화상(畵i像)을 포함한다. 이하 같다]의 형상·모양·색채 또는 이들을 결합한 것으로서 시각을 통하여 미감(美感)을 일으키게 하는 것"로 정의하고 있는데, 물품의 외관을 그 보호 객체로 하고 있다는 점에서 상품의 형태, 즉 트레이드 드레스와 그 개념이 상호 유사하다.

② 따라서 트레이드 드레스를 디자인보호법으로도 보호받을 수 있다고 생각할지도 모르나, 디자인은 신규성과 창작성을 등록요건으로 하고 있고 일정한 절차를 거쳐 등록하여야만 보호를 받을 수 있는데 반하여 트레이드 드레스는 특정인의 것으로 식별력이 있어야 하고 이런 식별력은 광고, 선전 등과 같은 사용에 의한 주지성을 획득한다는 점에서 그 속성상 신규성, 창작성이 요구되는 디자인과는 실제로는 다르고 또 트레이드 드레스가 디자인보호법 상의 신규성이나 창작성적인 요건을 갖출 가능성도 거의 없다.

3) 상표법에 의한 보호

종전의 우리나라 상표법 제2조는 기호, 문자, 도형 또는 기호, 문자, 도형에 색채를 결합한 것이었기 때문에 상품의 형태 등 외형적 느낌을 보호대상으로 하는 트레이드 드레스를 종전의 우리나라 상표법으로 보호한다는 것은 그 한계가 있었으나 상표법의 개정으로 상품의 형상 등 입체적인 표지도 그 보호대상으로 하는 입체상표제도를 인정하고 있으므로 트레이드 드레스는 이제 현행 상표법으로도 보호할 수 있게 되었다.

18. 제1호 차목

○ 사업제안, 입찰, 공모 등 거래교섭 또는 거래과정

「사업제안, 입찰, 공모 등 거래교섭 또는 거래과정」에서 제공된 아이디어가 포함된 정보이어야 한다. 중소·벤처기업 또는 개발자 등의 경제적 가치를 가지는 아이디어를 거래상담, 입찰, 공모전 등을 통하여 취득하고 이를 아무런 보상없이 사업화하는 행위를 방지하기 위한 입법취지에 따른 것이고, 또한 부정경쟁방지법의 목적(제1조)이 건전한 거래질서 유지에 있기 때문에 건전한 거래질서를 저해하는 기준으로서 거래교섭이나 거래과정이 필요한 것이다.

○ 경제적 가치를 가지는 타인의 기술적 또는 영업상의 아이디어가 포함된 정보

① 「경제적 가치」를 가진다는 것은 그 정보의 보유자가 그 정보의 사용을 통해 다른 사람에 대하여 경쟁상의 이익을 얻을 수 있거나 또는 그 정보의 취득이나 개발을 위해 상당한 비용이나 노력이 필요한 것으로 이해된다. 참신성, 독창성 등을 요건으로 하지는 않지만 현실적으로 참신하고 독창일수록 그 '아이디어가 포함된 정보'에 경제적 가치가 존재한다고 인정되기 쉬울 것이다.

② 「타인의 기술적 또는 영업상의 아이디어가 포함된 정보」이어야 하는데, 여기서의 '아이디어'는 단순하고 추상적인 아이디어가 아닌 곧바로 실제 사업에 사용될 수 있을 정도로 구체적이고 실현 가능한 실질인 의미의 아이디어일 것이 요구되고, '아이디어가 포함된 정보'는 다른 지식재산권이나 부정경쟁방지법 제2조 제1호 파목의 '성과'에 대응되는 개념으로, 지식재산권에 준하는 정도는 아니라고 하더라도 적어도 '법률이 보호하기에 적합한 이익'으로 인정될 수 있어야 한다.

○ 제공목적에 위반하여 자신 또는 제3자의 영업상 이익을 위하여 부정하게 사용하거나 타인에게 제공하여 사용하게 하는 행위

① 「제공목적에 위반」한다는 것은 거래교섭 또는 거래과정에서 정해진 정보의 제공목적에 반한다는 것으로서 참고용으로 제공된 것을 상업용으로 활용한 경우 등이 이에 해당한다.

② 그리고 「자신 또는 제3자의 영업상 이익을 위하여 부정하게 사용하거나 타인에게 제공하여 사용하게 하는 행위」이어야 하는데, 비록 제공목적에 위반한 사용이라고 하더라도 그것이 자신 또는 제3자의 영업상 이익을 위한 경우 등 부정한 사용이 아니라면 부정경쟁행위에 해당하지 않을 수 있다.

③ '거래교섭 또는 거래과정에서 제공받은 아이디어 정보를 그 제공목적에 위반하여 부정하게 사용하는 등의 행위'에 해당하기 위해서는 거래교섭 또는 거래과정의 구체적인 내용과 성격, 아이디어 정보의 제공이 이루어진 동기와 경위, 아이디어 정보의 제공으로 달성하려는 목적, 아이디어 정보 제공에 대한 정당한 대가의 지급 여부 등을 종합적으로 고려하여, 아이디어 정보 사용 등의 행위가 아이디어 정보 제공자와의 거래교섭 또는 거래과정에서 발생한 신뢰관계 등에 위배된다고 평가할 수 있어야 한다.

○ 적용제외

앞의 요건을 모두 갖추었다고 하더라도 아이디어를 제공받은 자가 제공받을 당시 이미 그 아이디어를 알고 있었거나 그 아이디어가 동종 업계에서 널리 알려진 경우에는 부정경쟁행위에 해당하지 아니한다. 중소·벤처기업 및 개발자의 참신한 아이디어를 적극 보호하고자 하는 입법취지에 비추어 볼 때, 아이디어를 제공받은 자가 제공받을 당시 이미 그 아이디어를 알고 있었거나 그 아이디어가 동종 업계에서 널리 알려진 경우에는 그 보호필요성이 없기 때문이다.

19. 제1호 카목

○ 데이터

① 2021. 10. 19. 제정(시행 2022. 4. 20.)된 「데이터 산업진흥 및 이용촉진에 관한 기본법」 제2조 제1호에서는 "'데이터'란 다양한 부가가치 창출을 위하여 관찰, 실험, 조사, 수집 등으로 취득하거나 정보시스템 및 「소프트웨어 진흥법」 제2조제1호에 따른 소프트웨어 등을 통하여 생성된 것으로서 광(光) 또는 전자적 방식으로 처리될 수 있는 자료 또는 정보"로 정의하고 있는데, 부정경쟁방지법상 보호대상인 「데이터」는 「데이터 산업진흥 및 이용촉진에 관한 기본법」 제2조제1호에 따른 데이터 중 업(業)으로서 특정인 또는 특정 다수에게 제공되는 것으로, 전자적 방법으로 상당량 축적·관리되고 있으며, 비밀로서 관리되고 있지 아니한 기술상 또는 영업상의 정보를 말한다.

② 양질의 데이터가 원활하게 이용·유통되도록 하기 위한 입법취지상 「업(業)으로서 특정인 또는 특정 다수에게 제공」되는 것이어야 하고, 데이터의 활용에 대한 지나친 제약이 되지 않도록 「전자적 방법으로 상당량 축적·관리」되는 것이어야 한다.

③ 그리고 데이터가 비밀로서 관리되는 경우 「영업비밀」로서 보호받을 수 있기 때문에, 「비밀로서 관리되고 있지 아니한 기술상 또는 영업상의 정보」를 보호대상으로 한다. 즉, '특정 대상과의 거래'를 위한 데이터로서, ⓐ 전자적으로 관리('아이디/패스워드에 의한 관리' 등을 통해 특정인에게만 데이터를 제공한다는 점을 외부에 명확하게 표시하여 경제활동의 안정성 도모)되고, ⓑ 상당량 축적되어 경제적 가치를 가지며, ③ 데이터의 적극적 공개·공유를 통해 가치창출을 극대화하기 위한 정책적 목적상 공개를 전제로 하는 데이터로 한정한 것이다.

○ 부정하게 사용하는 행위

① 사이버스쿼팅 행위와 유사하게 부정하게 사용하는 행위이어야 한다. 종래 대법원은 골프장의 조경·코스를 이미지 데이터로 무단 생성·거래한 행위를 상당한 투자·노력의 성과를 무단사용한 부정경쟁행위로 보아 일반규정으로 규제한 바 있는데, 데이터 관련 다른 사안에의 적용가능성 및 적용범위 등에 있어 불확실성 있었다.

② 이에 2021년 개정법에서는 데이터의 부정사용행위 유형을 구체적으로 규정하여, 불확실성을 상당부분 해소할 수 있게 된 것이다.

③ 부정경쟁방지법에서는 그 구체적인 행위 유형으로서 '접근권한이 없는 자가 데이터를 부정하게 취득하거나 그 취득한 데이터를 사용·공개하는 행위', '접근권한이 있는 자가 부정한 목적으로 데이터를 제3자에게 제공하거나 사용·공개하는 행위', '무권한자의 데이터 부정 취득 등 행위 또는 접근권한 있는 자의 부정 목적 데이터 제공 등 행위가 개입된 사실을 알고 데이터를 취득하거나 그 취득한 데이터를 사용·공개하는 행위' 및 '데이터의 기술적 보호조치를 무력화하는 행위'의 4가지 행위유형을 규정하고 있다.

(1) 접근권한이 없는 자가 절취·기망·부정접속 또는 그 밖의 부정한 수단으로 데이터를 취득하거나 그 취득한 데이터를 사용·공개하는 행위

ⓐ 이 행위는 데이터 부정사용의 대표적 유형이라 할 수 있는데, 접근권한 없는 자가 부정한 수단으로 데이터를 취득하거나 그 취득한 데이터를 사용·공개함으로 인해 데이터 보유자의 정당한 이익을 침해하는 행위를 말한다.

ⓑ 「접근권한이 없는 자」란 데이터에 접근할 정당한 권리가 없는 자를 말하고, 「절취·기망·부정접속」은 부정한 수단의 예시로서 반사회적인 방법에 해당하는 일체의 행위를 말하는 것으로 이해된다. 데이터를 사용하지 않았더라도 「취득」 자체만으

로도 부정경쟁행위에 해당하며, 그 목적이나 경제적 이익의 취득 여부를 불문하고 취득한 데이터를 「사용·공개」하는 행위도 부정경쟁행위에 해당한다.

(2) 데이터 보유자와의 계약관계 등에 따라 데이터에 접근권한이 있는 자가 부정한 이익을 얻거나 데이터 보유자에게 손해를 입힐 목적으로 그 데이터를 사용·공개하거나 제3자에게 제공하는 행위

   ⓐ 「계약관계 등에 따라 데이터에 접근권한이 있는 자」라 함은 계약관계 존속 중은 물론 종료 후라도 또한 반드시 명시적으로 계약에 의하여 접근권한이 인정된 경우뿐만 아니라 인적 신뢰관계의 특성 등에 비추어 신의칙상 또는 묵시적으로 그러한 접근권한이 인정되는 자를 포함하는 것으로 볼 것이다. 그 데이터를 「사용·공개하거나 제3자에게 제공하는 행위」이어야 하는데, (1)과 달리 접근권한이 있는 자의 행위이기 때문에 부정경쟁행위에 해당하기 위해서는 그러한 행위에 「부정한 이익을 얻거나 데이터 보유자에게 손해를 입힐 목적」이 있어야 한다.

   ⓑ 다만, 여기서의 '목적'은 반드시 적극적 의욕이나 확정적 인식이 아니더라도 미필적 인식으로도 되며, 그 목적이 있었는지 여부는 당사자의 직업, 경력, 행위의 동기 및 경위와 수단, 방법, 그리고 데이터 보유자와 데이터를 이용한 자와의 관계 등 여러 사정을 종합하여 사회통념에 비추어 합리적으로 판단하여야 한다.

(3) (1) 또는 (2)가 개입된 사실을 알고 데이터를 취득하거나 그 취득한 데이터를 사용·공개하는 행위

   ⓐ (1) 또는 (2) 행위에 대한 사후적 관여행위로서, (1) 또는 (2)가 개입된 사실을 알면서 그 데이터를 취득하거나 그 취득한 데이터를 사용·공개하는 행위를 말한다. 영업비밀 침해에 관한 사후적 관여행위(제2조 제3호 나목, 마목)와 달리 '중대한

과실'이 있는 경우는 적용이 없고 (1) 또는 (2)가 개입된 사실을 「안 경우(악의)」에 한하여 적용된다.

ⓑ 그리고 「취득」이란 사회통념상 데이터를 자신의 것으로 만들어 이를 사용할 수 있는 상태가 된 경우를 의미하고, 「사용」은 데이터 본래의 사용 목적에 따란 이를 활용하는 것을 말하며, 「공개」는 데이터를 제3자나 불특정다수인에게 전달하거나 알리는 행위를 의미한다.

(4) 정당한 권한 없이 데이터의 보호를 위하여 적용한 기술적 보호조치를 회피·제거 또는 변경(이하 "무력화"라 한다)하는 것을 주된 목적으로 하는 기술·서비스·장치 또는 그 장치의 부품을 제공·수입·수출·제조·양도·대여 또는 전송하거나 이를 양도·대여하기 위하여 전시하는 행위.

ⓐ 다만, 기술적 보호조치의 연구·개발을 위하여 기술적 보호조치를 무력화하는 장치 또는 그 부품을 제조하는 경우에는 그러하지 아니하다.

이 행위는 데이터에 대한 직접적인 부정사용행위는 아니지만, 데이터의 보호를 위하여 적용한 기술적 보호조치를 무력화할 수 있는 전단계의 행위를 규제하기 위한 것이다. 즉, 데이터를 보호하기 위해 적용된 기술적 보호조치를 무력화하게 되면 데이터의 악의적인 사용 및 유통에 이르게 되므로, 사전에 그와 같은 무력화를 주된 목적으로 하는 기술이나 장치 또는 부품 등의 제공·수입·양도 등을 방지할 필요가 있기 때문에 마련된 규정이다.

ⓑ 「데이터의 보호를 위하여 적용한 기술적 보호조치」와 관련하여 부정경쟁방지법에는 기술적 보호조치에 대한 별도의 정의 규정이 없는바, 저작권법 제2조, 제28조에서 정의하고 있는 기술적 보호조치와 같은 의미로 볼 수 있을 것이다.

기술적 보호조치의 「무력화」는 기술적 보호조치를 「회피·제거 또는 변경」하는 행위를 말하는데, 데이터산업법 제12조 제2항에서도 동일하게 규정하고 있고 저작권법 제104조의2 제1항에서는 「제거·변경하거나 우회하는 등」으로 규정하고 있다.

ⓒ 기술적 보호조치를 무력화하는 것을 「주된 목적」으로 하는 것이므로, 일부 다른 목적이나 용도가 있다 하더라도 주된 사용 목적이 기술적 보호조치의 무력화에 있다면 부정경쟁행위에 해당한다. 기술적 보호조치를 무력화하는 것을 주된 목적으로 하는 「기술·서비스·장치 또는 그 장치의 부품」을 「제공·수입·수출·제조·양도·대여 또는 전송하거나 이를 양도·대여하기 위하여 전시하는 행위」인데, 적용대상과 행위태양이 모두 포괄적으로 규정되어 있어 다양한 유형의 무력화 행위에 대한 규제가 가능하다.

ⓓ 한편, 기술적 보호조치의 무력화를 주된 목적으로 하는 장치 등이라 하더라도 연구 또는 시험을 위한 목적으로 활용되는 것까지 금지할 필요는 없으므로, 기술적 보호조치의 연구·개발을 위하여 기술적 보호조치를 무력화하는 장치 또는 그 부품을 제조하는 경우에는 금지대상에서 제외된다.

20. 제1호 타목

○ 국내에 널리 인식되고 경제적 가치를 가지는 것

① 「국내에 널리 인식된」의 의미는 앞서 본 '상품주체 및 영업주체에 대한 혼동 초래행위'에서의 '주지성'과 같은 의미이고, 「경제적 가치」를 가진다는 것의 의미도 앞서 본 아이디어가 포함된 정보 보호에 관한 차목의 '경제적 가치'와 달리 해석할 이유는 없다.

② 유명인의 초상·성명 등에 대한 재산적 피해를 보호하기 위한 규정의 취지상 '국내에 널리 인식되고 경제적 가치'를 가지는 표지, 즉 '주지성'과 '경제적 가치'를 지니는 경우로 그 적용대상을 한정하고 있는 것이다.

○ 타인의 성명, 초상, 음성, 서명 등 그 타인을 식별할 수 있는 표지

① 「성명」은 이름 등 명칭을 말하고, 「초상」은 특정 인물의 모습을 표현한 그림이나 사진을 말하며, 「음성」은 사람이 발성기관을 통해 내는 소리를 말하고, 「서명」은 특정인의 동일성을 자필로 기재한 것을 말하는데, 이러한 성명, 초상, 음성, 서명은 「타인을 식별할 수 있는 표지」의 예시에 해당한다.

② 「타인을 식별할 수 있는 표지」란 '상품주체 및 영업주체에 대한 혼동 초래행위'에서의 상품 또는 영업표지와 유사한 개념으로서, 다른 사람과 구분될 수 있는 개인의 정체성을 나타내는 특징으로서 성명, 초상, 음성, 서명에 한정되지 않고 특유의 동작이나 활동 등 자신의 특징을 개별화할 수 있고 다른 사람과 구별시킬 수 있는 징표를 의미한다.

○ 공정한 상거래 관행이나 경쟁질서에 반하는 방법으로 자신의 영업을 위하여 무단으로 사용함으로써 타인의 경제적 이익을 침해하는 행위

① 위 요건은 제2조 제1호 파목의 일반규정에서 정의하고 있는 요건과 동일하다. 즉, 2021년 부정경쟁방지법 개정전 대법원은 유명인의 초상·성명 등이 지닌 경제적 가치를 '상당한 투자와 노력의 성과'로 인정하여 이를 무단사용한 행위를 부정경쟁방지법 제2조 제1호 카목(현행 파목)행위로 제재하였는데, 이러한 판례의 취지를 반영하여 개정법에서는 같은 요건을 입법한 것이다.

② 「공정한 상거래 관행이나 경쟁질서에 반하는 방법으로 자신의 영업을 위하여 무단으로 사용」한 경우에 해당하기 위해서는 권리자와 침해자가 경쟁관계에 있거나 가까운 장래에 경쟁관계에 놓일 가능성이 있는지, 권리자가 주장하는 성과 등이 포함된 산업분야의 상거래 관행이나 경쟁질서의 내용과 그 내용이 공정한지 여부, 위와 같은 성과 등이 침해자의 상품이나 서비스에 의해 시장에서 대체될 가능성, 수요자나 거래자들에게 성과 등이 어느 정도 알려졌는지, 수요자나 거래자들의 혼동가능성 등을 종합적으로 고려해야 한다.

○ 퍼블리시티권의 법적 성질

① 우리나라는 헌법이나 민법 등에 근거하여 초상 등의 인격적 가치를 폭넓게 보호(위자료)하여 왔으나 재산적 피해를 보상하기에는 부족하다는 지적이 있었고, 이러한 문제를 해결하기 위한 '퍼블리시티권' 도입 논의가 진행되던 중 부정경쟁방지법에 보호 규정이 마련된 것이다.

② '퍼블리시티권'은 인격적 가치에 대한 침해이면서도 재산적 성질이 강한 것이어서 입법이 아닌 해석이나 판례에 의해 인정할 경우 권리의 양도나 상속성 등이 중요한 문제가 된다. 현행법에서는 부정경쟁방지법 제2조 제1호의 부정경쟁행위 유형의 하나로 퍼블리시티권보

호 규정을 마련하면서 그 법적 성질에 대해서는 별도의 특별규정을 두지 않았기 때문에, 퍼블리시티권의 양도나 상속성에 대해서도 앞서 본 '주지성의 승계' 등 다른 부정경쟁행위와 같은 기준을 따라야 할 것이다.

③ 한편, 판례는 정신적 고통에 대한 피해자의 위자료 청구권도 재산상의 손해배상 청구권과 구별하여 취급할 근거는 없어 그 위자료 청구권이 일신 전속권이라 할 수 없고 피해자의 사망으로 인하여 상속된다고 하고 있는바, 재산적 성질이 강한 퍼블리시티권 침해로 인한 손해배상청구권에 대해서도 마찬가지라고 할 것이다.

21. 제1호 파목

○ 부정경쟁행위에 관한 일반 조항

① 동 규정이 부정경쟁방지법에 신설되기 전에 대법원은 "경쟁자가 상당한 노력과 투자에 의하여 구축한 성과물을 상도덕이나 공정한 경쟁질서에 반하여 자신의 영업을 위하여 무단으로 이용함으로써 경쟁자의 노력과 투자에 편승하여 부당하게 이익을 얻고 경쟁자의 법률상 보호할 가치가 있는 이익을 침해하는 행위는 부정한 경쟁행위로서 민법상 불법행위에 해당한다."라고 판단하였다.

② 그 후 2013. 7. 30. 법률 제11963호로 개정된 부정경쟁방지 및 영업비밀보호에 관한 법률 제2조 제1호 차목은 위 대법원결정의 취지를 반영하여 "그 밖에 타인의 상당한 투자나 노력으로 만들어진 성과 등을 공정한 상거래 관행이나 경쟁질서에 반하는 방법으로 자신의 영업을 위하여 무단으로 사용함으로써 타인의 경제적 이익을 침해하는 행위"를 부정경쟁행위의 하나로 추가하였고, 2018. 4. 17. 법률 제15580호로 개정된 부정경쟁방지법에서 위 차목은 카목으로 변경되었으며, 다시 2021. 12. 7. 법률 제18548호로 개정된 부정경쟁방지법에서 카목이 파목으로 변경되었다.

③ 위 파목은 구 부정경쟁방지법(2013. 7. 30. 법률 제11963호로 개정되기 전의 것)의 적용 범위에 포함되지 않았던 새로운 유형의 부정경쟁행위에 관한 규정을 신설함으로써, 새로이 등장하는 경제적 가치를 지닌 무형의 성과를 보호하고, 입법자가 부정경쟁행위의 모든 행위를 규정하지 못한 점을 보완하여 법원이 새로운 유형의 부정경쟁행위를 좀 더 명확하게 판단할 수 있도록 함으로써, 변화하는 거래관념을 적시에 반영하여 부정경쟁행위를 규율하기 위한 보충적 일반 조항이다.

○ 상당한 투자나 노력으로 만들어진 성과 등

① 「상당한 투자나 노력으로 만들어진」 것인지 여부는 권리자가 투입한 투자나 노력의 내용과 정도를 그 성과 등이 속한 산업분야의 관행이나 실태에 비추어 구체적, 개별적으로 판단하되, 성과 등을 무단으로 사용함으로써 침해된 경제적 이익이 누구나 자유롭게 이용할 수 있는 공공영역(public domain)에 속하지 않는다고 평가할 수 있어야 한다.

② 그리고 법률 규정과 입법 경위 등을 종합해보면, 파목은 그 보호대상인 「성과 등」의 유형에 제한을 두고 있지 않으므로, 유형물뿐만 아니라 무형물도 이에 포함되고, 종래 지식재산권법에 의해 보호받기 어려웠던 새로운 형태의 결과물도 포함될 수 있다.

③ 「성과 등」을 판단할 때에는 위와 같은 결과물이 갖게 된 명성이나 경제적 가치, 결과물에 화체된 고객흡인력, 해당 사업 분야에서 결과물이 차지하는 비중과 경쟁력 등을 종합적으로 고려해야 한다.

○ 공정한 상거래 관행이나 경쟁질서에 반하는 방법으로 자신의 영업을 위하여 무단으로 사용함으로써 타인의 경제적 이익을 침해하는 행위

「공정한 상거래 관행이나 경쟁질서에 반하는 방법으로 자신의 영업을 위하여 무단으로 사용」한 경우에 해당하기 위해서는 권리자와 침해자가 경쟁관계에 있거나 가까운 장래에 경쟁관계에 놓일 가능성이 있는지, 권리자가 주장하는 성과 등이 포함된 산업분야의 상거래 관행이나 경쟁질서의 내용과 그 내용이 공정한지 여부, 위와 같은 성과 등이 침해자의 상품이나 서비스에 의해 시장에서 대체될 가능성, 수요자나 거래자들에게 성과 등이 어느 정도 알려졌는지, 수요자나 거래자들의 혼동가능성 등을 종합적으로 고려해야 한다.

22. 제2호

○ 영업비밀의 정의(개념)

① 오늘날 무한경쟁의 기술·정보사회를 맞이하여 기업이 보유한 기술상 또는 경영상 정보는 그 기업의 경쟁력을 가늠할 수 있는 중요한 척도로 주목받고 있다.

② 영업비밀의 개념이 무엇인지에 대하여 각국의 입법정책에 따라 조금씩 다르지만 공통된 정의로는 기업이 시장에서 경쟁상의 우위를 확보하기 위하여 스스로 개발하고 비밀로서 보유한 기술정보(예를 들면, 마케팅 전략, 고객 리스트, 기업의 사업계획 등)를 말하며, 이러한 정보는 공공연히 알려져 있지 아니하고 독립된 경제적 가치를 가지는 것으로 비밀로 관리된 기술상 및/또는 경영상의 정보를 말한다.

③ 특허제도와 영업비밀보호제도의 차이점은 그 목적에 있어서 특허는 발명을 보호·장려하고 그 이용을 도모함으로써 기술의 발전을 촉진하여 산업발전에 이바지하는 데 반하여, 영업비밀은 타인의 영업비밀을 침해하는 행위를 방지하여 건전한 거래질서를 유지하는데 그 목적이 있다.

○ 영업비밀의 성립요건

1) 비공지성(비밀성)

① 영업비밀로 보호받기 위해서는 당해 정보가 공공연히 알려지지 아니하였다는 비공지성을 필요로 한다.

② 「공공연히 알려져 있지 아니한」 상태란 당해 영업비밀정보가 간행물 등 전파매체 등에 의해 공개되어 있지 않거나 일반 공중이 언제, 어디서나 쉽게 구입·열람·복사·대출 등을 통해 영업비밀의 내용을 파악할 수 있도록 공개되어 있지 않아 일반인, 즉 불특정인이 알 수 있는 상태에 있지 않기 때문에 영업비밀보유자의

비밀정보 관리체제나 그 방법 등을 동원하여 이용하지 않고서는 일반적으로 그 정보를 취득할 수 없는 상태에 있는 것을 말한다. 따라서 보유자가 비밀로서 관리하고 있다고 하더라도 당해 정보의 내용이 이미 일반적으로 알려져 있을 때에는 영업비밀이라고 할 수 없다.

③ 일반인에게 혹은 적어도 그 업계에서는 일반적으로 알려진 것이어서는 아니되나 그렇다고 하여 절대적 비밀성이 요구되는 것은 아니다. 비밀성의 개념이 상대적인 만큼, 제한된 범위의 사람이 알고 있더라도 비밀을 지킬 의무가 있는 사람들로서 제한 상태가 유지되고 있는 한 비밀성이 있는 것이고, 다른 사람들이 그 정보의 대체적인 윤곽을 알고 있더라도 구체적인 상세 정보를 갖지 못했다면 역시 비밀성이 있다.

④ 이처럼 보유자 이외의 타인이 당해 정보를 알고 있어도 보유자가 그자에게 비밀 준수 의무를 부과하고 있는 경우 또는 보유자와 무관한 제3자가 독자개발 등에 의해 동일한 정보를 보유하고 있어도 그 제3자가 당해 정보를 비밀로서 유지하고 있는 경우는 비공지된 것이다. 당해 정보가 시판 제품에 포함되어 있거나 간행물에 게재되어 있어도 현실로 그곳에서 당해 정보를 취득하는 것이 용이하지 않는 경우(예컨대, reverse engineering으로 정보를 취득하는 데에 장기간 및 많은 비용이 필요한 경우 등)에도 비밀성이 있다.

⑤ 등기나 등록으로 공시되는 권리가 아닌 이상 제3자가 동일한 정보를 독자적으로 개발·보유할 수 있고, 이 경우 그 사람이 그 정보를 비밀로 관리하고 있는 동안에는 동일 정보의 영업비밀성이 상실되지 않는다.

⑥ 영업비밀이 공개되었다고 볼 것인지는 구체적 사정에 따라 판단할 문제이다. 일반적으로 그 정보와 직접적 관련이 있어 이를 가지고 경제적 이익을 얻을 가능성이 있는 자에게 알려지면 공개되

었다고 보아야 하고, 반드시 일반 대중에게까지 알려져야 하는 것은 아니다. 그러므로 그 정보와 관계없는 사람이 우연히 그 정보를 알게 된 경우에는 그 사람이 이를 다시 공개하지 않을 가능성도 충분히 있으므로 정보의 비밀성이 상실되었다고 단정할 것은 아니다.

⑦ 한편, 정보가 공연히 알려져 있지 않다는 점을 입증하기란 사실상 불가능하다. 따라서 정보 보유자가 비밀관리의사를 가지고 영업비밀로 관리해 왔다는 점이 입증되면 비공지성은 사실상 추정되고, 상대방이 공지성에 대한 입증책임을 부담한다.

2) 유용성(독립된 경제적 가치)

① 영업비밀로서 보호받기 위해서는 어떤 정보가 기술상·경영상 경제적 가치를 가지고 있어야 함을 전제로 한다. 이는 영업비밀보유자가 시장에서 특정한 정보의 사용을 통해 경업자에 대한 경쟁상의 이익을 얻을 수 있거나 정보의 취득 또는 개발을 위해 상당한 비용이나 노력이 필요한 경우 등을 의미하며, 현실적으로 사용되고 있지 않다고 하더라도 장래에 있어서 경제적 가치를 발휘할 가능성이 있는 정보(잠재적으로 유용한 정보)와 과거에 실패한 연구자료와 같은 정보도 경제적 가치를 가지고 있다고 할 수 있다.

② 여기에서 독립된 경제적 가치를 가지는 것이란 공공연히 알려졌지 아니한 비밀이기 때문에 영업비밀보유자만이 독자적으로 누릴 수 있는 경제적 가치라는 의미이지 영업비밀 자체가 독립적인 경제적 가치를 가져야만 한다는 것은 아닌 것으로 해석된다.

③ 현실적으로 사용되고 있지 않다고 하여도 장래에 있어서 경제적 가치를 발휘할 가능성이 있는 정보(잠재적으로 유용한 정보)와 경쟁회사의 제품개발계획, 판매계획 등과 같이 그 자체는 직접 생산방법·판매방법 등의 영업활동에 이용되지는 않지만 알고 있으면 경쟁상 매우 유용하게 활용될 수 있는 정보(간접적으로 유용한 정보)도 유용성이 있다.

④ 해외 본사로부터 제품을 수입하여 영업사원이나 대리점을 통하여 국내에 판매하는 국내 현지판매법인의 제품원가 분석자료, 대리점 마진율, 할인율, 가격, 신제품개발계획 등은 적어도 일반인에게는 알려졌지 아니한 유용한 정보로서 그 경제적 가치가 크다. 기계의 기본적인 작동원리나 구성이 이미 공공연히 알려졌더라도 그 기계를 구성하는 개개 부품의 규격이나 재질, 가공방법, 그와 관련된 설계도면 등이 공공연히 알려졌지 아니하다면 이 역시 경제성이 있다고 할 수 있다.

⑤ 또한, 영업비밀의 경제적 가치는 영업비밀의 양도 또는 라이센스의 근거가 되고, 침해받을 우려가 있거나 침해받았을 경우 민사상·형사상 권리행사의 주된 근거가 되지만, 경제적 가치가 아무리 크다고 할지라도 사회적 타당성을 갖추지 못한 정보라면 영업비밀로서 보호받을 수 없다. 즉, 부정경쟁방지법은 근본적으로 경제상의 경쟁에서 부정한 수단을 규제함으로써 공정한 경쟁을 확보하기 위한 법이므로 부정경쟁으로부터 보호되는 '영업비밀' 역시 사회적 상당성이 인정되는 것이어야 한다. 따라서 설령 사업활동에 유용한 성질을 갖는 경우에도 반사회적 정보는 일반적으로 경제적 가치성(유용성)을 인정할 수 없다.

3) 비밀관리성

① 영업비밀의 중요한 요건 중 하나가 「비밀로 관리된」, 즉 비밀관리성(비밀유지성)이다. 비밀관리성은 정보에 접근할 수 있는 대상자나 접근 방법을 제한하거나 그 정보에 접근한 자에게 비밀준수의무를 부과하는 등 객관적으로 그 정보가 비밀로 유지·관리되고 있다는 사실이 인식 가능한 상태를 말하는데, 어떤 정보를 비밀로 생각하는 것으로는 충분치 아니하고, 객관적으로 그 정보가 비밀로 유지·관리되고 있으며, 또 제3자가 그 비밀성을 객관적으로 인식할 수 있어야 한다. 즉, "비밀 관리 의사"가 있어야 함은 물론이고, 그 의사를 실천해 온 "관리 행위"가 인정되어야 한다.

② 비밀관리성 요건은 영업비밀 자체의 성질과 직접적인 관련을 갖기보다는 부정행위자의 행위태양과 비교하여 부정경쟁방지법상의 구제를 인정할 것인가를 판단하는 요소로서 작용한다. 그리고 유체물에 대한 점유나 등기·등록과 같은 공시의 방법이 적합하지 않은 영업비밀에 있어 비밀로서 관리되는 상태가 객관적으로 유지되는 정보에 한하여 그 보호를 인정함으로써 정보보유자와 제3자의 이해를 조정하는 기능을 수행한다.

③ 비밀정보가 제3자에게 공지되었는지 여부는 어렵지 않게 판단할 수 있고, 경제적 가치가 없는 정보는 예외적이어서 결국 해당 정보가 부정경쟁방지법상 영업비밀에 해당하는지는 비밀관리성 여부로 판단되는 경우가 많다. 이에 우리 부정경쟁방지법도 영업비밀의 요건 중 비밀관리성에 대해 2번의 개정을 거쳤는 데, 영업비밀의 정의규정이 처음 도입된 1991년 개정법(1991. 12. 31., 법률 제4478호)에서는 「상당한 노력에 의하여 비밀로 유지된」으로 규정하였다가, 2015년 개정법(2015. 1. 28., 제13081호)에서 「합리적인 노력에 의하여 비밀로 유지된」으로 요건을 완화하였고, 다시 2019년 개정법(2019. 1. 8., 법률 제 16204호)에서 합리적인 노력이 없더라도 비밀로 유지되었다면 영업비밀로 인정받을 수 있도록 「비밀로 관리된」으로 개정하였다.

④ 어느 경우에 당해 정보가 「비밀로 관리」되고 있는가는 구체적인 상황에 따라서 개별적으로 판단되어야 할 것이나, 대략 다음과 같은 경우를 생각해 볼 수 있다.

- 당해 정보에 비밀표시를 하여 접근할 수 있는 자에게 그것이 영업비밀이라는 사실을 주지시키고 있는 경우
- 당해 정보에 접근할 수 있는 사람의 수를 제한하거나, 접근자에게 그 정보를 사용·공개할 수 없다는 취지의 비밀준수의무를 부과하는 경우
- 당해 정보에 대한 접근을 공간적·물리적으로 제한하는 경우 등

⑤ 그러나 영업비밀에 해당되는 정보는 물리적 매체(서류, 디스크, 필름 등)에 체화된 것뿐만 아니라, 개인의 기억에 의한 것도 있으므로 영업비밀 주체의 업종, 규모, 종업원의 수, 정보의 성질과 중요성, 비밀침해의 수단과 방법 등을 고려해 볼 때 당해 정보가 비밀이라는 점이 합리적으로 추정될 수 있도록 관리되어야 한다.

23. 제3호 가목

○ 절취(竊取), 기망(欺罔), 협박, 그 밖의 부정한 수단

① 제2조 제3호 (가)목에서 규정한 「절취, 기망, 협박」은 부정수단의 예시에 불과한 것이며, 「그 밖의 부정한 수단」으로는 강도, 폭행, 주거침입, 횡령, 배임, 장물에 관한 죄 등 형벌법규에 해당하는 행위뿐만 아니라 사회 통념상 이와 동등한 위법성을 가진다고 판단되는 행위, 즉 사회질서에 반하는 행위(미인계, 도청, 매수, 위장취업)도 포함한다고 해석된다.

② 영업비밀의 본질은 무체물인 정보이며, 취득수단에 대해서는 영업비밀이 담겨 있는 매체의 취득, 즉 점유이전 이외에도 여러 가지 방법이 있을 수 있는바 예를 들어, 영업비밀이 매체(책, 테이프 등)에 담겨 있는 경우에 절취, 기망, 협박 등에 의하여 그 매체 자체를 취득하는 경우뿐만 아니라, 영업비밀의 매체물이 보관되어 있는 장소에 무단으로 침입하거나 영업비밀의 매체물을 보관하고 있는 책상, 금고, 봉투, 플로피 디스크 등을 무단으로 개봉하거나 사용하여 안에 들어 있는 영업비밀을 기억하거나 복제하는 행위, 그리고 영업비밀을 기억하고 있는 사람으로부터 사기, 협박, 도청 등의 수단에 의해 영업비밀을 취득하는 행위 등도 포함된다.

○ 영업비밀을 취득, 사용, 공개하는 행위

① 「취득하는 행위」란 부정한 수단으로 영업비밀에 해당하는 정보를 얻는 것을 말한다. 따라서 정당한 수단으로 어떤 정보를 취득하는 것은 영업비밀 침해행위가 아니다. 영업비밀의 '취득'은 문서, 도면, 사진, 녹음테이프, 필름, 전산정보처리조직에 의하여 처리할 수 있는 형태로 작성된 파일 등 유체물의 점유를 취득하는 형태로 이루어질 수도 있고, 유체물의 점유를 취득함이 없이 영업비밀 자체를 직접 인식하고 기억하는 형태로 이루어질 수도 있으며, 또한 영업비밀을

알고 있는 사람을 고용하는 형태로 이루어질 수도 있는바, 어느 경우에나 사회통념상 영업비밀을 자신의 것으로 만들어 이를 사용할 수 있는 상태가 되었다면 영업비밀을 취득하였다고 보아야 한다.

② 「사용하는 행위」란 취득한 영업비밀을 영업비밀 본래의 사용 목적에 따라 상품의 생산·판매 등의 영업활동에 이용하거나 연구·개발사업 등에 활용하는 등으로 기업활동에 직접 또는 간접적으로 사용하는 행위로서 구체적으로 특정이 가능한 행위를 말한다. 직접적 사용 행위의 예로서는 취득한 기술 정보, 설계도, 매뉴얼 등을 보고 그대로 제품을 제조 배합하거나, 취득한 고객리스트를 이용하여 판촉 활동을 하는 등의 행위를 들 수 있다. 그리고 영업비밀인 기술을 단순 모방하여 제품을 생산하는 경우뿐 아니라, 타인의 영업비밀을 참조하여 시행착오를 줄이거나 필요한 실험을 생략하는 경우 등과 같이 제품 개발에 소요되는 시간과 비용을 절약하는 경우 또한 영업비밀의 사용에 해당한다. 또한, 영업비밀을 일부 변경하여 사용하는 경우에도 실질적으로 동일 정보라고 인정되는 한 사용행위에 해당할 수 있다.

③ 「공개하는 행위」란 영업비밀을 불특정인에게 공공연히 알리거나, 또는 그 비밀성을 유지한 채로 특정인에게 매각하거나 알려주는 것을 말한다. 영업비밀이 화체된 유체물 자체나 그 내용이 저장된 매체물을 교부하거나 취득 정보를 테이프, 디스켓 등으로 복제하여 교부하거나 암기 내용을 말로 전하는 등 앞서 취득한 영업비밀의 종류에 따라 그 공개방법도 다양할 것이다. 또한, 부작위에 의한 공개행위도 포함될 수 있고, 영업비밀 전부뿐만 아니라 그 일부만을 알 수 있게 한 경우에도 부정공개행위에 포함된다. 다만 상대방이 이미 그 영업비밀을 알고 있는 경우에도 부정공개행위가 성립하는지에 대하여는 견해가 갈린다.

24. 제3호 나목, 다목

○ 부정취득행위의 개입

「개입」이란 당해 영업비밀의 유통과정에 부정수단에 의한 영업비밀 취득행위가 존재하는 것을 말하며, 행위자의 주관적 요건으로서 악의 이외에 중과실을 요건으로 한 것은 영업비밀보유자가 침해소송에 있어서 주관적 요건인 악의의 증명이 곤란하므로 행위자로서 조금만 주의를 기울였더라면 당연히 알 수 있었을 객관적 상황을 증명하면 중과실로 보아 악의와 동일시하려는 것이다.

○ 영업비밀의 취득

영업비밀의 취득은 취득자가 자기의 직접 전자로부터 영업비밀을 취득하는 수단 그 자체는 정당한 것에 한하며, 영업비밀의 부정취득자로부터 다시 이를 부정한 수단으로 취득할 경우에는 원래의 보유자에 대한 부정취득행위, 즉 제2조 제3호 (가)목에 해당한다.

○ 부정 취득한 영업비밀의 사용 및 공개하는 행위

「부정취득한 영업비밀의 사용」이란 부정한 수단으로 영업비밀을 취득한 자가 직접 그 영업비밀을 사용하는 행위를 말하며, 「공개하는 행위」란 부정한 수단으로 영업비밀을 취득한 자가 그 영업비밀을 제3자에게 매각, 대여(lease), 실시권 허여(license) 등을 하거나 영업비밀을 불특정인에게 구두나 서면 등 간행물 기타 매체를 통하여 알리는 행위를 말한다. 공개에는 유상·무상을 묻지 않고 제3자의 선의·악의도 묻지 않는다.

25. 제3호 라목, 마목, 바목

○ 계약관계의 범위

① 「계약관계 등」이란 반드시 계약 등과 같은 일정한 요식에 의해서만 발생하는 것이 아니라, 사용자와 종업원 간 또는 영업비밀보유자와 실시권자 간의 신의 관계에 의해서도 발생하며, 쌍방간의 계약뿐만 아니라 일방의 서약서 또는 다수자를 대상으로 하는 보편거래약관, 규칙, 사양서 등으로 나타날 수도 있다.

② 「영업비밀을 비밀로서 유지하여야 할 의무가 있는 자」란 기업체의 임·직원 또는 영업비밀 실시계약(license)에 의한 실시권자 등이 해당된다. 이와 같은 계약 등이라 할지라도 퇴직자와의 경업금지계약은 자칫 직업선택의 자유를 제한할 우려가 있기 때문에 엄격하게 운용될 필요가 있다. 그러므로 퇴직자에게 전직을 제한하는 등의 의무를 부과하는 경업금지약정은 서면에 의한 계약의 형식을 취하고 유효한 대가에 의하며 제한이 부과되는 기간, 지역은 합리적이어야 한다.

③ 또 경업이 금지되는 직종의 범위는 구체적이고도 합리적이어야 할 뿐만 아니라 그 계약은 양 당사자에게 공평하여야 하고, 공공의 복지에도 반하지 말아야 하는 등의 요건 등이 충족되었을 때에만 이 법에 따른 계약의 효력을 가지게 될 것이다.

○ 부정한 이익을 얻거나 손해를 입힐 목적

① 계약관계 등에 의해서 영업비밀보유자로부터 영업비밀을 정당하게 지득한 자가 당해 영업비밀을 사용하거나 공개하였다고 하여 곧바로 (라)목에 의한 침해행위가 되는 것은 아니고 '부정한 이익을 얻거나 그 영업비밀의 보유자에게 손해를 입힐 목적'이라는 주관적 요건이 있어야 한다. 영업비밀을 적법하게 취득한 종업원 등이 퇴직 후나 계약 종료 후에 취득한 정보를 사용하여 영업할 수 있도록 직업선택

의 자유를 보장하여야 한다는 관점과 퇴직 후의 종업원 등의 부정경
업행위로부터 영업비밀 보유자를 보호해야 한다는 관점의 두 이해관
계를 조정하기 위하여 부가된 요건이다.

② 여기에서 「부정한 이익을 얻거나」란 비밀유지의무를 위반하여 이익을
얻는 행위를 말하며, 비밀유지의무 위반자의 이익뿐만 아니라 제3자
의 이익도 포함되고, 「손해를 입힐 목적으로」란 영업비밀보유자의 실
제 손해발생 여부와 관계없이 손해를 입힐 의도로 영업비밀을 사용
하거나 공개하는 행위이어야 한다.

○ 부정공개자로부터의 악의취득행위

① (마)목은 (라)목의 행위에 의해 직접적으로 영업비밀을 취득한 자로부
터 그 부정공개행위인 것 또는 그것이 개입된 것을 알면서 영업비밀
을 취득, 사용 또는 공개하는 경우에 대한 규정이다. (마)목의 영업
비밀 침해행위도 (나)목의 영업비밀 침해행위와 마찬가지로 자신의
직접 전자로부터의 영업비밀을 취득하는 수단 그 자체는 정당한 경
우에 한하고, 부정취득의 경우 (가)목에 해당한다.

② 그리고 (라)목에 대한 사후적 행위로서 (마)목에 의거하여 금지청구등
을 하기 위해서는 취득자가 '부정한 이익을 얻거나 영업비밀 보유자
에게 손해를 가할 목적'으로 영업비밀을 부정공개한다는 사실을 알면
서 영업비밀을 취득한다고 하는 이중의 주관적 요건을 입증하여야
한다.

○ 사후적(事後的) 악의자의 부정공개행위

① 영업비밀을 취득한 후에 그 영업비밀이 (라)목의 규정에 따라 공개된
사실 또는 그러한 공개행위가 개입된 사실을 알거나 중대한 과실로
알지 못하고 그 영업비밀을 사용하거나 공개하는 행위를 규정한 (바)
목의 취지는, 부정 공개된 영업비밀에 사후적으로 관여하는 것을 방
지하기 위한 것으로서 취득 당시에는 (라)목에 규정된 부정공개행위

가 개입된 것을 몰랐으나 취득 후 이를 알았거나 중대한 과실로 알지 못하고 그 영업비밀을 공개하거나 사용하는 행위를 금지하려는 것이다.

② 즉, 영업비밀을 취득할 때에는 그것이 부정하게 공개된 것으로는 알지 못했던 자가 그 후 피해자로부터 경고, 판결문, 보도를 접하는 등의 방법으로 그 사정을 알았음에도 그대로 그 영업비밀을 스스로 사용하거나 제3자에게 공개하는 행위를 금지하고자 하는 것이다.

26. 제4호

○ 도메인이름의 개념

① 도메인이름이란 인터넷에 연결된 다른 컴퓨터와의 통신은 컴퓨터의 위치를 나타내는 숫자로 표시된 인터넷 주소(IP)를 이용하게 되는데 이러한 인터넷 주소를 사용하기 쉽도록 문자로 변환하여 표시한 것을 말한다.

② 부정한 목적의 도메인이름 사용행위라 함은 정당한 권원이 없는 자가 다음의 어느 하나의 목적으로 국내에 널리 인식된 타인의 성명ㆍ상호ㆍ상표 그 밖의 표지와 동일하거나 유사한 도메인 이름을 등록ㆍ보유ㆍ이전 또는 사용하는 행위를 말한다(법 제2조 제1호 아목).

- 상표 등 표지에 대하여 정당한 권원이 있는 자 또는 제3자에게 판매하거나 대여할 목적

- 정당한 권원이 있는 자의 도메인 이름의 등록 및 사용을 방해할 목적

- 그 밖의 상업적 이익을 얻을 목적

1) 정당한 권원이 없는 자

「정당한 권원이 없는 자」라 함은 어떤 법률적 또는 사실적 행위를 하는 것을 정당화하는 법률상의 원인 없이 행한 자를 말한다. 예를 들면, 도메인이름의 사용 권원은 그 도메인이름을 작명, 등록하여 보유 또는 사용하고 있거나(등록권) 그 등록권자로부터 도메인 사용을 허락받은 자의 사용(사용권) 등이 그것이다. 또 등록상표의 권원은 상표권, 전용사용권, 통상사용권 등이다.

2) 상표 등 표지에 대하여 정당한 권원이 있는 자 또는 제3자에게 판매하거나 대여할 목적

이는 국내에 널리 인식된 타인의 성명, 상호, 상표 그 밖의 표지와

동일하거나 유사한 것을 판매방법으로 이전하거나 대여할 목적으로 도메인이름으로 등록, 보유하거나 이를 사용하여 부정한 이익을 얻으려는 의미의 개념이다.

3) 정당한 권원이 있는 자의 도메인이름의 등록 및 사용을 방해할 목적

이는 국내에 널리 인식된 타인의 성명, 상호, 상표 그 밖의 표지와 동일하거나 유사한 것을 도메인이름으로 등록, 보유, 이전 또는 사용함으로써 정당한 권원이 있는 자의 도메인 이름의 등록 및 사용을 방해함으로써 정당한 권원이 있는 자에게 손해를 가하려는 의미의 개념이다.

○ 도메인이름과 상표와의 관계

1) 정의

도메인이름이란 인터넷상의 숫자로 된 주소에 해당하는 숫자, 문자, 기호 또는 이들의 결합, 즉 인터넷상 연결된 컴퓨터 상의 기계적인 주소인 인터넷 주소(IP: Internet Protocol) 대신 이용자가 쉽게 알 수 있도록 숫자로 된 주소에 해당하는 숫자, 문자, 기호 또는 이들의 결합으로 표시한 것인 데 반하여, 상표란 자기의 상품(서비스 또는 서비스의 제공에 관련된 물건을 포함)과 타인의 상품을 식별하기 위하여 사용하는 기호, 문자, 도형, 소리, 냄새, 입체적 형상, 홀로그램·동작 또는 색채 등으로서 그 구성이나 표현방식에 상관없이 상품의 출처(出處)를 나타내기 위하여 사용하는 모든 표시를 말한다.

2) 관할기관

도메인이름의 관할기관은 한국인터넷정보센터(KRNIC)이고, 상표의 관할 기관은 특허청이다.

3) 목적

도메인이름은 인터넷상에서 데이터를 전송할 때 송수신 컴퓨터의 위치를 쉽게 파악할 수 있게 하기 위함을 목적으로 하는 데 반하여,

상표는 상표 사용자 업무상의 신용유지를 도모하여 산업발전에 이바지함과 아울러 수요자의 이익보호를 목적으로 한다.

4) 상품과의 관련성

도메인이름은 상품과 관련 없이 등록되는 데 반하여, 상표는 상품을 지정하여 등록하여야 한다.

5) 보호범위 및 효력

인터넷상의 동일한 도메인이름은 단 하나밖에 없다. 따라서 독점적으로 사용할 수 있으나 유사한 도메인이름을 배척할 권리는 없다. 이에 반하여 상표는 원칙적으로 국내에서만 보호되는 것으로서 독점권과 동일 또는 유사상표의 사용이나 등록을 금지시키는 배타권이 발생한다.

6) 등록원칙

도메인이름은 신청주의(first come, first served), 비동일성(기계적 판단에 의한다)인 데 반하여, 상표는 선출원주의, 상표법상 상표등록 요건 및 상표의 부등록사유 등을 심사하는 실체심사를 거쳐서 등록한다.

7) 존속기간

도메인이름은 등록비, 유지비 등을 납부할 경우 계속 사용가능한 데 반하여, 상표는 등록일부터 10년간 존속한다. 단, 상표권의 존속기간갱신등록출원에 의하여 상표권 존속기간이 10년간씩 연장된다.

8) 동일 · 유사 판단

도메인이름은 비록 유사하다 하더라도 동일하지만 않으면 타인 간에 등록할 수 있는데 반하여, 상표는 타인 간에는 동일 · 유사상표를 동일 · 유사상품에 등록할 수 없다.

[관련판례]

① '영업상의 이익'의 의미 및 국내에 널리 인식된 상품표지 또는 영업표지에 관한 부정경쟁행위의 금지 또는 예방을 청구할 수 있는 자에 표지의 사용권자 등 표지의 사용에 관하여 고유하고 정당한 이익을 가지고 있는 자가 포함되는지 여부

부정경쟁방지 및 영업비밀보호에 관한 법률(이하 '부정경쟁방지법'이라고 한다) 제4조 제1항은 부정경쟁행위로 자신의 영업상의 이익이 침해되거나 침해될 우려가 있는 자는 부정경쟁행위를 하거나 하려는 자에 대하여 법원에 그 행위의 금지 또는 예방을 청구할 수 있다고 규정한다. 여기서 영업상의 이익이란 영업자가 영업활동을 하면서 향유하는 고유하고 정당한 이익으로, 경제적인 이익은 물론 영업상의 신용, 고객흡인력, 공정한 영업자로서의 경쟁상 지위 등이 이에 해당한다.

부정경쟁방지법 제2조 제1호 (가)목 및 (나)목 소정의 국내에 널리 인식된 상품표지 또는 영업표지에 관한 부정경쟁행위로 인하여 자신의 영업상의 이익이 침해되거나 침해될 우려가 있어 부정경쟁방지법 제4조 제1항에 의하여 그 행위의 금지 또는 예방을 청구할 수 있는 자에는 그러한 표지의 소유자뿐만 아니라 사용권자 등 그 표지의 사용에 관하여 고유하고 정당한 이익을 가지고 있는 자도 포함된다[대법원 2023. 12. 28. 자 2022마5373 결정].

② '영업비밀' 및 영업비밀의 '취득'의 의미 / 절취, 기망, 협박, 그 밖의 부정한 수단으로 영업비밀에 해당하는 정보를 담고 있는 유체물을 취득함으로써 그 정보를 본래의 목적에 맞게 사용할 수 있는 상태에 이른 경우, 영업비밀을 '취득'하였다고 할 수 있는지 여부

구 부정경쟁방지 및 영업비밀보호에 관한 법률(2019. 1. 8. 법률 제 16204호로 개정되기 전의 것) 제2조 제2호의 '영업비밀'은 공공연히 알려져 있지 아니하고 독립된 경제적 가치를 가지는 것으로서, 합리적인 노력에 의하여 비밀로 관리된 생산방법, 판매방법, 그 밖에 영업활동에 유용한 기술상 또는 경영상의 정보를 말한다. 영업비밀의 '취득'이란 사회통념상 영업비밀을 자신의 것으로 만들어 이를 사용할 수 있는 상태에 이른 경우를 의미하므로, 절취, 기망, 협박, 그밖의 부정한 수단으로 영업비밀에 해당하는 정보를 담고 있는 유체물을 취득함으로써 그 정보를 본래의 목적에 맞게 사용할 수 있는 상태에 이른 경우에는 영업비밀을 취득하였다고 인정할 수 있다[대법원 2022. 11. 17. 선고 2022다242786 판결].

③ 부정경쟁행위에 해당하는지 판단하는 기준

구 「부정경쟁방지 및 영업비밀보호에 관한 법률」(2021. 12. 7. 법률 제18548호로 개정되기 전의 것) 제2조 제1호 (카)목[이하 '(카)목'이라고 한다]은 그 보호대상인 '성과 등'의 유형에 제한을 두고 있지 않으므로, 유형물뿐만 아니라 무형물도 이에 포함되고, 종래 지식재산권법에 따라 보호받기 어려웠던 새로운 형태의 결과물도 포함될 수 있다. '성과 등'을 판단할 때에는 결과물이 갖게 된 명성이나 경제적 가치, 결과물에 화체된 고객흡인력, 해당 사업 분야에서 결과물이 차지하는 비중과 경쟁력 등을 종합적으로 고려해야 한다. 또한 이러한 성과 등이 '상당한 투자나 노력으로 만들어진 것'인지는 권리자가 투입한 투자나 노력의 내용과 정도를 그 성과 등이 속한 산업분야의 관행이나 실태에 비추어 구체적·개별적으로 판단하되, 성과 등을 무단으로 사용함으로써 침해된 경제적 이익이 누구나 자유롭게 이용할 수 있는 이른바 공공영역(public domain)에 속하지 않는다고 평가할 수 있어야 한다.

나아가 (카)목이 정하는 '공정한 상거래 관행이나 경쟁질서에 반하는 방법으로 자신의 영업을 위하여 무단으로 사용'한 경우에 해당하기 위해서는 권리자와 침해자가 경쟁관계에 있거나 가까운 장래에 경쟁관계에 놓일 가능성이 있는지, 권리자가 주장하는 성과 등이 포함된 산업분야의 상거래 관행이나 경쟁질서의 내용 및 그 내용이 공정한지, 위와 같은 성과 등이 침해자의 상품이나 서비스에 의해 시장에서 대체될 수 있는지, 수요자나 거래자들에게 성과 등이 어느 정도 알려졌는지, 수요자나 거래자들의 혼동가능성이 있는지 등을 종합적으로 고려해야 한다(대법원 2020. 3. 26. 선고 2016다276467 판결, 대법원 2020. 3. 26. 자 2019마6525 결정 등 참조)[대법원 2022. 10. 14. 선고 2020다268807 판결].

④ '영업비밀' 요건 중 '공연히 알려져 있지 아니하다.', '독립된 경제적 가치를 가진다.', '상당한 노력에 의하여 비밀로 유지된다.'는 것의 의미

구 「부정경쟁방지 및 영업비밀보호에 관한 법률」(2013. 7. 30. 법률 제11963호로 개정되기 전의 것) 제2조 제2호의 '영업비밀'이란 공연히 알려져 있지 아니하고 독립된 경제적 가치를 가지는 것으로서, 상당한 노력에 의하여 비밀로 유지된 생산방법, 판매방법, 그 밖에 영업활동에 유용한 기술상 또는 경영상의 정보를 말한다. 여기서 '공연히 알려져 있지 아니하다.'는 것은 그 정보가 간행물 등의 매체에 실리는 등 불특정 다수인에게 알려져 있지 않기 때문에 보유자를 통하지 아니하고는 그 정보를 통상 입수할 수 없는 것을 말하고, 보유자가 비밀로서 관리하고 있다고 하더라도 당해 정보의 내용이 이미 일반적으로 알려져 있을 때에는 영업비밀이라고 할 수 없으며(대법원 2004. 9. 23. 선고 2002다60610 판결 등 참조), '독립된 경제적 가치를 가진다.'는 것은 그 정보의 보유자가 그 정보의 사용을 통해 경쟁자에 대하여 경쟁상의 이익을 얻을 수 있거나 또는 그 정보의 취득이나 개발을 위해 상당한 비용이나 노력이 필요하다는 것을 말하고(대법원 2009. 4. 9. 선고 2006도9022 판결 등 참조), '상당한

노력에 의하여 비밀로 유지된다.'는 것은 그 정보가 비밀이라고 인식될 수 있는 표시를 하거나 고지를 하고, 그 정보에 접근할 수 있는 대상자나 접근 방법을 제한하거나 그 정보에 접근한 자에게 비밀준수의무를 부과하는 등 객관적으로 그 정보가 비밀로 유지·관리되고 있다는 사실이 인식 가능한 상태인 것을 말한다(대법원 2008. 7. 10. 선고 2008도3435 판결, 대법원 2011. 8. 25. 선고 2011도139 판결 등 참조)[대법원 2022. 6. 16. 선고 2018도51 판결].

⑤ 부정경쟁행위에 해당하지 않는다고 한 사례

등록상표 "", "", "", ""을 사용하여 학원을 운영하는 甲 주식회사가 "청담수학", "청담 e-math" 등의 표장을 사용하여 수학학원경영업 등을 영위하는 乙 주식회사를 상대로 위 표장의 사용금지 등을 구한 사안이다.

서울 강남구 '청담동'은 적어도 2000년대 초반에 이미 고급스러운 이미지를 가진 지역으로 널리 알려져 있었을 뿐만 아니라 2001년부터 2015년까지 '청담동'과 관련된 뉴스 기사 또는 드라마 등이 상당수 보도·방영되었던 점 등을 고려하면, '청담동' 및 그 약칭인 '청담'은 등록상표 "", ""의 등록결정일 당시를 기준으로 현저한 지리적 명칭에 해당하여, 위 등록상표는 현저한 지리적 명칭만으로 된 표장에 해당하고, 등록상표 "", ""과 乙 회사의 표장은 외관·호칭·관념이 달라 수요자나 거래관계자가 서비스업의 출처에 관하여 오인·혼동을 일으키게 할 우려가 있다고 보기 어려워 서로 유사하지 않으므로, 乙 회사가 위 표장을 사용하는 행위는 甲 회사의 등록상표권을 침해하는 것에 해당하지 않으며, 한편 甲 회사의 영업표지인 '청담러닝', '청담어학원'과 乙 회사의 표장이 유사하다고 볼 수 없는 이상, 乙 회사가 위 표장을 사용하는 행위는 부정경쟁방지 및 영업비밀보호에 관한 법률 제2조 제1호 (나)목의 부정경쟁행위에 해당하지 않고, '청담'이라는 현저한 지리적 명칭을 학원업 등과 관련하여 특정인이 독점하도록 하는 것은 타당하지 않은 점, '청담'이라는 문자 부분의 인지도가 甲 회사가 상당한 노력을 들여 얻은 성과에 해당한다고 보기 어려운 점, 甲 회사의 영업표지와 乙 회사의 표장 간의 혼동가능성이 존재하지 않는 이상, 乙 회사가 공정한 상거래 관행이나 경쟁질서에 반하는 방법으로 자신의 영업을 위하여 甲 회사의 성과 등을 무단으로 사용하였다고 보기도 어려운 점 등에 비추어, 乙 회사가 위 표장을 사용하는 행위는 같은 법 제2조 제1호 (카)목의 부정경쟁행위에도 해당하지 않는다고 한 사례이다[특허법원 2021. 9. 9. 선고 2020나1957 판결 : 확정].

⑥ 부정경쟁방지 및 영업비밀보호에 관한 법률 제2조 제1호 (자)목에 의하여 보호되는 상품 형태에 해당한다고 볼 수 없다는 이유로 甲의 주장을 모두 배척한 사례

물품의 명칭이 '캔들워머'인 등록디자인 ""으로 "" 등 제품을 제조·판매하고 있는 디자인권자 甲이 乙 주식회사 등을 상대로 乙 회사 등이 위 등록디자인과 동일하거나 유사한 제품 ""을 수입·판매하여 甲의 디자인권을 침해하였고, 甲의 제품 형태를 모방한 위 제품을 수입·판매하여 부정경쟁방지 및 영업비밀보호에 관한 법률(이하 '부정경쟁방지법'이라 한다) 제2조 제1호 (자)목에서 정한 부정경쟁행위를 하였다며 위 제품의 생산 금지, 폐기 등과 손해배상을 구한 사안이다.

위 등록디자인의 등록을 무효로 한다는 심결이 내려져 확정되었으므로 甲의 위 등록디자인에 대한 디자인권은 디자인보호법 제121조 제3항 본문에 따라 처음부터 없었던 것으로 보아야 하고, 부정경쟁방지법 제2조 제1호 (자)목은 타인이 제작한 상품의 형태를 모방한 상품을 양도·대여하는 등의 행위를 부정경쟁행위의 한 유형으로 규정하면서, 단서 (2)에서 타인이 제작한 상품과 동종의 상품이 통상적으로 가지는 형태를 모방한 상품을 양도·대여하는 등의 행위를 부정경쟁행위에서 제외하고 있는데, 위 등록디자인 출원 전 공지된 전기

스탠드, 온열램프, 캔들워머에 관한 비교대상디자인들에 비추어 보면, 甲의 제품은 그 형태적 특징이 동종 상품에서 종래부터 채용되어 오던 형태 혹은 동종의 상품이라면 흔히 가지는 개성이 없는 형태 등에 해당하므로 부정경쟁방지법 제2조 제1호 (자)목에 의하여 보호되는 상품 형태에 해당한다고 볼 수 없다는 이유로 甲의 주장을 모두 배척한 사례이다[특허법원 2020. 12. 11. 선고 2020나1018 판결 : 확정].

⑦ 구 부정경쟁방지 및 영업비밀보호에 관한 법률 제2조 제1호 (차)목에서 정한 부정경쟁행위에 해당하는지 판단하는 기준

구 부정경쟁방지법 제2조 제1호 (차)목[이하 '(차)목'이라고 한다]은 2013. 7. 30. 법률 제11963호로 개정된 부정경쟁방지 및 영업비밀보호에 관한 법률에서 추가된 부정경쟁행위의 하나로, 종전 부정경쟁방지법의 적용 범위에 포함되지 않았던 새로운 유형의 부정경쟁행위에 관한 규정을 신설한 것이다. 이는 새로이 등장하는 경제적 가치를 지닌 무형의 성과를 보호하고, 입법자가 부정경쟁행위의 모든 행위를 규정하지 못한 점을 보완하여 법원이 새로운 유형의 부정경쟁행위를 좀 더 명확하게 판단할 수 있도록 함으로써, 변화하는 거래관념을 적시에 반영하여 부정경쟁행위를 규율하기 위한 보충적 일반조항이다.

위와 같은 법률 규정과 입법 취지 등을 종합하면, (차)목은 그 보호대상인 '성과 등'의 유형에 제한을 두고 있지 않으므로 유형물뿐만 아니라 무형물도 이에 포함되고, 종래 지식재산권법에 따라 보호받기 어려웠던 새로운 형태의 결과물도 포함될 수 있다. '성과 등'을 판단할 때에는 위와 같은 결과물이 갖게 된 명성이나 경제적 가치, 결과물에 화체된 고객흡인력, 해당 사업 분야에서 결과물이 차지하는 비중과 경쟁력 등을 종합적으로 고려해야 한다. 이러한 성과 등이 '상당한 투자나 노력으로 만들어진' 것인지는 권리자가 투입한 투자나

노력의 내용과 정도를 그 성과 등이 속한 산업분야의 관행이나 실태에 비추어 구체적·개별적으로 판단하되, 성과 등을 무단으로 사용함으로써 침해된 경제적 이익이 누구나 자유롭게 이용할 수 있는 이른바 공공영역(公共領域, public domain)에 속하지 않는다고 평가할 수 있어야 한다.

또한 (차)목이 정하는 '공정한 상거래 관행이나 경쟁질서에 반하는 방법으로 자신의 영업을 위하여 무단으로 사용'한 경우에 해당하기 위해서는 권리자와 침해자가 경쟁 관계에 있거나 가까운 장래에 경쟁관계에 놓일 가능성이 있는지, 권리자가 주장하는 성과 등이 포함된 산업분야의 상거래 관행이나 경쟁질서의 내용과 그 내용이 공정한지, 위와 같은 성과 등이 침해자의 상품이나 서비스에 의해 시장에서 대체될 수 있는지, 수요자나 거래자들에게 성과 등이 어느 정도 알려졌는지, 수요자나 거래자들의 혼동가능성이 있는지 등을 종합적으로 고려해야 한다(대법원 2020. 3. 26. 선고 2016다276467 판결 등 참조)[대법원 2020. 7. 9. 선고 2017다217847 판결].

⑧ 부정경쟁방지 및 영업비밀보호에 관한 법률 제2조 제1항 (가)목에서 정한 부정경쟁행위에 해당한다는 이유로 표장사용 금지를 구한 사안에서, 'VIVID'가 甲 회사의 상품표지로서 독자적인 주지성을 획득하였다고 보기 어려우므로, 乙 회사의 행위가 부정경쟁행위에 해당하지 않는다고 한 사례

지정상품을 '골프공 등'으로 하는 등록상표 ""의 등록상표권자인 甲 주식회사가 지정상품을 '골프공 등'으로 하는 등록상표 ""의 등록상표권자인 乙 주식회사를 상대로 등록상표의 'VIVID' 부분이 분리관찰·인식이 가능한 요부인데 乙 회사가 위 표장과 동일한 표장을 사용하여 상품을 판매한 행위가 부정경쟁방지 및 영업비밀보호에 관한 법률 제2조 제1항 (가)목에서 정한 부정경쟁행위에 해당한다는 이유로 표장사용 금지를 구한 사안이다.

소비자들은 'VIVID'라는 영어 단어를 甲 회사의 독점적 상품표지로 인식하기보다는 '선명한 색상의 골프공임'을 표시한 것으로 이해할 가능성이 높은 점, 乙 회사가 'VIVID'라는 영어 단어가 포함된 등록상표를 사용하기 전까지 甲 회사가 단독으로 표장을 사용한 기간은 약 2년에 불과한 점, 甲 회사 제품의 포장박스는 'VIVID' 표장보다 甲 회사의 상호가 더 강조되는 형태를 띠고 있는 점, 무광택 형광색 골프공, 포장, 광고, 언론 보도 등에서 'VIVID'는 甲 회사의 대표 표장으로서 상당한 인지도를 갖고 있던 'Volvik'과 함께 사용되는 경우가 대부분인 것으로 보여 이를 접한 수요자들이 'VIVID'를 위 대표 표장 'Volvik'과는 별개인 甲 회사의 서브브랜드(sub-brand)로서 인식하거나 "의 요부로서 인식하고 있었다고 단정하기 어려운 점 등에 비추어, 'VIVID'가 甲 회사의 상품표지로서 독자적인 주지성을 획득하였다고 보기 어려우므로, 乙 회사의 행위가 부정경쟁행위에 해당하지 않는다고 한 사례이다[서울고법 2020. 6. 18. 선고 2019나2047941 판결 : 확정].

⑨ 구 부정경쟁방지 및 영업비밀보호에 관한 법률 제2조 제1호 (차)목에서 정한 부정경쟁행위에 해당하는지 판단하는 기준

대법원은 "경쟁자가 상당한 노력과 투자에 의하여 구축한 성과물을 상도덕이나 공정한 경쟁질서에 반하여 자신의 영업을 위하여 무단으로 이용함으로써 경쟁자의 노력과 투자에 편승하여 부당하게 이익을 얻고 경쟁자의 법률상 보호할 가치가 있는 이익을 침해하는 행위는 부정한 경쟁행위로서 민법상 불법행위에 해당한다."라고 판단하였다.

그 후 2013. 7. 30. 법률 제11963호로 개정된 부정경쟁방지 및 영업비밀보호에 관한 법률 제2조 제1호 (차)목은 위 대법원결정의 취지를 반영하여 "그 밖에 타인의 상당한 투자나 노력으로 만들어진 성과 등을 공정한 상거래 관행이나 경쟁질서에 반하는 방법으로 자신의 영업을 위하여 무단으로 사용함으로써 타인의 경제적 이익을

침해하는 행위"를 부정경쟁행위의 하나로 추가하였고, 2018. 4. 17. 법률 제15580호로 개정된 부정경쟁방지 및 영업비밀보호에 관한 법률에서 위 (차)목은 (카)목으로 변경되었다[이하 '(카)목'이라 한다].

위 (카)목은 구 부정경쟁방지 및 영업비밀보호에 관한 법률(2013. 7. 30. 법률 제11963호로 개정되기 전의 것)의 적용 범위에 포함되지 않았던 새로운 유형의 부정경쟁행위에 관한 규정을 신설한 것이다. 이는 새로이 등장하는 경제적 가치를 지닌 무형의 성과를 보호하고 입법자가 부정경쟁행위의 모든 행위를 규정하지 못한 점을 보완하여 법원이 새로운 유형의 부정경쟁행위를 좀 더 명확하게 판단할 수 있도록 함으로써, 변화하는 거래관념을 적시에 반영하여 부정경쟁행위를 규율하기 위한 보충적 일반조항이다.

위와 같은 법률 규정과 입법 경위 등을 종합하면, (카)목은 그 보호대상인 '성과 등'의 유형에 제한을 두고 있지 않으므로, 유형물뿐만 아니라 무형물도 이에 포함되고, 종래 지식재산권법에 따라 보호받기 어려웠던 새로운 형태의 결과물도 포함될 수 있다. '성과 등'을 판단할 때에는 위와 같은 결과물이 갖게 된 명성이나 경제적 가치, 결과물에 화체된 고객흡인력, 해당 사업 분야에서 결과물이 차지하는 비중과 경쟁력 등을 종합적으로 고려해야 한다. 이러한 성과 등이 '상당한 투자나 노력으로 만들어진' 것인지는 권리자가 투입한 투자나 노력의 내용과 정도를 그 성과 등이 속한 산업분야의 관행이나 실태에 비추어 구체적·개별적으로 판단하되, 성과 등을 무단으로 사용함으로써 침해된 경제적 이익이 누구나 자유롭게 이용할 수 있는 이른바 공공영역(公共領域, public domain)에 속하지 않는다고 평가할 수 있어야 한다. 또한 (카)목이 정하는 '공정한 상거래 관행이나 경쟁질서에 반하는 방법으로 자신의 영업을 위하여 무단으로 사용'한 경우에 해당하기 위해서는 권리자와 침해자가 경쟁관계에 있거나 가까운 장래에 경쟁관계에 놓일 가능성이 있는지, 권리자가 주장하는 성과 등이 포함된 산업분야의 상거래 관행이나 경쟁질서의 내용과 그 내용이 공정한지, 위와 같은 성과 등이 침해자의 상품이나 서비스에 의해 시장에서 대체될 수 있는지, 수요자나 거래자들에게 성과 등이 어느 정도 알려졌는지, 수요자나 거래자들의 혼동가능성이 있는지 등을 종합적으로 고려해야 한다[대법원 2020. 3. 26. 선고 2016 다276467 판결].

⑩ 부정경쟁방지 및 영업비밀보호에 관한 법률 제2조 제3호 (가)목 내지 (바)목에서 규정하고 있는 영업비밀 침해행위 중 하나인 영업비밀의 '사용'의 의미 및 타인의 영업비밀을 참조하여 제품 개발에 소요되는 시간과 비용을 절약하는 경우가 영업비밀의 '사용'에 해당하는지 여부

부정경쟁방지 및 영업비밀보호에 관한 법률 제2조 제3호 (가)목 내지 (바)목에서 규정하고 있는 영업비밀 침해행위 중 하나인 영업비밀의 '사용'은 영업비밀 본래의 사용 목적에 따라 상품의 생산·판매 등의 영업활동에 이용하거나 연구·개발사업 등에 활용하는 등으로 기업활동에 직접 또는 간접적으로 사용하는 행위로서 구체적으로 특정이 가능한 행위를 가리킨다. 그리고 영업비밀인 기술을 단순 모방하여 제품을 생산하는 경우뿐 아니라, 타인의 영업비밀을 참조하여 시행착오를 줄이거나 필요한 실험을 생략하는 경우 등과 같이 제품 개발에 소요되는 시간과 비용을 절약하는 경우 또한 영업비밀의 사용에 해당한다[대법원 2019. 9. 10. 선고 2017다34981 판결].

⑪ 부정경쟁방지 및 영업비밀보호에 관한 법률 제2조 제3호 (가)목 내지 (바)목에서 규정한 영업비밀 침해행위 중 하나인 영업비밀의 '사용'의 의미

부정경쟁방지 및 영업비밀보호에 관한 법률 제2조 제3호 (가)목 내지 (바)목에서 규정하고 있는 영업비밀 침해행위 중 하나인 영업비밀의 '사용'은 영업비밀 본래의 사용 목적에 따라 상품의 생산·판매 등의 영업활동에 이용하거나 연구·개발사업 등에 활용하는 등으로 기업활동에 직접

또는 간접적으로 사용하는 행위로서 구체적으로 특정이 가능한 행위를 가리킨다(대법원 1998. 6. 9. 선고 98다1928 판결, 대법원 2009. 10. 15. 선고 2008도9433 판결 등 참조). 그리고 영업비밀인 기술을 단순 모방하여 제품을 생산하는 경우뿐 아니라, 타인의 영업비밀을 참조하여 시행착오를 줄이거나 필요한 실험을 생략하는 경우 등과 같이 제품 개발에 소요되는 시간과 비용을 절약하는 경우 또한 영업비밀의 사용에 해당한다. 이 부분 공소사실의 요지는 피고인이 2010. 9.경부터 2010. 12.경까지 공소외 3 등이 부정하게 취득하여 ○○ 내비게이션을 개발하는 데 사용한 이 사건 영업비밀을 이용하여 □□-□□□□□ 내비게이션을 개발 및 생산, 판매하는 방법으로 영업비밀을 사용하였다는 것이다[대법원 2019. 9. 10. 선고 2016도1241 판결].

⑫ 영업비밀 보유자가 거래 상대방에게 영업비밀을 사용하도록 승낙하는 의사표시를 묵시적으로 할 수 있는지 여부(적극) 및 이러한 묵시적 의사표시가 존재하는지 판단하는 방법

[1] 영업비밀 보유자가 거래 상대방에게 영업비밀을 사용하도록 승낙하는 의사표시는 일정한 방식이 요구되지 않고 묵시적 의사표시로도 할 수 있다. 위와 같은 묵시적 의사표시의 존재는 거래 상대방과 체결한 영업비밀 관련 계약의 내용, 영업비밀 보유자가 사용하도록 승낙한 것으로 볼 수 있는 범위, 관련 분야의 거래 실정, 당사자의 태도 등 여러 사정을 종합적으로 고려하여 판단하여야 한다.

[2] 甲 주식회사가 乙 주식회사와 설계기술용역계약을 체결하여 乙 회사가 건설하는 화력발전소에 관한 설계자료를 작성해 주었는데, 乙 회사가 신규 화력발전소를 건설하면서 乙 회사와 설계기술용역계약을 체결한 丙 주식회사에 위 설계자료를 제공하여 사용하도록 하자, 甲 회사가 乙 회사를 상대로 비밀유지의무를 위반하였다며 부정경쟁방지 및 영업비밀보호에 관한 법률 등에 따른 손해배상을 구한 사안에서, 甲 회사와 乙 회사가 체결한 설계

기술용역계약의 계약서에 '준공자료는 본 발전소 운전 및 정비에 필수적으로 이용되고, 향후 발전소 건설 시 중요한 참고자료로 이용될 것'이라는 내용이 명시되어 있는 점 등 제반 사정에 비추어 乙 회사가 丙 회사에 신규 화력발전소의 설계 목적 범위에서 위 설계자료를 제공하여 사용하도록 하는 것에 대하여 甲 회사의 묵시적인 승낙이 있었다고 본 원심판단을 정당하다고 한 사례[대법원 2019. 1. 31. 선고 2017다284885 판결].

⑬ 손해를 배상할 책임이 있다고 한 사례

지정상품을 의류 등으로 하는 등록상표 "", ""의 상표권자인 甲 주식회사가 부도가 나자 乙이 위 상표의 상표권을 경락받아 상표권 이전등록을 마친 후 丙 주식회사에 전용사용권을 설정하였고, 丁 주식회사는 등록상표의 서브브랜드인 "F.paige" 상표에 관하여 甲 회사로부터 사용허가를 받은 戊 주식회사와 브랜드사용계약을 체결하는 한편 甲 회사가 출원하여 상표등록을 마친 "" 상표의 상표권을 양수하여 상표권 이전등록을 마친 후 "", "" "", "F.페이지" 등의 표장을 표시하여 여성의류를 판매하였는데, 乙과 丙 회사가 丁 회사를 상대로 부정경쟁방지 및 영업비밀보호에 관한 법률 또는 상표법에 기한 손해배상을 구한 사안이다.

영업활동 자체는 이전되지 아니하고 주지성 있는 영업표지만 이전되고, 양수인이 그 상표에 기초한 영업을 영위하고 있지 않다면 적어도 그 기간 동안에는 특별한 사정이 없는 한 양수인이 종전 양도인이 취득한 주지성의 승계를 이유로 부정경쟁방지 및 영업비밀보호에 관한 법률에 기한 손해배상청구를 할 수 없는바, 乙이 甲 회사의 영업과 분리하여 등록상표에 관한 상표권만 민사집행법에 의한 매각절차를 통하여 매수하였고, 乙이 주장하는 침해기간 동안 등록상표를 사용하여 자신 명의의 상품을 제조 또는 판매하거나 등록상표를 자신의 상품이나 영업을 위한 것이라고 선전·광고한 사실이 없으므로, 乙이 등록상표의 주지성을 승계한 영업자이거나 스스로 주지성을 취득한 상품표지의 영업자임을 전제로 하는 손해배상청구는 인정할 수 없고, 한편 丁 회사의 표장은 등록상표와 서체가 동일한 부분을 포함하고 있으며 호칭 면에서 유사하게 청감될 여지가 충분할 뿐만 아니라 위 표장이 등록상표의 서브브랜드로 개발되어 사용된 구체적 거래실정까지 더하여 보면, 등록상표의 지정상품과 동일 또는 유사한 상품에 함께 사용될 경우 일반 수요자나 거래자로 하여금 상품의 출처에 관하여 오인·혼동을 일으키게 할 염려가 충분하므로, 丁 회사의 표장은 등록상표와 서로 유사하고, 위 표장의 사용상품이 등록상표의 지정상품과 동일·유사하며, 丁 회사가 브랜드사용계약을 체결하였다는 사실만으로 丙 회사에 대하여 통상사용권을 주장할 수 없는 데다가 등록상표 ""가 무효심결의 확정으로 소급하여 무효가 됨으로써 丁 회사에 그와 동일성이 있는 표장을 사용할 정당한 권원이 있다고 할 수도 없으므로, 丁 회사는 구 상표법(2016. 2. 29. 법률 제14033호로 전부 개정되기 전의 것) 제66조의2에 따라 丙 회사의 전용사용권 침해로 인하여 丙 회사가 입은 손해를 배상할 책임이 있다고 한 사례이다[특허법원 2018. 12. 7. 선고 2017나2523 판결 : 상고].

⑭ 부정경쟁방지 및 영업비밀보호에 관한 법률 제2조 제1호 (가)목에서 정한 부정경쟁행위에 해당한다고 한 사례

등록상표 "" 등을 사용하여 홍삼제품 등을 판매하는 甲 주식회사가 "", "", "", ""의 표장을 홍삼을 주원료로 하는 건강기능식품에 표시하여 판매하는 乙 주식회사를 상대로 표장사용금지 등을 구한 사안이다.

등록상표는 변론종결 시를 기준으로 볼 때 甲 회사가 제조·판매하는 홍삼제품임을 표시하는 상품표지로서 국내에 널리 인식되고 일반 수요자로부터 양질감을 인정받고 있으며, 등록상표와 乙 회사의 표장들은 모두 '인삼 뿌리' 모양의 도형을 의인화한 '마주 보며 앉아 있는 두 사람의 형상'을 주요 구성으로 하고 있는데, 이러한 구성은 크기, 위치, 비중 등에 있어 관찰자의 시선을 끌어 전체적인 인상을 좌우

하고 있으므로 등록상표와 乙 회사의 표장들은 외관이 주는 지배적인 인상이 유사한 점 등 상품의 출처를 표시함에 기여하고 있는 일체의 요소들을 참작하여 표지의 외관, 호칭 및 관념을 거래자 또는 일반 수요자의 입장에서 전체적, 이격적으로 관찰하여 비교하여 볼 때, 등록상표와 乙 회사의 표장들은 전체적인 인상이 유사하고, 동일·유사한 상품에 함께 사용할 경우 일반 수요자나 거래자로 하여금 상품의 출처에 관하여 오인·혼동을 일으키게 할 염려가 있어 서로 유사하고, 乙 회사의 위 표장들 사용행위는 수요자나 거래자에게 乙 회사의 상품의 출처에 대하여 오인하게 하거나, 乙 회사가 국내에 널리 알려진 상품표지인 甲 회사의 표장의 주체인 甲 회사와 사이에 자본이나 조직 등에서 밀접한 관계가 있는 것으로 오신하게 하는 행위로서, 甲 회사의 상품과 혼동하게 하는 행위에 해당하므로, 부정경쟁방지 및 영업비밀보호에 관한 법률 제2조 제1호 (가)목이 정한 부정경쟁행위에 해당한다고 한 사례이다[특허법원 2018. 10. 26. 선고 2017나2677 판결 : 상고취하].

⑮ 부정경쟁방지 및 영업비밀보호에 관한 법률 제2조 제1호 (다)목에서 정한 '국내에 널리 인식된'이라는 용어의 의미

부정경쟁방지 및 영업비밀보호에 관한 법률 제2조 제1호 (다)목의 입법 취지와 입법 과정에 비추어 볼 때, 위 규정에서 사용하고 있는 '국내에 널리 인식된'이라는 용어는 국내 전역 또는 일정한 지역 범위 안에서 수요자들 사이에 알려지게 된 '주지의 정도'를 넘어 관계 거래자 외에 일반 공중의 대부분에까지 널리 알려지게 된 이른바 '저명의 정도'에 이른 것을 의미한다[대법원 2017. 11. 9. 선고 2014다49180 판결].

⑯ 부정경쟁방지 및 영업비밀보호에 관한 법률 제2조 제1호 (차)목의 부정경쟁행위에 해당하지 않는다고 한 사례

이미지 수신부와 영상 수신부, 전자서류 생성부, 전자서류 전송부,

전자서류 삭제부를 포함하는 원격 계좌 개설 중개서버를 포함하여 이루어지는 것을 특징으로 하는 특허발명 "원격 계좌 개설 시스템"의 특허권자인 甲 주식회사가, '비대면 계좌 개설 서비스 시스템'을 개발하여 사용하고 있는 乙 은행 등을 상대로 乙 은행 등이 실시하고 있는 시스템과 서버를 '써니뱅크 서비스 시스템'과 '써니뱅크 서버'로 특정한 다음 '써니뱅크 서비스 시스템'과 '써니뱅크 서버'가 甲 회사의 특허발명을 침해한 것이거나 부정경쟁방지 및 영업비밀보호에 관한 법률 제2조 제1호 (차)목의 부정경쟁행위에 해당한다며 위 시스템의 생산 등 금지와 위 서버의 폐기를 구한 사안에서, 위 특허발명의 일부 청구항에서 말하는 '원격 계좌 개설 중개서버'는 금융사 서버와 동일한 장소에 설치되어 연결된 경우도 포함하되, 이와 같이 하나의 금융사 서버와 연결되는 경우에도 금융사 서버와 협업하여 비대면 계좌 개설 서비스를 제공하는 구성만으로는 부족하고, 다른 금융사 서버에 원격 계좌 개설을 중개하기 위한 전자서류 전송부와 전자서류 삭제부를 포함하는 것으로 해석하여야 하는데, 乙 은행 등이 개발하여 사용하고 있는 '비대면 계좌 개설 서비스 시스템'은 甲 회사가 특정한 '써니뱅크 서비스 시스템'의 필수 요소인 전자서류 전송부 및 전자서류 삭제부의 기술구성을 포함하고 있지 않아 '써니뱅크 서비스 시스템'과 동일하지 않고, 위 특허발명 중 일부 청구항의 구성요소에 대응하는 구성을 결여하고 있으므로, 乙 은행 등이 甲 회사의 특허권을 침해하였다고 볼 수 없고, 乙 은행 등의 '비대면 계좌 개설 서비스 시스템'이 乙 은행 등이 보유한 관련 특허발명의 기술적 특징을 그대로 포함하고 있는 점 등에 비추어 보면, 乙 은행 등이 위 시스템을 사용하는 행위가 甲 회사의 상당한 투자와 노력으로 만들어진 성과를 공정한 상거래 관행이나 경쟁질서에 반하는 방법으로 乙 은행 등의 영업을 위하여 무단으로 사용함으로써 甲 회사의 경제적 이익을 침해하는 행위라고 볼 수 없으므로 부정경쟁방지 및 영업비밀보호에 관한 법률 제2조 제1호 (차)목에서 정한 부정경쟁행위에 해당하지 않는다고 한 사례[특허법원 2017. 10. 20. 선고 2016나

1950 판결 : 확정].

⑰ 甲 주식회사가 화물자동차 운송사업의 허가를 받지 아니한 채 자신이 운영하는 소셜커머스 사이트에서 판매한 상품을 甲 회사가 고용한 사람들을 통하여 구매자에게 직접 배송하는 서비스를 하였는데, 화물자동차 운송사업 등을 영위하고 있는 택배회사인 乙 주식회사 등이 甲 회사를 상대로 운송금지 및 손해배상을 구한 사안

甲 주식회사가 화물자동차 운송사업의 허가를 받지 아니한 채 자신이 운영하는 소셜커머스 사이트에서 판매한 상품을 甲 회사가 고용한 사람들을 통하여 구매자에게 직접 배송하는 서비스를 하였는데, 화물자동차 운송사업 등을 영위하고 있는 택배회사인 乙 주식회사 등이 甲 회사를 상대로 운송금지 및 손해배상을 구한 사안에서, 화물자동차 운수사업법(이하 '화물자동차법'이라 한다) 제2조 제3호의 '다른 사람'이란 '화주'를 뜻하고 '화주'란 '운송계약에 기하여 운송인에게 운송을 위탁한 사람'을 의미하므로, 운송인이 위탁자(운송계약의 상대방)의 요구에 응하여 화물을 운송한 것이 아니라 단지 운송인 스스로의 필요에 의하여 화물을 운송한 경우에는 화물자동차법상 '화물자동차 운송사업'을 영위한 것에 해당하지 않는바, 甲 회사는 상품 매입계약에 따라 제품공급업체로부터 상품을 매입하여 甲 회사가 운영하는 물류센터에 보관하였다가 구매자에게 배송하였으므로 甲 회사의 '구매자의 상품구매에 따른 배송 서비스'는 자신의 수요에 의하여 상품을 운송한 것이어서 甲 회사가 화물자동차 운송사업을 영위하였다고 할 수 없고, 한편 청약이 철회된 상품의 반환을 위한 운송은 구매자가 자신의 의무를 이행하기 위해 이루어지는 것으로 甲 회사가 구매자의 요구에 응하여 반품 서비스를 제공하면서 구매자로부터 운송비를 지급받는 것은 화물자동차법이 정한 화물자동차 운송사업에 해당하지만, 甲 회사의 반품 상품 운송행위가 곧바로 乙 회사 등의 영업이익 상실로 인한 손해로 이어진다고 보기 어렵고, 甲 회사가 乙 회사 등이 구축한 성과물을 무단으로 이용하였다거나 甲 회사

의 반품 상품 운송행위를 금지함으로써 보호되는 乙 회사 등의 이익이 그로 인한 甲 회사의 불이익보다 더 크다고 볼 수 없으므로, 乙 회사 등의 청구는 모두 이유 없다고 한 사례[서울중앙지법 2017. 7. 18. 선고 2016가합530876 판결 : 항소].

⑱ 부정경쟁방지 및 영업비밀보호에 관한 법률 제2조 제1호 (자)목에서 규정하고 있는 동종의 상품이 통상적으로 가지는 형태의 의미

부정경쟁방지 및 영업비밀보호에 관한 법률 제2조 제1호 (자)목은 타인이 제작한 상품의 형태를 모방한 상품을 양도·대여하는 등의 행위를 부정경쟁행위의 한 유형으로 규정하면서, 단서에서 타인이 제작한 상품과 동종의 상품(동종의 상품이 없는 경우에는 그 상품과 기능 및 효용이 동일하거나 유사한 상품을 말한다)이 통상적으로 가지는 형태를 모방한 상품을 양도·대여하는 등의 행위를 부정경쟁행위에서 제외하고 있다. 여기에서 동종의 상품이 통상적으로 가지는 형태는 동종의 상품 분야에서 일반적으로 채택되는 형태로서, 상품의 기능·효용을 달성하거나 상품 분야에서 경쟁하기 위하여 채용이 불가피한 형태 또는 동종의 상품이라면 흔히 가지는 개성이 없는 형태 등을 의미한다[대법원 2017. 1. 25. 선고 2015다216758 판결].

⑲ 구 부정경쟁방지 및 영업비밀보호에 관한 법률 제2조 제2호의 '영업비밀'의 요건 중 '공연히 알려져 있지 아니하다', '독립된 경제적 가치를 가진다', '상당한 노력에 의하여 비밀로 유지된다'는 것의 의미

구 부정경쟁방지 및 영업비밀보호에 관한 법률(2015. 1. 28. 법률 제13081호로 개정되기 전의 것, 이하 '부정경쟁방지법'이라 한다) 제2조 제2호의 '영업비밀'이란 공연히 알려져 있지 아니하고 독립된 경제적 가치를 가지는 것으로서, 상당한 노력에 의하여 비밀로 유지된 생산방법, 판매방법 그 밖에 영업활동에 유용한 기술상 또는 경영상의 정보를 말한다(현행법에서는 '상당한 노력'을 '합리적인 노력'

으로 표현을 바꾸었다). 여기에서 '공연히 알려져 있지 아니하다'는 것은 정보가 간행물 등의 매체에 실리는 등 불특정 다수인에게 알려져 있지 않기 때문에 보유자를 통하지 않고는 정보를 통상 입수할 수 없는 것을 말한다. '독립된 경제적 가치를 가진다'는 것은 정보의 보유자가 정보의 사용을 통해 경쟁자에 대하여 경쟁상의 이익을 얻을 수 있거나 또는 정보의 취득이나 개발을 위해 비용이나 노력이 필요하다는 것을 말하고, '상당한 노력에 의하여 비밀로 유지된다'는 것은 정보가 비밀이라고 인식될 수 있는 표시를 하거나 고지를 하고, 정보에 접근할 수 있는 대상자나 접근 방법을 제한하거나 정보에 접근한 자에게 비밀준수의무를 부과하는 등 객관적으로 정보가 비밀로 유지·관리되고 있다는 사실이 인식 가능한 상태인 것을 말한다(대법원 2008. 7. 10. 선고 2008도3435 판결 등 참조)[대법원 2017. 1. 25. 선고 2016도10389 판결].

⑳ 부정경쟁방지 및 영업비밀보호에 관한 법률 제2조 제1호 (자)목에 규정된 모방의 대상으로서의 '상품의 형태'의 의미 및 이를 갖추기 위한 요건

[1] 부정경쟁방지 및 영업비밀보호에 관한 법률 제2조 제1호 (자)목은 타인이 제작한 상품의 형태를 모방한 상품을 양도·대여하는 등의 행위를 부정경쟁행위의 한 유형으로 규정하고 있다. 이는 타인이 개발한 상품의 형태를 모방하여 실질적으로 동일하다고 볼 수 있을 정도의 상품을 만들어 냄으로써 경쟁상 불공정한 이익을 얻는 것을 막기 위한 것으로서, 여기에 규정된 모방의 대상으로서의 '상품의 형태'는 일반적으로 상품 자체의 형상·모양·색채·광택 또는 이들을 결합한 전체적 외관을 말한다. 그러므로 위 규정에 의한 보호대상인 상품의 형태를 갖추었다고 하려면, 수요자가 상품의 외관 자체로 특정 상품임을 인식할 수 있는 형태적 특이성이 있을 뿐 아니라 정형화된 것이어야 한다. 사회통념으로 볼 때 상품들 사이에 일관된 정형성이 없다면 비록 상품의 형태

를 구성하는 아이디어나 착상 또는 특징적 모양이나 기능 등의 동일성이 있더라도 이를 '상품의 형태'를 모방한 부정경쟁행위의 보호대상에 해당한다고 할 수 없다.

[2] 투명한 컵 또는 콘에 담긴 소프트 아이스크림 위에 벌집채꿀(벌집 그대로의 상태인 꿀)을 올린 모습을 한 甲 주식회사의 제품이 부정경쟁방지 및 영업비밀보호에 관한 법률(이하 '부정경쟁방지법'이라고 한다) 제2조 제1호 (자)목에 의한 보호대상인지 문제된 사안에서, 매장 직원이 고객에게서 주문을 받고 즉석에서 만들어 판매하는 제조·판매방식의 특성상 甲 회사의 제품은 개별 제품마다 상품형태가 달라져서 일정한 상품형태를 항상 가지고 있다고 보기 어렵고, '휘감아 올린 소프트 아이스크림 위에 입체 또는 직육면체 모양의 벌집채꿀을 얹은 형태'는 상품의 형태 그 자체가 아니라 개별 제품들의 추상적 특징에 불과하거나 소프트 아이스크림과 토핑으로서의 벌집채꿀을 조합하는 제품의 결합방식 또는 판매방식에 관한 아이디어가 공통된 것에 불과할 뿐이므로, 甲 회사의 제품이 부정경쟁방지법 제2조 제1호 (자)목에 의한 보호대상이 될 수 없다고 본 원심판단이 정당하다고 한 사례[대법원 2016. 10. 27. 선고 2015다240454 판결].

㉑ 甲 주식회사에서 이사로 근무하던 피고인이 자신의 업무용 컴퓨터에 저장되어 있던 甲 회사의 영업비밀인 고객정보 파일을 퇴사 전에 이동식 메모리 디스크에 옮겨두었다가 퇴사 후 고객정보를 사용하였다고 하여 부정경쟁방지 및 영업비밀보호에 관한 법률 위반으로 기소된 사안

甲 주식회사에서 이사로 근무하던 피고인이 자신의 업무용 컴퓨터에 저장되어 있던 甲 회사의 영업비밀인 고객정보 파일을 퇴사 전에 이동식 메모리 디스크에 옮겨두었다가 퇴사 후 고객정보를 사용하였다고 하여 부정경쟁방지 및 영업비밀보호에 관한 법률(이하 '부정경쟁방지법'이라고 한다) 위반으로 기소된 사안에서, 2015. 1. 28. 법

률 제13081호로 개정된 부정경쟁방지법은 영업비밀로 보호되기 위하여 필요한 비밀유지·관리 수준을 '상당한 노력'에서 '합리적인 노력'으로 완화하였는데, 甲 회사는 제약업체 내지 식품업체가 해외에서 전시회 등의 행사를 개최하는 경우 항공권 및 숙소를 제공하는 여행전문업체로서, 행사와 관련된 정보(개최장소, 개최일시, 행사의 성격, 출품업체, 여행일정, 행사규모 등) 및 행사가 열리는 지역의 여행정보에 대하여는 홈페이지 등을 통해 일반인의 접근을 허용하였으나, 고객들의 성명, 소속업체, 직위, 이메일주소, Fax 번호, 휴대전화번호 등이 포함된 고객정보는 별도 관리하면서 甲 회사 직원들에게만 접근을 허용한 점 등 제반 사정에 비추어 보면, 甲 회사는 고객정보를 비밀로 유지하기 위한 '합리적인 노력'을 다하였으므로 고객정보 파일은 부정경쟁방지법상 보호되는 영업비밀에 해당한다는 이유로, 피고인에게 유죄를 선고한 사례[의정부지법 2016. 9. 27. 선고 2016노1670 판결 : 상고].

㉒ 부정경쟁방지 및 영업비밀보호에 관한 법률 제2조 제1호 (나)목에 해당한다고 한 사례

"별이 빛나는 밤에"라는 제목으로 라디오 음악프로그램을 방송하고 있는 甲 방송사가 "별이 빛나는 밤에"라는 제호로 뮤지컬 공연을 개최하려는 乙 주식회사를 상대로 제호 사용 등 금지를 구한 사안에서, 제반 사정에 비추어 "별이 빛나는 밤에"는 거래자 또는 수요자에게 甲 방송사의 방송프로그램 제작·방송업을 연상시킬 정도로 현저하게 개별화되기에 이르러 甲 방송사의 라디오 음악방송프로그램 제작·방송업을 표시하는 표지에 해당하고, 현재에도 甲 방송사의 영업표지로서 국내에 널리 알려져 있으며, 乙 회사가 제호에 '별이 빛나는 밤에'라는 문구를 사용하여 공연을 개최할 경우 일반 수요자들이 乙 회사의 영업을 甲 방송사의 영업으로 오인하거나 乙 회사와 甲 방송사 사이에 자본, 조직 등에 밀접한 관계가 있다고 잘못 믿을 우려가 있으므로, 乙 회사가 甲 방송사의 동의 없이 '별이 빛나는 밤에'라는

문구를 사용한 제호로 공연을 개최하려는 행위는 부정경쟁방지 및 영업비밀보호에 관한 법률 제2조 제1호 (나)목에 해당한다고 한 사례[서울서부지법 2016. 5. 3. 자 2016카합50133 결정 : 확정].

㉓ 부정경쟁방지 및 영업비밀보호에 관한 법률 제2조 제1호 (나)목에서 정한 부정경쟁행위가 성립하는지 여부(원칙적 소극) 및 이때 위 행위가 '영업주체 혼동행위'에 해당하는지 판단하는 기준

「부정경쟁방지 및 영업비밀보호에 관한 법률」(이하 '부정경쟁방지법'이라 한다) 제2조 제1호 (나)목은 상당한 노력과 비용을 들여 형성한 타인의 신용이나 명성에 편승하여 부정하게 이익을 얻는 행위를 방지하기 위하여 '국내에 널리 인식된 타인의 성명, 상호, 표장, 그 밖에 타인의 영업임을 표시하는 표지와 동일하거나 유사한 것을 사용하여 타인의 영업상의 시설 또는 활동과 혼동하게 하는 행위'를 '부정경쟁행위'의 하나로 규정하고 있다.

여기서 영업표지의 유사 여부는 동종의 영업에 사용되는 두 개의 영업표지를 외관, 호칭, 관념 등의 점에서 전체적·객관적·이격적으로 관찰하여 구체적인 거래실정상 일반 수요자가 그 영업의 출처를 오인·혼동할 우려가 있는지에 의하여 판별하여야 하고, '타인의 영업상의 시설 또는 활동과 혼동하게 하는 행위'는 영업표지 자체가 동일하다고 오인하게 하는 경우뿐만 아니라 국내에 널리 인식된 타인의 영업표지와 동일 또는 유사한 표지를 사용함으로써 일반 수요자로 하여금 해당 영업표지의 주체와 동일·유사한 표지의 사용자 사이에 자본, 조직 등에 밀접한 관계가 있다고 잘못 믿게 하는 경우도 포함한다(대법원 2011. 12. 22. 선고 2011다9822 판결 등 참조).

부정경쟁방지법 규정의 입법 취지와 내용 등에 비추어 보면, 경제적·조직적으로 관계가 있는 기업그룹이 분리된 경우, 어느 특정 계열사가 그 기업그룹 표지를 채택하여 사용하는 데 중심적인 역할을 담당

함으로써 일반 수요자에게 그 기업그룹 표지에 화체된 신용의 주체로 인식됨과 아울러 그 기업그룹 표지를 승계하였다고 인정되지 아니하는 이상, 해당 기업그룹의 계열사들 사이에서 그 기업그룹 표지가 포함된 영업표지를 사용한 행위만으로는 타인의 신용이나 명성에 편승하여 부정하게 이익을 얻는 부정경쟁행위가 성립한다고 보기 어렵다. 이때 그 계열사들 사이에서 기업그룹 표지가 포함된 영업표지를 사용하는 행위가 '영업주체 혼동행위'에 해당하는지는 기업그룹 표지만이 아닌 영업표지 전체를 서로 비교하여 볼 때 외관, 호칭, 관념 등의 점에서 유사하여 혼동의 우려가 있는지를 기준으로 판단하여야 한다[대법원 2016. 1. 28. 선고 2014다24440 판결].

㉔ 경제적·조직적으로 관계가 있는 기업그룹이 분리된 경우, 계열사들 사이에서 기업그룹 표지가 포함된 영업표지를 사용한 행위만으로 부정경쟁방지 및 영업비밀보호에 관한 법률 제2조 제1호 (나)목에서 정한 부정경쟁행위가 성립하는지 여부(원칙적 소극)

부정경쟁방지 및 영업비밀보호에 관한 법률 제2조 제1호 (나)목은 상당한 노력과 비용을 들여 형성한 타인의 신용이나 명성에 무임승차하여 부정하게 이익을 얻는 부정경쟁행위를 방지하기 위하여 '국내에 널리 인식된 타인의 성명, 상호, 표장, 그 밖에 타인의 영업임을 표시하는 표지와 동일하거나 유사한 것을 사용하여 타인의 영업상의 시설 또는 활동과 혼동하게 하는 행위'를 규정하고 있다.

위 규정의 입법 취지와 내용 등에 비추어 보면, 경제적·조직적으로 관계가 있는 기업그룹이 분리된 경우, 어느 특정 계열사가 기업그룹 표지를 채택하여 사용하는 데 중심적인 역할을 담당함으로써 일반 수요자에게 기업그룹 표지에 화체된 신용의 주체로 인식됨과 아울러 기업그룹 표지를 승계하였다고 인정되지 않는 이상은, 기업그룹의 계열사들 사이에서 기업그룹 표지가 포함된 영업표지를 사용한 행위만으로는 타인의 신용이나 명성에 무임승차하여 부정하게 이익을 얻는 부정경쟁행위가 성립한다고 보기 어렵다[대법원 2016. 1. 28. 선고 2013다76635 판결].

㉕ 저작권법위반죄와 부정경쟁방지및영업비밀보호에관한법률위반죄는 상상적 경합관계에 있고, 상표법위반죄는 나머지 죄들과 실체적 경합관계에 있다고 한 사례

피고인이 토끼를 사람 형상으로 표현한 캐릭터 모양의 인형을 수입·판매함으로써, 일본 甲 유한회사의 저작재산권을 침해하고, 甲 회사 등과의 상품화 계약에 따라 乙이 국내에서 판매하는 인형과 혼동하게 하며, 乙의 상표권을 침해하였다고 하여, 저작권법 위반, 부정경쟁방지 및 영업비밀보호에 관한 법률(이하 '부정경쟁방지법'이라고 한다) 위반, 상표법 위반으로 기소된 사안에서, 저작권법위반죄와 부정경쟁방지법위반죄는 1개의 행위가 수개의 죄에 해당하는 형법 제40조의 상상적 경합관계에 있고, 상표법위반죄는 나머지 죄들과 구성요건과 행위태양 등을 달리하여 형법 제37조 전단의 실체적 경합관계에 있다고 한 사례[대법원 2015. 12. 10. 선고 2015도11550 판결].

㉖ 부정경쟁방지 및 영업비밀보호에 관한 법률 제2조 제3호 (라)목에서 정한 영업비밀 침해행위에 해당한다고 볼 수 있는지 여부

甲 주식회사가 다이아몬드공구 금속재료 배합비율[일명 '본드(BOND)']을 완성하여 다이아몬드공구를 수출하고 있었는데, 甲 회사의 생산부 차장 乙이 甲 회사에서 퇴사하면서 컴퓨터에 저장된 본드대장 등을 가지고 나와 甲 회사의 무역부 차장 丙과 함께 동종업체인 丁 주식회사를 설립한 후 다이아몬드공구 등을 생산·수출한 사안에서, 甲 회사가 본드대장 등에 관하여 비밀이라고 인식될 수 있는 별도의 표시를 하거나 고지를 한 사실이 없는 점 등에 비추어 본드대장 등이 甲 회사의 상당한 노력에 의하여 비밀로 유지되었다고 보기는 어려워 영업비밀의 요건 중 비밀유지성 요건을 충족하지

못하므로 乙, 丙 및 丁 회사가 본드대장 등을 이용하여 다이아몬드 공구 등을 제조·판매한 행위가 부정경쟁방지 및 영업비밀보호에 관한 법률 제2조 제3호 (라)목에서 정한 영업비밀 침해행위에 해당한다고 볼 수 없으나, 乙과 丙은 퇴사 시에 본드대장 등을 반환하거나 폐기하여야 함에도 자신의 이익을 위하여 이용할 의사로 甲 회사의 영업상 주요한 자산인 본드대장 등을 무단 반출하여 丁 회사에서 이용한 행위는 업무상 배임행위에 해당하므로, 乙, 丙 및 丁 회사는 공동하여 민법 제750조에 따라 甲 회사가 입은 영업상 손해를 배상할 의무가 있다고 한 사례[대구고법 2015. 8. 20. 선고 2015나473 판결 : 상고].

㉗ 부정경쟁방지 및 영업비밀보호에 관한 법률 제2조 제1호 (나)목에서 정한 '타인의 영업임을 표시한 표지'에 해당하는 경우

뮤지컬은 각본·악곡·가사·안무·무대미술 등이 결합되어 음악과 춤이 극의 구성·전개에 긴밀하게 짜 맞추어진 연극저작물의 일종으로서, 제목은 특별한 사정이 없는 한 해당 뮤지컬의 창작물로서의 명칭 또는 내용을 함축적으로 나타내는 것에 그치고 그 자체가 바로 상품이나 영업의 출처를 표시하는 기능을 가진다고 보기는 어렵다. 그러나 뮤지컬은 제작·공연 등의 영업에 이용되는 저작물이므로, 동일한 제목으로 동일한 각본·악곡·가사·안무·무대미술 등이 이용된 뮤지컬 공연이 회를 거듭하여 계속적으로 이루어지거나 동일한 제목이 이용된 후속 시리즈 뮤지컬이 제작·공연된 경우에는, 공연 기간과 횟수, 관람객의 규모, 광고·홍보의 정도 등 구체적·개별적 사정에 비추어 뮤지컬의 제목이 거래자 또는 수요자에게 해당 뮤지컬의 공연이 갖는 차별적 특징을 표상함으로써 구체적으로 누구인지는 알 수 없다고 하더라도 특정인의 뮤지컬 제작·공연 등의 영업임을 연상시킬 정도로 현저하게 개별화되기에 이르렀다고 보인다면, 뮤지컬의 제목은 단순히 창작물의 내용을 표시하는 명칭에 머무르지 않고 부정경쟁방지 및 영업비밀보호에 관한 법률 제2조 제1호 (나)목에서 정하는 '타인

의 영업임을 표시한 표지'에 해당한다[대법원 2015. 1. 29. 선고 2012다13507 판결].

㉘ 부정경쟁방지 및 영업비밀보호에 관한 법률 제2조 제1호 (가)목에서 타인의 상품임을 표시한 표지가 국내에 널리 인식되었는지 판단하는 기준

부정경쟁방지 및 영업비밀보호에 관한 법률(이하 '부정경쟁방지법'이라고 한다) 제2조 제1호 (가)목에서 타인의 상품임을 표시한 표지가 국내에 널리 인식되었는지 여부는 그 사용기간, 방법, 태양, 사용량, 거래범위 등과 상품거래의 실정 및 사회통념상 객관적으로 널리 알려졌느냐의 여부가 기준이 된다(대법원 2008. 9. 11. 선고 2007도 10562 판결 등 참조)[대법원 2014. 8. 28. 선고 2013도10713 판결].

㉙ 구 부정경쟁방지 및 영업비밀보호에 관한 법률 제2조 제2호의 '영업비밀' 요건 중 '공연히 알려져 있지 아니하다', '독립된 경제적 가치를 가진다', '상당한 노력에 의하여 비밀로 유지된다'는 것의 의미

영업비밀 침해 및 컴퓨터프로그램저작권 침해의 점에 관한 상고이유에 대하여

가. 구 「부정경쟁방지 및 영업비밀보호에 관한 법률」(2007. 12. 21. 법률 제8767호로 개정되기 이전의 것) 제2조 제2호의 '영업비밀'은 공연히 알려져 있지 아니하고 독립된 경제적 가치를 가지는 것으로서, 상당한 노력에 의하여 비밀로 유지된 생산방법, 판매방법 그 밖에 영업활동에 유용한 기술상 또는 경영상의 정보를 말하는 것인데, 여기서 '공연히 알려져 있지 아니하다'는 것은 정보가 간행물 등의 매체에 실리는 등 불특정 다수인에게 알려져 있지 않기 때문에 보유자를 통하지 아니하고는 정보를 통상 입수할 수 없는 것을 말하고,

'독립된 경제적 가치를 가진다'는 것은 정보 보유자가 정보의 사용을 통해 경쟁자에 대하여 경쟁상 이익을 얻을 수 있거나 또는 정보의 취득이나 개발을 위해 상당한 비용이나 노력이 필요하다는 것을 말하며, '상당한 노력에 의하여 비밀로 유지된다'는 것은 정보가 비밀이라고 인식될 수 있는 표시를 하거나 고지를 하고, 정보에 접근할 수 있는 대상자나 접근 방법을 제한하거나 정보에 접근한 자에게 비밀준수의무를 부과하는 등 객관적으로 정보가 비밀로 유지·관리되고 있다는 사실이 인식 가능한 상태인 것을 말한다(대법원 2011. 7. 14. 선고 2009다12528 판결 등 참조).

한편 '컴퓨터프로그램저작물'이란 특정한 결과를 얻기 위하여 컴퓨터 등 정보처리능력을 가진 장치 안에서 직접 또는 간접으로 사용되는 일련의 지시·명령으로 표현된 창작물을 의미하므로, 컴퓨터프로그램저작권 침해 여부를 가리기 위하여 두 컴퓨터프로그램저작물 사이에 실질적 유사성이 있는지를 판단할 때에도 창작적 표현형식에 해당하는 것만을 가지고 대비하여야 한다(대법원 2013. 3. 28. 선고 2010도8467 판결 등 참조)[대법원 2014. 8. 20. 선고 2012도12828 판결].

㉚ 키워드 검색광고가 부정경쟁방지 및 영업비밀보호에 관한 법률 제2조 제1호 (차)목의 부정경쟁행위에 해당한다고 볼 수 없다고 한 사례

가수, 배우 등 연예인으로 활동하고 있는 甲 등이 인터넷 포털 사이트를 운영하는 乙 주식회사가 제공하는 키워드 검색광고 서비스를 통하여 광고주들이 甲 등의 성명과 상품명 등을 조합한 문구를 키워드로 이용함으로써 甲 등의 퍼블리시티권 또는 성명권이 침해되었음을 이유로 乙 회사를 상대로 손해배상 등을 구한 사안에서, 우리 법상 성명이나 초상, 서명 등이 갖는 재산적 가치를 독점적, 배타적으로 지배하는 권리인 퍼블리시티권(Right of Publicity)을 인정할 수

없고, 키워드 검색광고를 통하여 甲 등의 성명권이 침해되었다거나 甲 등이 수인한도를 넘는 정신적인 고통을 받았다고 할 수 없으며, 키워드 검색광고가 부정경쟁방지 및 영업비밀보호에 관한 법률 제2조 제1호 (차)목의 부정경쟁행위에 해당한다고 볼 수도 없다고 한 사례[서울서부지법 2014. 7. 24. 선고 2013가합32048 판결 : 항소].

㉛ 결합상표의 일부 구성 부분을 분리·추출하여 그로부터 생기는 호칭 또는 관념을 기준으로 상표의 유사 여부를 판단할 수 있는지 여부(한정 적극) 및 상표의 일부 구성 부분이 독립하여 자타 상품을 식별할 수 있는 부분에 해당하는지 판단하는 기준

문자와 문자 또는 문자와 도형 등이 결합된 상표는 상표를 구성하는 전체에 의하여 생기는 외관, 호칭, 관념을 기준으로 하여 상표의 유사 여부를 판단하는 것이 원칙이나, 그 결합관계 등에 따라서는 '독립하여 자타 상품을 식별할 수 있는 구성 부분'만으로도 거래될 수 있다고 인정되는 경우에는 그 부분을 분리·추출하여 그로부터 생기는 호칭 또는 관념을 기준으로 상표의 유사 여부를 판단할 수 있다. 이때 상표의 일부 구성 부분이 독립하여 자타 상품을 식별할 수 있는 부분에 해당하는지 여부는 그 부분이 지니고 있는 관념, 지정상품과의 관계, 거래사회의 실정 등을 감안하여 객관적으로 판단하여야 한다(대법원 2008. 5. 15. 선고 2005후2977 판결, 대법원 2012. 7. 26. 선고 2012후702 판결 등 참조)[대법원 2014. 6. 26. 선고 2012다12849 판결].

㉜ 도메인이름의 등록말소 또는 등록이전을 청구하는 이에게 인터넷주소자원에 관한 법률 제12조의 '정당한 권원'이 있다고 인정하기 위한 요건 및 도메인이름에 대한 정당한 권원을 인정하기 위하여 대상표지가 반드시 국내에서 널리 인식되어 있음을 요하는지 여부(소극)

도메인이름의 등록말소 또는 등록이전을 청구하는 이에게 '정당한 권원'이 있다고 하려면, 그 도메인이름과 동일 또는 유사한 성명, 상호, 상표, 서비스표 그 밖의 표지(이하 '대상표지'라고 한다)를 타인이 도메인이름으로 등록하기 전에 국내 또는 국외에서 이미 등록하였거나 상당 기간 사용해 오고 있는 등으로 그 도메인이름과 사이에 밀접한 연관관계를 형성하는 한편, 그 도메인이름을 대가의 지불 없이 말소하게 하거나 이전을 받는 것이 정의 관념에 비추어 합당하다고 인정할 수 있을 만큼 직접적 관련성이 있고 그에 대한 보호의 필요성도 충분하다는 사정이 존재하여야 한다. 그리고 인터넷 공간에서 사용되는 도메인이름의 속성과 인터넷주소자원에 관한 법률(이하 '인터넷주소자원법'이라 한다) 제12조의 입법 취지, 인터넷주소자원법 제4조가 종전에는 '대한민국의 국가코드에 따르는 도메인이름 등의 인터넷주소자원'만을 위 법의 적용대상으로 규정하고 있었는데 2009. 6. 9. 법률 제9782호로 개정되면서 그 적용대상을 '대한민국에서 등록·보유 또는 사용되는 도메인이름 등 인터넷주소자원'으로 확대한 점, 이와는 달리 부정경쟁방지 및 영업비밀보호에 관한 법률은 제2조 제1호 (아)목에서 정당한 권원이 없는 자가 '국내에 널리 인식된' 타인의 성명, 상호, 상표, 그 밖의 표지와 동일하거나 유사한 도메인이름을 등록·보유·이전 또는 사용하는 행위를 부정경쟁행위로 한정하여 규정하고 있는 점 등에 비추어 보면, 도메인이름에 대한 정당한 권원을 인정하는 데에 그 대상표지가 반드시 국내에서 널리 인식되어 있음을 요하는 것은 아니다[대법원 2013. 9. 12. 선고 2011다57661 판결].

㉝ **영업비밀 침해행위의 금지를 구하는 경우, 영업비밀의 특정 정도 및 판단 기준**

영업비밀 침해행위의 금지를 구하는 경우에는 법원의 심리와 상대방의 방어권 행사에 지장이 없도록 그 비밀성을 잃지 않는 한도에서 가능한 한 영업비밀을 구체적으로 특정하여야 하고, 어느 정도로 영업비밀을 특정하여야 하는지는 영업비밀로 주장된 개별 정보의 내용과 성질, 관련 분야에서 공지된 정보의 내용, 영업비밀 침해행위의 구체적 태양과 금지청구의 내용, 영업비밀 보유자와 상대방 사이의 관계 등 여러 사정을 고려하여 판단하여야 한다[대법원 2013. 8. 22. 자 2011마1624 결정].

㉞ 부정경쟁방지 및 영업비밀보호에 관한 법률 제2조 제1호 (나)목에서 정한 영업표지에도 마찬가지로 적용되는지 여부(적극)

상표의 유사 여부는 그 외관·호칭 및 관념을 객관적·전체적·이격적으로 관찰하여 그 지정상품의 거래에서 일반 수요자나 거래자가 상표에 대하여 느끼는 직관적 인식을 기준으로 하여 그 상품의 출처에 관하여 오인·혼동을 일으키게 할 우려가 있는지 여부에 따라 판단하여야 하므로, 대비되는 상표 사이에 유사한 부분이 있다고 하더라도 당해 상품을 둘러싼 일반적인 거래실정, 즉 시장의 성질, 수요자의 재력이나 지식, 주의의 정도, 전문가인지 여부, 연령, 성별, 당해 상품의 속성과 거래방법, 거래장소, 사후관리 여부, 상표의 현존 및 사용상황, 상표의 주지 정도 및 당해 상품과의 관계, 수요자의 일상 언어생활 등을 종합적·전체적으로 고려하여, 거래사회에서 수요자들이 구체적·개별적으로는 상품의 품질이나 출처에 관하여 오인·혼동할 염려가 없을 경우에는 유사상표라고 할 수 없어 그러한 상표 사용의 금지를 청구할 수 없고, 이러한 법리는 서비스표 및 부정경쟁방지 및 영업비밀보호에 관한 법률(이하 '부정경쟁방지법'이라 한다) 제2조 제1호 (나)목에서 정한 영업표지에 있어서도 마찬가지이다(대법원 1996. 7. 30. 선고 95후1821 판결, 대법원 2011. 12. 27. 선고 2010다20778 판결 등 참조). 한편 상표법 제65조 및 부정경쟁방지법 제4조에 의한 금지청구를 인정할 것인지의 판단은 사실심 변론종결 당시를 기준으로 하여야 한다(대법원 2008. 11. 13. 선고 2006다22722 판결, 대법원 2009. 6. 25. 선고 2009다22037 판결 등 참조)[대법원 2013. 6. 27. 선고 2011 다97065 판결].

㉟ 부정경쟁방지 및 영업비밀보호에 관한 법률 제2조 제1호 (나)목에서 정하는 '부정경쟁행위'에 해당하는지에 관한 판단 기준

「부정경쟁방지 및 영업비밀보호에 관한 법률」(이하 '부정경쟁방지법' 이라 한다) 제2조 제1호 (나)목은 '국내에 널리 인식된 타인의 성명·상호·표장(標章) 그 밖에 타인의 영업임을 표시하는 표지와 동일하거나 유사한 것을 사용하여 타인의 영업상의 시설 또는 활동과 혼동하게 하는 행위'를 부정경쟁행위의 하나로 규정하고 있다. 여기서 '국내에 널리 인식된 타인의 영업임을 표시하는 표지'는 국내 전역 또는 일정한 범위에서 거래자 또는 수요자들이 그것을 통하여 특정 영업을 다른 영업과 구별하여 널리 인식하는 경우를 말하는 것으로서 '국내에 널리 인식된 타인의 영업임을 표시하는 표지'인지는 사용 기간, 방법, 태양, 사용량, 거래범위 등과 거래실정 및 사회통념상 객관적으로 널리 알려졌는지가 우선의 기준이 되고, '영업표지의 유사' 여부는 동종 영업에 사용되는 두 개의 영업표지를 외관, 호칭, 관념 등의 점에서 전체적·객관적·이격적으로 관찰하여 구체적인 거래실정상 일반 수요자나 거래자가 영업 출처에 대한 오인·혼동의 우려가 있는지에 의하여 판별되어야 한다. 한편 '타인의 영업상의 시설 또는 활동과 혼동하게 하는 행위'는 영업표지 자체가 동일하다고 오인하게 하는 경우뿐만 아니라 국내에 널리 인식된 타인의 영업표지와 동일 또는 유사한 표지를 사용함으로써 일반 수요자나 거래자로 하여금 당해 영업표지의 주체와 동일·유사한 표지의 사용자 간에 자본, 조직 등에 밀접한 관계가 있다고 잘못 믿게 하는 경우도 포함한다. 그리고 그와 같이 타인의 영업표지와 혼동을 하게 하는 행위에 해당하는지는 영업표지의 주지성, 식별력의 정도, 표지의 유사 정도, 영업 실태, 고객층의 중복 등으로 인한 경업·경합관계의 존부 그리고 모방자의 악의(사용의도) 유무 등을 종합하여 판단하여야 한다(대법원

2011. 12. 22. 선고 2011다9822 판결 등 참조).

또한 계약당사자 간에 어떠한 계약 내용을 처분문서인 서면으로 작성한 경우 그 문언의 객관적인 의미가 명확하다면 특별한 사정이 없는 한 그 문언대로의 의사표시의 존재와 내용을 인정하여야 할 것이지만, 그 문언의 객관적인 의미가 명확하게 드러나지 않는 경우에는 당사자의 내심적 의사가 어떠한지에 관계없이 그 문언의 내용과 그 계약이 이루어지게 된 동기 및 경위, 당사자가 그 계약에 의하여 달성하려고 하는 목적과 진정한 의사, 거래의 관행 등을 종합적으로 고찰하여 사회정의와 형평의 이념에 맞도록 논리와 경험의 법칙, 그리고 사회일반의 상식과 거래의 통념에 따라 당사자 사이의 계약 내용을 합리적으로 해석하여야 할 것이고, 특히 당사자 일방이 주장하는 계약의 내용이 상대방에게 중대한 책임을 부과하게 되는 경우에는 그 문언의 내용을 더욱 엄격하게 해석하여야 한다(대법원 1993. 10. 26. 선고 93다3103 판결 등 참조)[대법원 2013. 5. 9. 선고 2011다64102 판결].

㊱ 상품의 형태나 모양이 부정경쟁방지 및 영업비밀보호에 관한 법률 제2조 제1호 (가)목에서 정한 '타인의 상품임을 표시한 표지(표지)'에 해당하기 위한 요건

(1) 일반적으로 상품의 형태나 모양은 상품의 출처를 표시하는 기능을 가진 것은 아니고, 다만 어떤 상품의 형태와 모양 또는 문양과 색상 등이 상품에 독특한 개성을 부여하는 수단으로 사용되고, 그것이 장기간 계속적·독점적·배타적으로 사용되거나 지속적인 선전광고 등에 의하여 그것이 갖는 차별적 특징이 거래자 또는 수요자에게 특정한 출처의 상품임을 연상시킬 정도로 현저하게 개별화되기에 이른 경우에 비로소 부정경쟁방지법 제2조 제1호 (가)목에서 정하는 '타인의 상품임을 표시한 표지'에 해당한다(대법원 2002. 2. 8. 선고 2000다67839 판결 참조).

그리고 서적류의 제호가 서적의 출처를 표시하는 식별표지라고

하려면 정기간행물이나 시리즈물의 제호로 사용하는 등의 특별한 경우에 그 사용 태양, 사용자의 의도, 사용 경위 등에 비추어 실제 거래계에서 제호의 사용이 서적의 출처를 표시하는 식별표지로 인식되었다고 볼 수 있는 구체적 사정이 인정되어야 한다(대법원 1995. 9. 26. 선고 95다3381 판결, 대법원 2005. 8. 25. 선고 2005다22770 판결 등 참조).

(2) 원심은, 원고들의 다음과 같은 주장, 즉 '○○○원으로 ○○○하기'라는 제호와 표지·제호 디자인을 갖춘 시리즈물은 원고들이 기획·편집한 요리책이라는 상품 또는 영업의 표지로서 기능하고 있고 위 서적들은 국내 대부분 서점에 배포되어 베스트셀러가 됨으로써 국내에 널리 인식되었다는 주장에 대하여, 그 판시와 같은 이유로, '○○○원으로 ○○○하기'라는 형태의 제호가 원고들에 의하여 장기간 계속적·독점적·배타적으로 사용되었거나, 위 표지·제호 디자인의 차별적 특징이 거래자 또는 수요자에게 특정한 출처의 상품임을 연상시킬 정도로 현저하게 개별화되어 그것들이 주지성을 갖는 원고들의 상품표지에 이르렀다거나, 원고들의 상품표지로서의 주지성을 갖게 되었다고 인정하기 부족하다고 판단하였는바, 위 법리와 기록에 비추어 살펴보면 원심의 위와 같은 판단은 정당하고, 거기에 논리와 경험의 법칙에 반하여 자유심증주의의 한계를 벗어나거나 부정경쟁방지법상의 상품표지에 관한 법리오해, 판단누락 등의 잘못이 없다[대법원 2013. 4. 25. 선고 2012다41410 판결].

㊲ 디자인이 될 수 있는 형상이나 모양이 상표로서 사용된 것으로 볼 수 있는 경우 및 그에 관한 판단 기준

[1] 디자인과 상표는 배타적·선택적인 관계에 있는 것이 아니므로 디자인이 될 수 있는 형상이나 모양이라고 하더라도 그것이 상표의 본질적인 기능이라고 할 수 있는 자타상품의 출처표시를 위하여 사용되는 것으로 볼 수 있는 경우에는 위 사용은 상표로서

의 사용이라고 보아야 할 것이고, 그것이 상표로서 사용되고 있는지는 상품과의 관계, 당해 표장의 사용 태양(즉 상품 등에 표시된 위치, 크기 등), 등록상표의 주지저명성 그리고 사용자의 의도와 사용 경위 등을 종합하여 실제 거래계에서 표시된 표장이 상품의 식별표지로서 사용되고 있는지에 의하여 판단하여야 한다.

[2] 2개 이상의 도형으로 이루어진 결합상표는 각 구성 부분이 분리 관찰되면 거래상 자연스럽지 못하다고 여겨질 정도로 불가분적으로 결합되어 있는 것이 아닌 한 구성 부분 중 하나의 도형이 가지는 외관·호칭 및 관념에 의하여 상표의 유사 여부를 판단할 수 있고, 도형상표의 경우 외관이 지배적인 인상을 남긴다 할 것이므로 외관이 동일·유사하여 양 상표를 다 같이 동종 상품에 사용하는 경우 일반 수요자에게 상품의 출처에 관하여 오인·혼동을 일으킬 염려가 있다면 양 상표는 유사하다고 보아야 한다[대법원 2013. 3. 28. 선고 2010다58261 판결].

㊳ 상표의 유사 여부를 판단하는 기준과 방법

상표의 유사 여부는 대비되는 상표를 외관, 호칭, 관념의 세 측면에서 객관적·전체적·이격적으로 관찰하여 거래상 오인·혼동의 염려가 있는지에 의하여 판단하여야 하는데, 특히 도형상표들에 있어서는 그 외관이 지배적인 인상을 남긴다 할 것이므로 외관이 동일·유사하여 두 상표를 다 같이 동종상품에 사용하는 경우 일반 수요자로 하여금 상품의 출처에 관하여 오인·혼동을 일으킬 염려가 있다면 두 상표는 유사하다고 보아야 한다. 또한 상표의 유사 여부의 판단은 두 개의 상표 자체를 나란히 놓고 대비하는 것이 아니라 때와 장소를 달리하여 두 개의 상표를 대하는 거래자나 일반 수요자가 상품 출처에 관하여 오인·혼동을 일으킬 우려가 있는지의 관점에서 이루어져야 하고, 두 개의 상표가 그 외관, 호칭, 관념 등에 의하여 거래자나 일반 수요자에게 주는 인상, 기억, 연상 등을 전체적으로 종합할 때 상품의 출처에 관하여 오인·혼동을 일으킬 우려가 있는 경우에는 두 개의 상표는 서로 유사하다[대법원 2013. 3. 14. 선고 2010도15512 판결].

㊴ 부정경쟁방지 및 영업비밀보호에 관한 법률 제2조 제1호 (나)목에 의하여 상호 사용 등을 금지할 권리가 있다고 한 사례

甲 주식회사가 의정부에서 '오뎅식당'이라는 상호로 부대찌개를 판매하는 음식점으로 널리 알려져 있었는데, 乙이 인근에서 부대찌개 음식점을 운영하면서 '채무자원조오뎅의정부부대찌개오뎅식당(F.H.R)'이라는 문구가 기재된 서비스표를 등록하고 이를 상호로 사용하자 甲 회사가 乙을 상대로 상호사용금지가처분을 구한 사안에서, 제반 사정을 종합하여 甲 회사가 사용하는 '오뎅식당'이라는 상호의 영업표지는 부정경쟁방지 및 영업비밀보호에 관한 법률(이하 '부정경쟁방지법'이라 한다)에 의하여 보호되는 영업표지가 되었고, 영문자 및 글자 수 차이 등으로 외관은 유사하지 않으나 乙이 사용하는 상호 등 표지가 '오뎅식당'만으로 간략하게 호칭·관념될 수 있어 甲 회사와 乙의 각 상호의 영업표지는 유사하며, 각 상호의 영업표지가 부대찌개 식당의 영업표지로 사용되는 경우 일반수요자나 거래자에게 영업주체에 관하여 오인·혼동을 일으키게 한다는 이유로, 甲 회사는 乙에 대하여 부정경쟁방지법 제2조 제1호 (나)목에 의하여 상호 사용 등을 금지할 권리가 있고, 乙은 이미 '오뎅식당'이라는 상호가 甲 회사의 상호로 주지성을 갖게 되었음을 알면서도 甲 회사의 상호와 혼동을 일으켜 이익을 얻을 목적에서 서비스표를 등록한 것으로 봄이 타당하므로, 乙이 서비스표 권리자라 할지라도 이는 상표법을 악용하거나 남용한 것이 되어 상표법에 의한 적법한 권리의 행사라고 인정할 수 없다는 이유로, 乙의 서비스표 사용은 부정경쟁방지법의 부정경쟁행위에 해당한다고 한 사례[의정부지법 2013. 1. 29. 자 2012카합408 결정 : 확정].

⑩ '부정경쟁방지 및 영업비밀보호에 관한 법률'에서 정한 부정경쟁
행위를 하지 않았다고 판단한 사례

인형, 완구 등을 지정상품으로 하는 등록표장 "의 상표권자 甲이 보
험업 등을 영위하는 乙 주식회사를 상대로, 乙 회사가 보험서비스 상
품을 홍보하기 위하여 제작, 방영한 광고에 등장하는 인형과 고객들
에게 판촉용으로 제공한 인형에 甲의 등록표장과 유사한 '메리츠 걱
정인형'이라는 표장을 사용함으로써 甲의 상표권을 침해하고 '부정경
쟁방지 및 영업비밀보호에 관한 법률'에서 정한 부정경쟁행위를 하였
다고 주장하며 표장의 사용금지 등을 구한 사안에서, 甲의 등록표장
중 '걱정인형' 부분은 과테말라 인디언 설화에서 유래한 것으로 미
국, 일본 등 여러 나라에서 판매되고 있는 인형의 영문 명칭인
'worry doll'을 문자 그대로 번역한 것에 불과하므로 독립하여 자타
상품과 식별할 수 있는 구성부분이라고 보기 어렵고, 乙 회사가 사용
하는 '메리츠 걱정인형' 표장을 그 일부인 '걱정인형'만으로 간략하게
호칭, 관념할 수 있다고 단정하기도 어려우므로, 甲의 등록표장과 乙
회사가 사용하는 표장은 외관·호칭·관념이 달라 상품의 출처에 오인·
혼동을 초래할 우려가 있다고 할 수 없는 것이어서 乙 회사는 甲의
상표권을 침해하지 않았고, 인형에 대한 수요자층 중에서 'worry
doll'에 대한 수요자층을 특징적 징표에 따라 별도로 분리할 수 있다
는 등의 사정이 보이지 않으므로 甲의 등록표장의 주지성은 'worry
doll' 시장 내 수요자층이 아니라 일반 수요자층 전부를 대상으로 판
단하여야 하는데, 甲의 등록표장은 국내의 수요자층에게 널리 알려진
상표라고 인정할 수 없으므로 위 등록표장이 국내에 널리 알려진 상
표임을 전제로 乙 회사가 '부정경쟁방지 및 영업비밀보호에 관한 법
률'에서 정한 부정경쟁행위를 하였다는 甲의 주장은 받아들일 수 없
다고 한 사례[서울중앙지법 2012. 12. 14. 선고 2012가합60164 판
결 : 항소].

제2조의2(기본계획의 수립)

① 특허청장은 부정경쟁방지 및 영업비밀보호(이하 "부정경쟁방지등"이라 한다)를 위하여 5년마다 관계 중앙행정기관의 장과 협의를 거쳐 부정경쟁방지등에 관한 기본계획(이하 "기본계획"이라 한다)을 세워야 한다.

② 기본계획에는 다음 각 호의 사항이 포함되어야 한다.

    1. 부정경쟁방지등을 위한 기본목표 및 추진방향

    2. 이전의 부정경쟁방지등에 관한 기본계획의 분석평가

    3. 부정경쟁방지등과 관련된 국내외 여건 변화 및 전망

    4. 부정경쟁방지등과 관련된 분쟁현황 및 대응

    5. 부정경쟁방지등과 관련된 제도 및 법령의 개선

    6. 부정경쟁방지등과 관련된 국가 · 지방자치단체 및 민간의 협력사항

    7. 부정경쟁방지등과 관련된 국제협력

    8. 그 밖에 부정경쟁방지등을 위하여 필요한 사항

③ 특허청장은 기본계획을 세우기 위하여 필요하다고 인정하는 경우에는 관계 중앙행정기관의 장에게 필요한 자료의 제출을 요청할 수 있다. 이 경우 자료의 제출을 요청받은 관계 중앙행정기관의 장은 특별한 사정이 없으면 요청에 따라야 한다.

④ 특허청장은 기본계획을 관계 중앙행정기관의 장과 특별시장 · 광역시장 · 특별자치시장 · 도지사 · 특별자치도지사(이하 "시 · 도지사"라 한다)에게 알려야 한다.

제2조의3(시행계획의 수립 등)

① 특허청장은 기본계획을 실천하기 위한 세부계획(이하 "시행계획"이라 한다)을 매년 수립 · 시행하여야 한다.

② 특허청장은 시행계획의 수립 · 시행과 관련하여 필요한 경우 국가기관, 지방자치단체, 「공공기관의 운영에 관한 법률」에 따른 공공기관, 그 밖에 법률에 따라 설립된 특수법인 등 관련 기관의 장에게 협조를 요청할 수 있다.

제2조의4(실태조사)

① 특허청장은 기본계획 및 시행계획의 수립 · 시행을 위한 기초자료를 확보하기 위하여 실태조사를 매년 실시하여야 한다. 다만, 특허청장이 필요하다고 인정하는 경우에는 수시로 실태조사를 할 수 있다.

② 특허청장은 관계 중앙행정기관의 장과 「기술의 이전 및 사업화 촉진에 관한 법률」에 따른 공공연구기관의 장에게 제1항에 따른 실태조사에 필요한 자료의 제출을 요청할 수 있다. 이 경우 자료 제출을 요청받은 기관의 장은 기업의 경영 · 영업상 비밀의 유지 등 대통령령으로 정하는 특별한 사유가 있는 경우를

제외하고는 이에 협조하여야 한다.

③ 제1항에 따른 실태조사를 하는 경우 실태조사에서의 구체적인 자료 작성의 범위 등에 관하여는 대통령령으로 정한다.

제2조의5(부정경쟁방지 및 영업비밀보호 사업)

특허청장은 부정경쟁행위의 방지 및 영업비밀보호를 위하여 연구·교육·홍보 등 기반구축, 부정경쟁방지를 위한 정보관리시스템 구축 및 운영, 그 밖에 대통령령으로 정하는 사업을 할 수 있다. 〈개정 2020. 10. 20.〉

Chapter 2.
부정경쟁행위의 금지 등

제3조(국기 · 국장 등의 사용 금지)

> **제3조(국기 · 국장 등의 사용 금지)**
> ① 파리협약 당사국, 세계무역기구 회원국 또는 「상표법 조약」 체약국의 국기 · 국장(國章), 그 밖의 휘장이나 국제기구의 표지와 동일하거나 유사한 것은 상표로 사용할 수 없다. 다만, 해당 국가 또는 국제기구의 허락을 받은 경우에는 그러하지 아니하다.
> ② 파리협약 당사국, 세계무역기구 회원국 또는 「상표법 조약」 체약국 정부의 감독용 또는 증명용 표지와 동일하거나 유사한 것은 상표로 사용할 수 없다. 다만, 해당 정부의 허락을 받은 경우에는 그러하지 아니하다.

[해설]

1. 파리협약 당사국, 세계무역기구 회원국 또는 「상표법 조약」 체약국의 국기 · 국장(國章), 그 밖의 휘장이나 국제기구의 표지

파리협약 당사국, 세계무역기구 회원국 또는 「상표법 조약」 체약국의 국기, 국장 등이 보호대상이며, 휘장(徽章)은 국가 · 단체 등을 상징하는 표장(標章)을 말한다. 그리고 국제기구는 국제연합(UN) 및 산하기구와 EU, NATO, OPEC와 같은 지역 국제기구 등 국제사회에서 일반적으로 인식되고 있는 국가간의 단체를 말하며, 정부간국제기구와 비정부간국제기구를 포함한다.

2. 파리협약 당사국, 세계무역기구 회원국 또는 「상표법 조약」 체약국 정부의 감독용 또는 증명용 표지

파리협약 당사국, 세계무역기구 회원국 또는 「상표법 조약」 체약국 정부 뿐만 아니라 중앙 또는 지방행정기관, 지방자치단체, 공공조합, 공법상의 영조물 법인과 그 대표기관 및 산하기관이 포함되는 것으로 이해되며, 「감독용 또는 증명용 표지」란 상품의 규격 · 품질 등을 관리, 통제(control), 증명(warranty)하기 위하여 사용하는 표장을 말한다.

예를 들면 정부의 공업규격 인증표지인 KS마크를 허락 없이 가스레인지의 상표로 사용하는 경우 특허청장의 시정권고는 물론 형사처벌의 대상이 된다.

3. 동일하거나 유사한 상표

① 유사한 상표의 개념을 넓게 해석하여 대체로 이 조가 규정하는 표지를 의미하는 것으로 인식될 수 있는 정도이면 충분하다고 보며, 이 조가 규정하는 표지의 명칭을 문자로 동일 또는 유사하게 표시한 경우에도 동일 또는 유사한 표지로 본다.

② 상표 일부에 이 조가 규정하는 표지를 결합하였을 때에도 이 조에 해당하는 것으로 보며, 국기 또는 외국 국기의 존엄을 해할 우려가 있다고 인정되는 상표는 설사 그것이 이 조의 표지와 유사하지 않은 경우에도 상표법 제34조 제1항 제2호 및 제4호에 의하여 이 조에도 적용된다고 보아야 할 것이다.

4. 해당 국가 또는 국제기구나 정부의 허락

국기·국장 등이 상징하는 국가, 공훈자 등의 존엄성을 유지하고 국제적인 신의를 보호하며 감독용 또는 증명용 표지의 권위를 유지하기 위한 동 규정의 취지상 해당 국가 또는 국제기구나 정부의 허락을 받은 경우에는 그러한 상표의 사용을 금지할 필요가 없다. 이에 제3조 제1항 및 제2항에서는 단서를 두어 그러한 경우의 상표 사용을 허용한 것이다.

[관련판례]

① '공업소유권보호를 위한 파리조약동맹국의 훈장·포장·기장'이 우리 나라에서 보호받기 위한 요건

공업소유권의 보호를 위한 파리조약 제6조의3은 파리조약가맹국의 국가기장(기장), 감독용 또는 증명용의 공공의 기호 및 인장 또는 정부간 국제기구의 기장 등의 보호에 관한 규정이고, 실제에 있어 위 국가기장, 감독용 또는 증명용의 공공의 기호, 인장 등은 다른 가맹국이 반드시 알 수 있다고 볼 수 없으므로, 같은 조 제3항 (a)는 파리조약가맹국이 다른 가맹국에 대하여 자신의 국가기장(기장, 다만 국가의 기장은 제외한다) 등을 보호받고자 할 경우에는 국제사무국을 통하여 그 해당 가맹국에 의무적으로 통지하도록 규정하고 있는바, 상표법 제7조 제1항 제1호는 대부분 위와 같은 파리조약 제6조의3 에 규정된 사항을 입법한 것으로서, 위 상표법 규정 소정의 '공업소유권보호를 위한 파리조약동맹국의 훈장·포장·기장'이 보호받기 위하여는 파리조약 제6조의 3 제3항 (a)의 규정에 따라 그 보호대상인 기장 등이 국제사무국을 통하여 우리 나라에 통지되어야 한다[대법원 1999. 12. 7. 선고 97후3289 판결].

② 저명한 국제기관이 상표무효심판을 청구할 수 있는 이해관계인이 될수 있는지 여부

[가] 상표법 제9조 제1항 제1호의 입법취지는 공익적 견지에서 국제기관의 존엄을 유지하기 위하여 그 칭호나 표장과 동일, 유사한 상표에 대하여 등록을 인정하여 사인의 독점적 사용을 하게 하는 것은 국제신의의 입장에서 적당하지 않기 때문이라 할 것이므로 위 법조에서 규정한 국제기관에는 제국이 공통적인 목적을 위하여 국가간의 조약으로 설치하는 이른바 국가(정부)간의 국제기관뿐만 아니라 정부간의 합의에 의하지 않고 창설된 이른바

비정부단체(Non-governmental Organization)나 국제적 민간
단체(International Non-governmental Organization)도 이
에 포함될 수 있다.

[나] 국제기관이라도 저명하다면 그 국제기관의 표장과 유사한 상표
를 등록한 자를 상대로 상표무효심판을 구할 이해관계인에 해당
한다[대법원 1987. 4. 28. 선고 85후11 판결].

③ 부정경쟁방지법 제3조 제2항에서 금지하는 행위의 의미

「부정경쟁방지 및 영업비밀보호에 관한 법률」(이하 '부정경쟁방지법'
이라고 한다) 제3조 제2항 본문은 "파리협약 당사국, 세계무역기구
회원국 또는 「상표법 조약」 체약국 정부의 감독용 또는 증명용 표지
와 동일하거나 유사한 것은 상표로 사용할 수 없다."고 정하고 있고,
같은 법 제18조 제3항 제2호 다.목은 이를 위반한 자를 처벌하도록
규정하고 있다. 한편, 상표법 제2조 제1항 제1호는 '상표'를 '자기의
상품과 타인의 상품을 식별하기 위하여 사용하는 표장'으로 정의하
고, 같은 항 제11호는 '상표의 사용'을 '상품 또는 상품의 포장에 상
표를 표시하는 행위, 상품 또는 상품의 포장에 상표를 표시한 것을
양도 또는 인도하거나 양도 또는 인도할 목적으로 전시 · 수출 또는
수입하는 행위, 상품에 관한 광고 · 정가표 · 거래서류, 그 밖의 수단
에 상표를 표시하고 전시하거나 널리 알리는 행위'로 정의하고 있다.

따라서 부정경쟁방지법 제3조 제2항에서 금지하는 '파리협약 당사국,
세계무역기구 회원국 또는 「상표법 조약」 체약국 정부의 감독용 또
는 증명용 표지와 동일하거나 유사한 것을 상표로 사용하는 행위'는
상표법 제2조 제1항 제1호에서 정하는 '자기의 상품과 타인의 상품
을 식별하기 위하여 사용하는 표장'으로 사용하는지에 따른다고 할
것이다.

타인의 등록상표를 이용한 경우라고 하더라도 그것이 상표의 본질적
인 기능이라고 할 수 있는 출처표시를 위한 것이 아니어서 상표의

사용으로 인식될 수 없는 경우에는 등록상표의 상표권을 침해한 행위로 볼 수 없고, 그것이 상표로서 사용되고 있는지의 여부를 판단하기 위해서는, 상품과의 관계, 당해 표장의 사용 태양(즉 상품 등에 표시된 위치, 크기 등), 등록상표의 주지저명성 그리고 사용자의 의도와 사용경위 등을 종합하여 실제 거래계에서 그 표시된 표장이 상품의 식별표지로서 사용되고 있는지 여부를 종합하여 판단하여야 한다(대법원 2011. 1. 13. 선고 2010도5994 판결 등 참조)[대법원 2021. 5. 7. 선고2020도7080 판결].

제3조의2
(자유무역협정에 따라 보호하는 지리적 표시의 사용금지 등)

제3조의2(자유무역협정에 따라 보호하는 지리적 표시의 사용금지 등)

① 정당한 권원이 없는 자는 대한민국이 외국과 양자간(兩者間) 또는 다자간(多者間)으로 체결하여 발효된 자유무역협정에 따라 보호하는 지리적 표시(이하 이 조에서 "지리적 표시"라 한다)에 대하여는 제2조제1호라목 및 마목의 부정경쟁행위 이외에도 지리적 표시에 나타난 장소를 원산지로 하지 아니하는 상품(지리적 표시를 사용하는 상품과 동일하거나 동일하다고 인식되는 상품으로 한정한다)에 관하여 다음 각 호의 행위를 할 수 없다.

　1. 진정한 원산지 표시 이외에 별도로 지리적 표시를 사용하는 행위

　2. 지리적 표시를 번역 또는 음역하여 사용하는 행위

　3. "종류", "유형", "양식" 또는 "모조품" 등의 표현을 수반하여 지리적 표시를 사용하는 행위

② 정당한 권원이 없는 자는 다음 각 호의 행위를 할 수 없다.

　1. 제1항 각 호에 해당하는 방식으로 지리적 표시를 사용한 상품을 양도 · 인도 또는 이를 위하여 전시하거나 수입 · 수출하는 행위

　2. 제2조제1호라목 또는 마목에 해당하는 방식으로 지리적 표시를 사용한 상품을 인도하거나 이를 위하여 전시하는 행위

③ 제1항 각 호에 해당하는 방식으로 상표를 사용하는 자로서 다음 각 호의 요건을 모두 갖춘 자는 제1항에도 불구하고 해당 상표를 그 사용하는 상품에 계속 사용할 수 있다.

　1. 국내에서 지리적 표시의 보호개시일 이전부터 해당 상표를 사용하고 있을 것

　2. 제1호에 따라 상표를 사용한 결과 해당 지리적 표시의 보호개시일에 국내 수요자 간에 그 상표가 특정인의 상품을 표시하는 것이라고 인식되어 있을 것

[해설]

1. 지리적 표시

① 지리적 표시(Geographical Indication)란 상품의 특정 품질, 명성 또는 그 밖의 특성이 본질에서 지리적 근원에서 비롯되는 경우에 회원국의 영토, 회원국의 지역 또는 지방을 원산지로 하는 상품임을 명시하는 표시를 의미하며 TRIPS에서는 이를 보호대상으로 하고 있다(TRIPS 제22조). TRIPS에서 지리적 표시의 정의로는 ⓐ 지리적 표시의 보호는 상품과 관련된 것에 한하며 서비스에 관련된 것은 적용되지 아니한다. ⓑ 상품에 확립된 품질(given quality) 또는 사회적 평가 내지 명성(reputation)이나 특성(characteristic)이 있고, 그것이 당해 상품의 지리적 유래에서 기인한 것이어야 한다. ⓒ 품질, 명성, 특징과 지리적 요소의 관련성이 본질적(essential)이어야 한다. 즉, 확립된 품질과 명성, 기타 특징이 없는 상품은 보호대상이 아니며, 그러한 것들을 보유하고 있는 것도 품질, 명성, 특징이 지리적인 요소와 본질에서 관련되지 않는 경우에는 지리적 표시로서 보호되지 않는다(TRIPS 제22조 제1항).

② 원래 지리적 표시를 보호하는 이유는 지리적 표시에 관한 부정경쟁행위를 방지하여 소비자를 보호하기 위해서이며, 또한 지리적 표시자체가 상표와 유사한 식별력을 갖고 있다고 인정되기 때문이다.

2. 한·EU FTA에서의 지리적 표시의 보호

① 한·EU FTA에서는 지리적 표시의 보호대상에 농산물과 식품, 포도주, 방향 포도주 및 증류주를 포함하고 있다. 즉, TRIPS의 추가적 보호(additional protection) 대상인 포도주, 증류주에서 더 나아가 농산물과 식품까지 확대·포함하고 있는 것이다.

② 지리적 표시의 보호수준과 관련하여서도 TRIPS Plus 접근방법을 취하여 금지되는 행위유형으로 ⓐ 지리적 근원을 허위로 표시함으로써 대중의 오인을 유발시키는 행위, ⓑ 대중의 오인 가능성이 없는 경우의 지리적 표시의 보호, ⓒ 파리협약 제10조의2의 부정경쟁행위로 규정하고 있다(한·EU FTA 협정 제10.21조).

③ 한·EU FTA 협정에서 지리적 근원에 대한 대중의 오인 가능성이 없는 지리적 표시에 대해서도 이를 보호하도록 하는 것은 TRIPS 제23조와 같으나, 그 보호대상은 포도주 및 증류주뿐만 아니라 농산물 및 식품에까지 확장하고 있다. 아울러 허위로 원산지를 표시하지 않았어도 ~종류(kind), ~유형(type), ~양식(style), ~모조품(imitation) 등으로 표기하여 소비자의 혼동을 일으키는 행위에 대해서도 TRIPS 협정과 마찬가지로 금지하고 있다. 한·EU FTA 협정에서는 지리적 표시의 인정과 관련하여 우리나라의 「농산물품질관리법」, EU의 EC 510/2006호(농산물 및 식품) 및 EC 1234/2007호(포도주)의 이사회규칙에 따라 등록된 제품으로 하고, 상호 보호대상 리스트(부속서)에 기재된 지리적 표시는 일괄하여 간단한 명세서요약에 대한 심사를 거친 후, 동 협정에서 규정된 보호수준에 따라 보호한다는 것을 규정하고 있다. 한·EU FTA 부속서에서 합의된 지리적 표시는 한국 64종, EU 162종이다.

3. 지리적 표시 상품의 권리보호 범위 확대(제3조의2 제1항 본문)

① 지리적 표시를 사용하는 상품의 권리보호와 관련하여 동일하거나 동일하다고 인식되는 상품까지 확대하고 있다. 이는 한·EU FTA 협정문 제10.21조 제1항 나호에서의 지리적 표시의 보호범위를 동종상품(like good)으로 규정함으로써 동일상품보다는 보호의 범위가 확대된 것으로 이를 반영하고자 한 것이다.

② 협정문에서는 동종상품(like good)의 해석과 관련하여 각주에서 "포도주는 포도주", "증류주는 증류주"로 TRIPS 제23조 제1항에 의한 지리적 표시의 보호 상품의 범주에 대한 해석과 같다고 명시하고 있다. TRIPS 제23조는 포도주 및 증류주에 대한 지리적 표시에 대해서, TRIPS 협정 제22조의 보호에 필요한 공중의 오인을 요건으로 하지 않고도 절대적으로 보호되는 추가적인 보호(additional protection) 사항들을 규정하고 있다.

③ 제1항에서는 진정한 산지가 아닌 지리적 표시를 사용하는 것을 금지하면서, 더 나아가 설사 진정한 산지가 표시되었다 하더라도 종류(kind), 유형(type), 양식(style), 모조품(imitation) 등의 표시를 "포도주에 포도주", "증류주에 증류주"의 산지를 나타내는 지리적 표시와 함께 사용하는 것도 금지하고 있다. 즉, TRIPS에서는 포도주에 포도주, 증류주에 증류주 식으로 규정하고 있는바, 이는 동일상품(identical goods)의 개념으로 보호의 범주를 엄격히 해석하였으며 이를 다소 넓은 개념인 동종상품(like goods)까지 확대하여서는 아니 될 것으로 보인다.

④ 동종상품의 개념은 GATT의 비차별 원칙의 적용, 반덤핑협정 등 산업피해구제 관련 협정에서 "동종상품과의 차별 금지" 또는 "동종상품과 비교한 덤핑 여부의 판정" 등에서 많이 등장하는 개념이나, 동종성 여부에 대한 판정은 사례별로 판정되는 것이지 딱히 정해진 기준

이 있는 것은 아니며, WTO 분쟁에서 이 판정은 그 제품의 물리적 특성 및 최종용도 등에 의한 상품성질설(BTS Approach)에 주로 근거하며, 정책의 목적을 고려한 조치 목적설(Aim and Effect Approach), 그 상품을 소비하는 최종사용자들이 동종상품 여부를 결정해야 한다는 시장 기반설(Market Based Approach) 등도 주장되고 있다. 동종상품은 동일상품보다는 넓은 개념이어서 확대 해석될 소지가 있는바, 이에 부정경쟁방지법에서는 동일하거나 동일하다고 인식되는 상품이라고 규정하였다.

4. 선사용 상표의 보호(제3조의2 제3항)

지리적 표시 보호의 예외로서 선사용 상표의 보호를 규정하고 있다. 한·EU FTA 협정문 제10.21조 제5항에 따라 국내에서 지리적 표시의 보호개시일 이전부터 사용된 상표는 계속 사용할 수 있도록 국내 선사용권자를 보호하고자 하는 것이다. 협정문 제10.21조 제5항은 TRIPS 협정 제24조 제5항과 같이, 지리적 표시 보호일 이전에 출원·등록된 상표나 사용으로 확립된 선행상표는 계속 사용이 가능하도록 보호하고 있다.

[관련판례]

① 서비스표 "장충동왕족발+의인화된 돼지 도형" 중 '장충동'이 현저
한 지리적 명칭에 해당하는지 여부

'장충동'은 서울 중구에 속하는 동(동)의 이름으로서 각종 운동경기
등 여러 행사가 개최됨으로 인하여 텔레비전을 비롯한 각종 신문방
송매체 등을 통하여 전국적으로 알려져 있는 '장충체육관'이 위치하
고 있는 등으로 일반 수요자나 거래자들에게 널리 알려져 있으므로 '
장충동'은 현저한 지리적 명칭에 해당하여 자타(자타)서비스업의 식
별력이 없다[대법원 2000. 6. 23. 선고 98후1457 판결].

② 경주빵이 현저한 지리적 명칭에 해당되어 식별력이 없는지 여부

"등록상표 경주빵"은 현저한 지리적 명칭인 '경주'와 보통명칭인
'빵'을 표시한 것에 지나지 않아 자타상품의 식별력이 있다고 할 수
없으나, 등록상표를 특정인이 독점적으로 사용하도록 하는 것이 부적
절하다고 단정할 수 없으므로, 상표법 제6조 제1항 제7호에서 정한
'수요자가 누구의 업무에 관련된 상품을 표시하는 것인가를 식별할
수 없는 상표'에 해당한다고 볼 수 없다[대법원 2009. 5. 28. 선고
2008후4691 판결].

제3조의3(오인 · 혼동방지청구)

제2조제1호가목 또는 나목의 타인은 다음 각 호의 어느 하나에 해당하는 자에게 그의 상품 또는 영업과 자기의 상품 또는 영업 간에 출처의 오인이나 혼동을 방지하는 데 필요한 표시를 할 것을 청구할 수 있다.

1. 제2조제1호가목1) 또는 2)에 해당하는 자
2. 제2조제1호나목1) 또는 2)에 해당하는 자

제4조(부정경쟁행위 등의 금지청구권 등)

제4조(부정경쟁행위 등의 금지청구권 등)

① 부정경쟁행위나 제3조의2제1항 또는 제2항을 위반하는 행위로 자신의 영업상의 이익이 침해되거나 침해될 우려가 있는 자는 부정경쟁행위나 제3조의2제1항 또는 제2항을 위반하는 행위를 하거나 하려는 자에 대하여 법원에 그 행위의 금지 또는 예방을 청구할 수 있다.

② 제1항에 따른 청구를 할 때에는 다음 각 호의 조치를 함께 청구할 수 있다.

    1. 부정경쟁행위나 제3조의2제1항 또는 제2항을 위반하는 행위를 조성한 물건의 폐기

    2. 부정경쟁행위나 제3조의2제1항 또는 제2항을 위반하는 행위에 제공된 설비의 제거

    3. 부정경쟁행위나 제3조의2제1항 또는 제2항을 위반하는 행위의 대상이 된 도메인이름의 등록말소

    4. 그 밖에 부정경쟁행위나 제3조의2제1항 또는 제2항을 위반하는 행위의 금지 또는 예방을 위하여 필요한 조치

③ 제1항에 따라 제2조제1호차목의 부정경쟁행위의 금지 또는 예방을 청구할 수 있는 권리는 그 부정경쟁행위가 계속되는 경우에 영업상의 이익이 침해되거나 침해될 우려가 있는 자가 그 부정경쟁행위에 의하여 영업상의 이익이 침해되거나 침해될 우려가 있다는 사실 및 그 부정경쟁행위를 한 자를 안 날부터 3년간 행사하지 아니하면 시효의 완성으로 소멸한다. 그 부정경쟁행위가 시작된 날부터 10년이 지난 때에도 또한 같다.

[해설]

1. 영업의 범위

① 「영업」이란 주관적으로는 "계속적·집단으로 동종의 영리행위를 행하는 것"이라고 해석되며, 일반적으로는 이윤추구를 목적으로 한 영리사업이 그 중심이 된다. 그러나 이윤이 발생하지 않아도 수지타산을 목적으로 영업을 반복, 계속하고 있는 사업이라면 침해행위로부터의 보호의 필요성은 영리사업과 동일하게 인정된다. 그러므로 단순히 영

리를 목적으로 하는 경우만이 아니고 널리 경제상 그 수지계산 위에서 행해지고 있는 사업도 포함된다 할 것이다.

② 따라서 영리를 목적으로 한 회사나 자영업, 공익법인 등의 영업활동만이 아니라 특수법인이 독립채산제하에서 행하는 사업이나 각종 비영리단체, 협동조합, 개인의 사업활동 등도 수지타산을 목적으로 하는 한 「영업」에 포함된다고 본다.

2. 영업상의 이익

① 상품표지 등의 보유자가 그 표지의 주지성에 의해서 사업상 누리게 되는 이익을 의미하며, 이러한 이익은 사업상의 것이면 충분하고 법률상의 권리일 필요는 없다. 또한, 영업상의 이익은 원칙적으로 현재 존재하는 것을 필요로 하며 과거에 누렸던 이익은 보호받을 수 없다.

② 그러나 반대로 현재는 존재하지 않으나 장래에 누릴 가능성이 있는 이익은 보호받을 수 있다고 본다. 영업상의 이익으로서는 당해 표지의 사용으로부터 얻어지는 재산상의 이익과 영업상의 신용 등을 들 수 있다.

3. 영업상의 이익이 침해될 우려

① 「우려」란 장래에 침해받을 가능성이 있는 것을 말하지만, 주관적 침해 가능성만으로는 부족하며, 사회 통념상 객관적으로 영업상 이익이 침해될 가능성이 있어야 한다.

② 그러나 「우려」의 요건을 너무 엄격하게 요구할 경우 금지 및 예방 청구권의 취지가 감소되므로 부정경쟁행위가 이미 존재한다면, 특별한 사정이 없으면 영업상 이익이 침해될 우려가 있다고 보아야 할 것이다.

4. 부정경쟁행위를 하거나 하려는 자

① 「부정경쟁행위를 하거나」란 부정경쟁행위가 현재 계속되고 있을 때 금지청구가 중심적 지위를 점하고 있는 것을 의미하고, 「부정경쟁행위를 하려는」이란 부정경쟁행위에 의하여 영업상의 이익이 장래 침해받을 우려가 있을 때 예방청구가 중심적 지위에 놓인 것을 의미한다.

② 이때의 「하거나 하려는 자」란 부정경쟁행위를 하고 있거나 하려고 하는 자뿐만 아니라 부정경쟁행위를 하도록 하는 자, 즉 교사자도 포함하는 것으로 해석된다. 여기에서, 「행위」란 실행의 착수에 국한하지 않고 금지청구의 실효성 확보를 위하여 실행의 착수를 기다릴 필요없이 착수의 우려가 인정되는 단계에 이르면 행위요건은 충족되었다고 본다.

③ 여기에서 '착수의 우려가 인정되는 단계'란 보다 구체적으로는 실행의 착수가 가능한 객관적 상황에서 실행에 관한 주관적 결의가 있는 때를 말한다고 본다. 그러므로 착수할 수 있는 객관적 상황이 전개된 것만으로 충분하지 아니하고 또 주관적 결의가 되어 있는 것만으로도 충분하지 않다는 것이다. 즉, 주관적·객관적으로 모두 침해의 개연성이 높을 때에만 착수의 우려가 있는 단계에 있다고 본다.

5. 금지 및 예방 청구권자

① 금지 및 예방 청구권은 「부정경쟁행위 때문에 자신의 영업상의 이익이 침해되거나 침해될 우려가 있는 자」만이 행사할 수 있다. 자연인뿐만 아니라 법인을 포함하며, 영업양도에 의하여 영업의 이전을 받은 영업양수인도 가능하다. 그리고 표지의 소유자뿐만 아니라 그 사용권자 등 그 표지의 사용에 관하여 고유하고 정당한 이익을 가지고 있는 자도 금지청구권자에 포함되며, 영업과 함께 주지표시를 양수받은 자는 이 청구권을 갖지만 금지청구권 자체만의 양도는

허용될 수 없다.

② 그리고 직접적으로 영업상 이익이 침해되지 않는 일반소비자, 소비자 단체 또는 사업자 단체는 「영업상의 이익」과 관련이 없으므로 청구권이 없으나, 공업소유권보호를 위한 파리협약 가맹국의 국민인 외국인은 같은 협약 제1조(동맹의 성립), 제2조 제1항(내국민 대우), 제10조의2 제1항(부당 경쟁으로부터의 보호)의 규정에 따라 부정경쟁행위자의 상호등록 당시나 현재에 이르기까지 국내에 주소 또는 영업소를 두지 않고 있었다 하더라도 우리나라 국민과 동일하게 취급받게 되어 부정경쟁행위의 금지를 구할 권리가 있다.

6. 청구권의 대상 및 범위

① 금지 및 예방 청구권의 내용은 ⅰ) 현재 계속 중인 침해행위에 대한 금지, ⅱ) 장래의 침해행위에 대한 금지, ⅲ) 침해행위를 조성한 물건의 제거·폐기, 부정경쟁행위의 대상이 된 도메인이름의 등록말소, 그 밖의 금지 또는 예방을 위하여 필요한 조치 등을 모두 포함한다. 이러한 금지청구를 인정할 것인지의 판단은 사실심 변론종결 당시를 기준으로 한다.

② 「침해행위를 조성한 물건」이란 침해행위를 일으키게 하는 물건을 말하고, 「부정경쟁행위에 제공된 설비」란 침해행위에 직접적으로 제공된 것을 말한다.

③ 금지 및 예방청구권의 대상은 구체적으로 특정되어야 하고, 그 범위는 당해 부정경쟁행위의 중지·예방·배제를 함에 필요하고도 충분한 한도 내에서 그쳐야 하며 특히 그것을 결정함에 있어서 고려해야 할 여러 가지 사정 가운데에서 「금지」에 의하여 의무자가 입게 되는 불이익까지도 아울러 충분하게 고려하여야 하므로, 폐기·제거와 같은 위법상태의 제거청구는 위와 같은 부정경쟁행위의 금지 및 예방에 필요한 최소한도에 그쳐야 한다.

7. 부정경쟁행위를 조성한 물건 등의 폐기·제거청구권

① 부정경쟁행위에 대해 금지청구를 할 때에는 부정경쟁행위를 조성한 물건의 폐기, 부정경쟁행위에 제공된 설비의 제거, 부정경쟁행위의 대상이 된 도메인이름의 등록말소, 그 밖에 부정경쟁행위의 금지 또는 예방을 위하여 필요한 조치를 함께 청구할 수 있다(법 제4조 제2항).

② 예를 들면 타인의 주지 표지를 제작하기 위한 제조설비를 갖추고 있거나 이러한 표지를 사용한 상품을 판매하고 있는 경우 그와 같은 물적 상태를 그대로 내버려두면 부정경쟁행위가 계속되거나 장래에 부정경쟁행위가 재발할 우려가 있게 된다. 따라서 부정경쟁행위의 방지를 확실하게 하고 실효성 있는 예방 등을 위하여 그 물적 상태를 제거하는 청구권도 인정하는 것이 필요하여서 부정경쟁행위에 대한 금지청구권과 함께 물건 등의 폐기·제거청구권을 인정하고 있다.

8. 도메인이름과 상표 등 표지와의 분쟁유형

도메인이름과 상표 등 표지와의 분쟁유형은 다양하여 이를 일률적으로 확정할 수는 없으나 일반적으로 도메인이름 등록자의 행위유형을 기준으로 하여 아래와 같이 3 유형으로 분류할 수 있다.

- 제1유형: 타인의 상표 등과 동일·유사한 도메인이름을 등록하고 사이트를 개설하여 상표권자 등의 상품이나 서비스와 동일·유사한 상품이나 서비스를 제공함으로써 상표권자 등과 경쟁을 하는 경우

- 제2유형: 사이트를 개설하여 상표 등 표지와 동일·유사한 도메인이름을 사용하고 있으나 전혀 다른 상품이나 서비스를 제공함으로써 상표권자 등과 경쟁을 하지 않으나 상표권자 등의 명성이나 식별력을 손상하는 경우

- 제3유형: 상표권자에게 판매하여 일정한 금전을 지급 받을 목적 등으

로 상표 등 표지와 동일·유사한 도메인이름을 선점하고 사용은 하지
않는 경우(사이버스쿼팅)

9. 지리적 표시 보호를 위한 민사구제 절차 반영

① 신설된 제3조의2(자유무역협정에 따라 보호하는 지리적 표시의 사용
금지)에 따른 지리적 표시를 침해당할 경우 법원에 금지청구(제4조),
손해배상(제5조), 신용회복(제6조) 등 민사적 구제절차를 반영하여 개
정하였다. 지리적 표시 관련한·EU FTA 협정문 제10.46조는 지식
재산권 침해행위에 대한 잠정적 및 예방적 조치를, 제10.48조는 금
지명령을 규정하고 있는데, 이 내용을 반영하기 위하여 제4조(금지청
구권 등)에 자유무역협정에 의한 지리적 표시를 포함하였다.

② 협정 제10.46조는 사법당국이 지식재산권의 임박한 침해방지, 계속
적 침해행위금지 또는 담보 제공을 위하여 필요한 경우에는 중간금
지명령을 내릴 수 있도록 하고, 이 경우 제3자가 중개자의 서비스를
사용하여 저작권, 저작인접권, 상표 또는 지리적 표시를 침해하는 경
우에는 그 중개자에게도 적용하며, 아울러 손해의 회복이 어렵다고
인정하는 경우 예방적 압류를 명령할 수 있도록 규정하고 있다.

③ 협정 제10.48조는 사법당국이 침해금지명령을 내릴 수 있도록 하고,
금지명령의 준수를 위해 반복적인 금전적 제재를 규정하며, 제3자가
중개자의 서비스를 사용하여 저작권, 저작인접권, 상표 또는 지리적
표시를 침해한 경우 그 중개자에 대해서도 금지명령을 내릴 수 있도
록 하는 것으로, 지식재산권이 침해된 경우 권리자는 손해배상청구와
는 별도로 침해자의 침해행위를 금지하기 위한 청구가 가능하다.

[관련판례]

① **부정경쟁방지 및 영업비밀보호에 관한 법률 제4조 제1항에서 정한 '영업상의 이익'의 의미 및 국내에 널리 인식된 상품표지 또는 영업표지에 관한 부정경쟁행위의 금지 또는 예방을 청구할 수 있는 자에 표지의 사용권자 등 표지의 사용에 관하여 고유하고 정당한 이익을 가지고 있는 자가 포함되는지 여부(적극)**

부정경쟁방지 및 영업비밀보호에 관한 법률(이하 '부정경쟁방지법'이라고 한다) 제4조 제1항은 부정경쟁행위로 자신의 영업상의 이익이 침해되거나 침해될 우려가 있는 자는 부정경쟁행위를 하거나 하려는 자에 대하여 법원에 그 행위의 금지 또는 예방을 청구할 수 있다고 규정한다. 여기서 영업상의 이익이란 영업자가 영업활동을 하면서 향유하는 고유하고 정당한 이익으로, 경제적인 이익은 물론 영업상의 신용, 고객흡인력, 공정한 영업자로서의 경쟁상 지위 등이 이에 해당한다.

부정경쟁방지법 제2조 제1호 (가)목 및 (나)목 소정의 국내에 널리 인식된 상품표지 또는 영업표지에 관한 부정경쟁행위로 인하여 자신의 영업상의 이익이 침해되거나 침해될 우려가 있어 부정경쟁방지법 제4조 제1항에 의하여 그 행위의 금지 또는 예방을 청구할 수 있는 자에는 그러한 표지의 소유자뿐만 아니라 사용권자 등 그 표지의 사용에 관하여 고유하고 정당한 이익을 가지고 있는 자도 포함된다[대법원 2023. 12. 28. 자 2022마5373 결정].

② **부정경쟁행위에 해당하지 않는다고 한 사례**

이미지 수신부와 영상 수신부, 전자서류 생성부, 전자서류 전송부, 전자서류 삭제부를 포함하는 원격 계좌 개설 중개서버를 포함하여 이루어지는 것을 특징으로 하는 특허발명 "원격 계좌 개설 시스템"

의 특허권자인 甲 주식회사가, '비대면 계좌 개설 서비스 시스템'을 개발하여 사용하고 있는 乙 은행 등을 상대로 乙 은행 등이 실시하고 있는 시스템과 서버를 '써니뱅크 서비스 시스템'과 '써니뱅크 서버'로 특정한 다음 '써니뱅크 서비스 시스템'과 '써니뱅크 서버'가 甲 회사의 특허발명을 침해한 것이거나 부정경쟁방지 및 영업비밀보호에 관한 법률 제2조 제1호 (차)목의 부정경쟁행위에 해당한다며 위 시스템의 생산 등 금지와 위 서버의 폐기를 구한 사안에서, 위 특허발명의 일부 청구항에서 말하는 '원격 계좌 개설 중개서버'는 금융사 서버와 동일한 장소에 설치되어 연결된 경우도 포함하되, 이와 같이 하나의 금융사 서버와 연결되는 경우에도 금융사 서버와 협업하여 비대면 계좌 개설 서비스를 제공하는 구성만으로는 부족하고, 다른 금융사 서버에 원격 계좌 개설을 중개하기 위한 전자서류 전송부와 전자서류 삭제부를 포함하는 것으로 해석하여야 하는데, 乙 은행 등이 개발하여 사용하고 있는 '비대면 계좌 개설 서비스 시스템'은 甲 회사가 특정한 '써니뱅크 서비스 시스템'의 필수 요소인 전자서류 전송부 및 전자서류 삭제부의 기술구성을 포함하고 있지 않아 '써니뱅크 서비스 시스템'과 동일하지 않고, 위 특허발명 중 일부 청구항의 구성요소에 대응하는 구성을 결여하고 있으므로, 乙 은행 등이 甲 회사의 특허권을 침해하였다고 볼 수 없고, 乙 은행 등의 '비대면 계좌 개설 서비스 시스템'이 乙 은행 등이 보유한 관련 특허발명의 기술적 특징을 그대로 포함하고 있는 점 등에 비추어 보면, 乙 은행 등이 위 시스템을 사용하는 행위가 甲 회사의 상당한 투자와 노력으로 만들어진 성과를 공정한 상거래 관행이나 경쟁질서에 반하는 방법으로 乙 은행 등의 영업을 위하여 무단으로 사용함으로써 甲 회사의 경제적 이익을 침해하는 행위라고 볼 수 없으므로 부정경쟁방지 및 영업비밀보호에 관한 법률 제2조 제1호 (차)목에서 정한 부정경쟁행위에 해당하지 않는다[특허법원 2017. 10. 20. 선고 2016나1950 판결 : 확정].

③ 가처분의 피보전권리를 인정할 수 없다고 한 사례

甲 재단법인은 국내 및 국제 각종 기전을 주최·주관하면서 그 기전의 대국을 방송이나 온라인 동영상을 통해 중계하고, 대국의 진행 수순에 관한 전자기보 파일을 만들어 乙 주식회사 등 온라인 바둑 서비스 업체에 유료로 제공하여 왔고, 乙 회사 등은 甲 법인으로부터 제공받은 파일로 전자기보를 제작하여 乙 회사 등의 플랫폼에 게시하였는데, 丙이 위 전자기보를 활용하여 바둑 해설 및 강의 동영상을 제작하고 이를 동영상 공유 플랫폼인 유튜브에 게시하자, 甲 법인이 丙을 상대로 丙이 甲 법인의 '성과 등'에 해당하는 대국이나 기보를 무단 사용하고 있다며 부정경쟁방지 및 영업비밀보호에 관한 법률(이하 '부정경쟁방지법'이라 한다) 제4조 제1항에 따른 금지 및 예방청구권을 피보전권리로 하여 대국 중계 및 동영상 게시행위의 금지를 구하는 가처분을 신청한 사안이다.

甲 법인이 주최·주관하는 기전의 대국이 갖게 되는 명성이나 경제적 가치, 그 대국에 화체된 고객흡인력은 대국의 참가자들이나 이들에 의해 이루어지는 구체적·개별적인 착수행위를 떠나 甲 법인의 명성이나 甲 법인이 기전을 주최·주관하고 소속 전문기사 선발·양성하기 위하여 투입한 투자나 노력으로 인한 것이라고 볼 수 없는 점, 甲 법인이 제작하는 전자기보 파일의 본질적인 부분은 대국 그 자체를 정해진 방법으로 기록한 과거의 사실적인 정보인데, 이러한 정보는 다른 스포츠 경기의 기록과 마찬가지로 누구나 자유롭게 이용할 수 있는 '공공영역(public domain)'에 해당한다고 봄이 타당한 점 등을 종합하면, 위 대국이나 기보는 甲 법인의 상당한 투자나 노력으로 만들어진 부정경쟁방지법 제2조 제1호 (파)목의 '성과 등'에 해당한다고 단정하기 어렵고, 丙이 제작한 동영상이 甲 법인이 주최·주관하는 기전의 대국 그 자체에 대한 중계라고 보기 어려울 뿐만 아니라 온라인 동영상 플랫폼 이용자들은 대국이나 그 기보 자체가 아니라 丙의 해설 및 강의를 보기 위하여 동영상을 이용하는 것으로 보여, 甲

법인이 '성과 등'이라고 주장하는 대국이 관련 시장에서 丙의 동영상으로 대체될 수 있다거나 수요자들이 위 대국과 丙의 동영상 서비스를 혼동할 가능성이 크다고 할 수 없는 점 등 제반 사정에 비추어 볼 때, 丙이 공정한 상거래 관행이나 경쟁질서에 반하는 방법으로 자신의 영업을 위하여 甲 법인의 '성과 등'을 무단으로 사용한 경우에 해당한다고 보기도 어려우므로, 위 가처분의 피보전권리를 인정할 수 없다고 한 사례이다[서울고법 2022. 5. 26. 자 2021라20641 결정 : 재항고].

④ **상표법 제65조 및 부정경쟁방지 및 영업비밀보호에 관한 법률 제4조에 의한 금지청구를 인정할 것인지 판단하는 기준 시기(=사실심 변론종결 당시)**

상표의 유사 여부는 그 외관·호칭 및 관념을 객관적·전체적·이격적으로 관찰하여 그 지정상품의 거래에서 일반 수요자나 거래자가 상표에 대하여 느끼는 직관적 인식을 기준으로 하여 그 상품의 출처에 관하여 오인·혼동을 일으키게 할 우려가 있는지 여부에 따라 판단하여야 하므로, 대비되는 상표 사이에 유사한 부분이 있다고 하더라도 당해 상품을 둘러싼 일반적인 거래실정, 즉 시장의 성질, 수요자의 재력이나 지식, 주의의 정도, 전문가인지 여부, 연령, 성별, 당해 상품의 속성과 거래방법, 거래장소, 사후관리 여부, 상표의 현존 및 사용상황, 상표의 주지 정도 및 당해 상품과의 관계, 수요자의 일상 언어생활 등을 종합적·전체적으로 고려하여, 거래사회에서 수요자들이 구체적·개별적으로는 상품의 품질이나 출처에 관하여 오인·혼동할 염려가 없을 경우에는 유사상표라고 할 수 없어 그러한 상표 사용의 금지를 청구할 수 없고, 이러한 법리는 서비스표 및 부정경쟁방지 및 영업비밀보호에 관한 법률(이하 '부정경쟁방지법'이라 한다) 제2조 제1호 (나)목에서 정한 영업표지에 있어서도 마찬가지이다(대법원 1996. 7. 30. 선고 95후1821 판결, 대법원 2011. 12. 27. 선고 2010다20778 판결 등 참조). 한편 상표법 제65조 및 부정경쟁방지법 제4조에 의한 금지청구를 인정할 것인지의 판단은 사실심 변론종결 당시를 기준으로 하여야 한다(대법원 2008. 11. 13. 선고 2006다22722 판결, 대법원 2009. 6. 25. 선고 2009다22037 판결 등 참조)[대법원 2013. 6. 27. 선고 2011다97065 판결].

⑤ 부정경쟁방지 및 영업비밀보호에 관한 법률 제4조에 의한 금지청구와 같은 법 제5조에 의한 손해배상청구의 인정 여부 판단의 기준 시점

부정경쟁방지 및 영업비밀보호에 관한 법률 제4조에 의한 금지청구를 인정할 것인지의 판단은 사실심 변론종결 당시를 기준으로 하고, 같은 법 제5조에 의한 손해배상청구를 인정할 것인지의 판단은 침해행위 당시를 기준으로 하여야 한다[대법원 2009. 6. 25. 선고 2009다22037 판결].

⑥ 부정경쟁방지 및 영업비밀보호에 관한 법률상 부정경쟁행위 금지의 효과로서 부정경쟁행위의 대상이 된 도메인이름의 이전등록청구권이 인정되는지 여부(소극)

부정경쟁행위의 대상이 된 도메인이름의 이전등록은 등록말소에 버금가는 강력한 조치인데, 부정경쟁방지 및 영업비밀보호에 관한 법률은 제4조 제2항 제3호에서 '등록말소'만을 규정하고 있을 뿐 명시적으로 '이전등록'을 규정하고 있지 않은 점, 같은 항 제4호 '그 밖에 부정경쟁행위의 금지 또는 예방을 위하여 필요한 조치'에 이전등록이 포함된다고 단정하기도 어려운 점, 주지·저명한 상표 등의 표지를 보호하기 위하여 도메인이름의 사용금지나 등록말소만으로도 충분함에도 이전등록까지 인정하는 것은 목적과 수단의 비례, 보충성의 원칙에 반하는 점, 만약 하나의 도메인이름에 관하여 다수의 권리자가 이전등록을 청구할 경우 누구에게 우선권을 부여하여야 할 것인지를 결정하기 어려운 점 등의 사정을 종합하면, 부정경쟁방지 및 영업비밀보호에 관한 법률상 부정경쟁행위 금지의 효과로서 부정경쟁행위

의 대상이 된 도메인이름의 이전등록청구권까지 인정된다고 볼 수는 없다[광주지법 2008. 7. 17. 선고 2007가합11141 판결 : 항소].

⑦ **국제인터넷주소관리기구(ICANN)의 '통일 도메인이름 분쟁해결정책'의 법적 성격 및 위 정책이 의무적 행정절차 외에서 도메인이름 등록인과 제3자를 규율하는 구속력을 갖는지 여부(소극)**

국제인터넷주소관리기구(The Internet Corporation for Assigned Names and Numbers, ICANN)의 '통일 도메인이름 분쟁해결정책'(Uniform Domain Name Dispute Resolution Policy)은 도메인이름 등록기관과 도메인이름 등록인 사이에 합의된 등록약관의 내용에 편입되어 도메인이름 등록인과 상표 또는 서비스표에 관한 권리를 가진 자(제3자) 사이에 도메인이름을 둘러싸고 분쟁이 발생한 경우 그 등록의 유지·취소·이전 등에 관한 판단을 신속히 내려 등록행정의 적정성을 향상시키기 위한 등록기관의 행정절차에 관한 규정으로서, 의무적 행정절차(Mandatory Administrative Proceeding)에서 도메인이름 등록기관과 그 등록인 및 제3자에 대하여 구속력을 가짐에 불과하고, 도메인이름 등록인과 제3자 사이에 이를 의무적 행정절차 외에서도 분쟁해결의 기준으로 삼기로 합의하는 등 특별한 사정이 없는 한 의무적 행정절차 외에서 도메인이름 등록인과 제3자를 규율하는 구속력을 가지는 것은 아니다. 따라서 도메인이름 등록인과 제3자 사이의 도메인이름에 관한 소송을 심리·판단하는 법원은 특별한 사정이 없는 한 분쟁해결정책에 의할 것이 아니라 당해 사건에 적용 가능한 법률에 의하여 당해 사건을 심리·판단하여야 한다[대법원 2008. 4. 24. 선고 2005다75071 판결].

⑧ **부정경쟁방지 및 영업비밀보호에 관한 법률 제4조에 의한 금지청구 인정 여부의 판단 시점(=사실심 변론종결시)**

부정경쟁방지 및 영업비밀보호에 관한 법률(이하 '부정경쟁방지법'이라 한다) 제2조 제1호 (나)목에서 타인의 영업임을 표시한 표지가 국내에 널리 인식되었는지 여부는 그 사용기간, 방법, 태양, 사용량, 영업범위 등과 그 영업의 실정 및 사회통념상 객관적으로 널리 알려졌느냐의 여부 등이 기준이 되고 (대법원 2001. 9. 14. 선고 99도 691 판결, 대법원 2005. 11. 25. 선고 2005도6834 판결 등 참조), 부정경쟁방지법 제4조에 의한 금지청구를 인정할 것인지의 판단은 사실심 변론종결 당시를 기준으로 하며 (대법원 2004. 3. 25. 선고 2002다9011 판결 등 참조), 부정경쟁방지법 제5조에 의한 손해배상청구를 인정할 것인지 및 같은 법 제6조에 의한 신용회복청구를 인정할 것인지의 판단은 침해행위 당시를 기준으로 하여야 한다[대법원 2008. 2. 29. 선고 2006다22043 판결].

⑨ 주지성 있는 타인의 영업표지를 선의로 선사용한 자를 부정경쟁방지및영업비밀보호에관한법률위반죄로 처벌할 수 있는지 여부(소극)

부정경쟁방지및영업비밀보호에관한법률 제4조에 의한 금지청구와 관련하여 주지성을 획득한 상호의 존재를 모르는 선의의 선사용자의 행위도 부정경쟁행위를 구성할 수 있으나, 부정경쟁행위의 주관적 요건과 관련하여 고의·과실을 요하는지 여부에 대하여는 민사적 측면과 형사적 측면을 구별하여 검토하여야 하는바, 형사적 측면에 있어서는 형벌법규의 엄격해석 원칙 및 형법의 범죄론에 관한 일반원칙에 따라 구성요건요소인 부정경쟁행위에 대한 인식 즉, 고의가 필요하다고 해석하여야 하므로, 주지성 있는 타인의 영업 표지를 선의로 먼저 사용한 자는 부정경쟁행위에 대한 고의가 없기 때문에 부정경쟁방지및영업비밀보호에관한법률 위반행위로 처벌할 수 없다[서울동부지법 2004. 7. 15. 선고 2003고단3650 판결: 항소].

⑩ 부정경쟁방지및영업비밀보호에관한법률 제4조에 의한 금지청구에 있어서 같은 법 제2조 제1호 (가)목, (다)목에서 정한 상품표지의 주지성 여부의 판단 시점(=사실심 변론종결시)

부정경쟁방지및영업비밀보호에관한법률 제4조에 의한 금지청구에 있어서 같은 법 제2조 제1호 (가)목 소정의 타인의 성명·상호·상표·상품의 용기·포장 기타 타인의 상품임을 표시한 표지가 국내에 널리 인식되었는지 여부는 사실심변론종결시를 기준으로 판단하여야 하며, 같은 법 제2조 제1호 (다)목의 경우에도 마찬가지이다[대법원 2004. 5. 14. 선고 2002다13782 판결].

제5조(부정경쟁행위 등에 대한 손해배상책임)

> **제5조(부정경쟁행위 등에 대한 손해배상책임)** 고의 또는 과실에 의한 부정경쟁행위나 제3조의2제1항 또는 제2항을 위반한 행위(제2조제1호다목의 경우에는 고의에 의한 부정경쟁행위만을 말한다)로 타인의 영업상 이익을 침해하여 손해를 입힌 자는 그 손해를 배상할 책임을 진다.

[해설]

1. 청구권자 및 그 상대방

손해배상 청구권자는 「고의 또는 과실에 의한 부정경쟁행위로 영업상 이익이 침해되어 손해를 입은 자」이고, 손해배상청구권의 상대방은 「고의 또는 과실에 의한 부정경쟁행위로 타인의 영업상 이익을 침해하여 손해를 입힌 자」이다.

2. 청구권의 요건

① 손해배상청구의 요건으로는 ⅰ) 행위자의 고의 또는 과실(단, 제2조제1호 다목 규정의 저명상표 희석행위는 고의에 의한 부정경쟁행위에 한한다.), ⅱ) 객관적으로 위법한 부정경쟁행위의 존재, ⅲ) 부정경쟁행위에 의한 영업상 이익이 침해되어 손해가 발생, ⅳ) 행위와 손해 발생과의 상당인과관계의 존재가 필요하다.

② 「고의」란 부정경쟁행위라는 것을 알면서 감히 이를 행하는 심리상태를 말하며, 「과실」이란 일정한 결과가 발생한다는 것을 알고 있어야 함에도 부주의로 그것을 알지 못하고 어떤 행위를 하는 심리상태를 말한다.

③ 우리나라 특허법 제130조는 특허권의 침해행위에 대하여 과실이 있는 것으로 추정하지만, 부정경쟁행위에 대해서는 과실 추정 규정이

없어서 고의·과실에 대한 입증책임은 불법행위 일반론에 따라 손해 배상 청구권자가 부담한다. 그러나 실제 부정경쟁행위의 존재가 입증 된 이상 무과실에 대한 입증의 필요성이 생기는 경우가 많을 것이다.

3. 손해배상의 범위

① 손해배상 청구권의 목적은 부정경쟁행위로 인한 손해를 전보(塡補)하 는 것으로 그 범위는 부정경쟁행위와 상당인과관계가 있는 일체의 손해로서 적극적 손해, 소극적 손해, 정신적 손해를 포함하며, 이에 대한 입증 책임은 청구권자가 부담한다. 손해배상청구를 인정할 것인 지의 판단은 침해행위 당시를 기준으로 하고, 손해배상의 범위는 실 제 입은 손해액을 한도로 한다.

② 한편, 손해액의 입증이 용이하지 않기 때문에 부정경쟁방지법 제14조 의2는 손해액의 추정에 관한 규정을 두어 부정경쟁행위 또는 영업비 밀 침해행위로 인한 손해액 산정을 용이하게 하고 있다.

4. 소멸시효

부정경쟁방지법에는 부정경쟁행위에 대한 손해배상청구권의 소멸시효 에 관하여 규정하고 있지 않으나 민법 제766조에 의해 손해 및 가해자 를 안 날로부터 3년간 행사하지 아니하면 시효에 의해 소멸되며, 부정 경쟁행위를 안 날로부터 10년을 경과한 때에도 또한 같다.

[관련판례]

① 부정경쟁방지 및 영업비밀보호에 관한 법률 제4조, 제5조에 기하여 침해금지청구, 일정 기간의 부정경쟁행위로 인한 손해배상청구를 하였다가 패소한 후 항소심에서 이를 철회하는 등 청구원인을 변경한 자가, 다시 다른 기간의 부정경쟁행위로 인한 침해금지청구 및 손해배상청구를 추가한 사안에서, 추가한 청구가 제1심의 청구와 소송물이 동일하다고 보기 어렵고 다시 청구할 필요도 있어 재소금지의 원칙에 저촉되지 않는다고 한 사례

제1심에서 부정경쟁방지 및 영업비밀보호에 관한 법률 제4조, 제5조에 기하여 침해금지청구와 2004. 1. 1.부터 2007. 6. 30.까지의 부정경쟁행위로 인한 손해배상청구를 하였다가 패소한 후 항소심에서 위 청구를 철회하고 상표법 제65조, 제67조에 기한 침해금지청구 및 손해배상청구를 하는 것으로 청구원인을 변경하는 준비서면을 제출한 자가, 다시 부정경쟁방지 및 영업비밀보호에 관한 법률 제4조, 제5조에 기하여 2007. 7. 1.부터 2008. 3. 3.까지의 부정경쟁행위로 인한 침해금지청구 및 손해배상청구를 추가하는 준비서면을 제출한 사안에서, 항소심에서 추가한 청구는 제1심 변론종결 이후에도 계속하여 부정경쟁행위를 하고 있음을 전제로 그 침해행위의 금지를 청구함과 아울러 제1심에서 청구하지 않았던 기간에 해당하는 손해배상청구를 한 것이므로 제1심에서 청구하였던 침해금지청구 및 손해배상청구와 소송물이 동일하다고 보기 어렵고 다시 청구할 필요도 있어, 그 청구의 추가가 재소금지의 원칙에 저촉되지 않는다[대법원 2009. 6. 25. 선고 2009다22037 판결].

② 부정경쟁방지 및 영업비밀보호에 관한 법률 제5조에 의한 손해배상청구와 같은 법 제6조에 의한 신용회복청구 인정 여부의 판단 시점(=침해행위시)

(1) 부정경쟁행위의 점에 대하여

원심판결 이유에 의하면, 원심은 그 채택 증거를 종합하여 일본 닛코사루군단(日光猿軍團)은 원숭이들이 교실 등에서 사람의 단체생활을 흉내내는 공연을 통하여 전세계적으로 널리 알려졌고 1997년경부터 방송, 신문 등을 통하여 국내에 '일본 닛코원숭이학교' 또는 '일본 원숭이학교' 등의 이름으로 여러 차례 위 공연 내용이 소개된 사실, 그 결과 '원숭이학교'라고 하면 닛코사루군단의 원숭이공연을 인식하게 될 정도로 널리 알려지게 된 사실, 원고는 닛코사루군단을 운영하는 일본국 유한회사 몽키프로모숀과 2001. 9. 20.경 명칭의 독점사용 등을 내용으로 하는 제휴계약을 체결하고 2001. 6. 8.경 원숭이학당 등을, 2002. 3. 22. 원숭이학교 등을 각 상표출원하는 등 2002년 9월경까지 원숭이학교와 유사한 18가지 명칭에 대하여 상표출원을 한 사실, 원고는 2002. 1. 19.경에는 위 몽키프로모숀과 원숭이공연사업에 관한 조인식을 체결하였는데, 위 사실은 국내 언론을 통하여 알려졌을 뿐만 아니라 그 후 국내 언론에 원고가 전라북도 부안군에 원숭이학교 공연장을 개장할 것이라거나 닛코사루군단의 원숭이 공연 사업이 국내에 진출한다는 취지의 내용이 여러 차례 보도되었고, 원고의 원숭이공연 사업이 '국내 최초 또는 국내 유일의 원숭이학교'로 여러 방송사의 오락 프로그램 등을 통하여 소개된 사실, 원고는 2002. 6. 29.경에 이르러 닛코사루군단에서 공연하고 있는 원숭이 12마리를 포함한 100여 마리의 원숭이를 수입하여 전라북도 부안군에 면적 39,670㎡, 건평 3,966㎡, 공연장 면적 2,975㎡의 원숭이 공연장 1동 등의 규모를 갖춘 원숭이 공연시설 등을 개장한 사실, 피고 1, 2, 3(이하 이들을 '피고 1 등'이라고 한다)은 2003. 9. 9.부터 2003. 10. 19.까지 대전 중구 사정동 산 39-1 소재 대전동물원에서 '대한민국 원숭이학당'이라는 표지를 사용하여 원숭이들로 하여금 사람의 학교생활을 흉내 내도록 하는 내용의 원숭이공연(이하 '이 사건 공연'이라고 한다)을 진행하였고, 대전동물원을 운영·관리하는 피고 대전광역시 도시개발공사(이하 '피고 대전도시개발공사'라고만 한다)는 주관자로서, 피고 대전문화방송 주식회사(이하 '피고 대전문화방송'이라고만 한다)는 주최자로서 각 이 사건 공연에 관여한 사실을 인정한 다음, 피고들의 이 사건 공연 무렵에는 수요자 사이에 '원숭이학교'라는 표지가 원고의 원숭이공연사업을 표시하는 영업표지로 널리 알려져 국내에서 주지성을 획득하였다고 판단하였다. 그러나 피고들이 이 사건 공연을 진행할 무렵에는 원고의 영업표지인 '원숭이학교'가 주지성을 획득하였다고 본 원심 판단 부분은 다음과 같은 이유로 수긍할 수 없다.

원심이 인정한 바와 같이 '원숭이학교'가 일본 닛코사루군단의 원숭이 공연사업으로 인식될 정도로 국내에서 널리 알려졌다면 이러한 사정은 오히려 원고가 위 일본 회사와 별도로 자신의 독자적인 영업표지로서 '원숭이학교'에 대한 주지성을 획득함에 있어서 장애가 되는 요인이라고 볼 수 있을 뿐 아니라, 원고가 전라북도 부안군에 '국내 최초 또는 국내 유일의 원숭이학교'를 개장할 것이라는 언론보도 역시 일본 닛코사루군단의 원숭이공연업과의 관련성을 지칭하거나 그와 같은 형태의 공연내용을 나타내기 위하여 '원숭이학교'를 사용한 것으로 보일 뿐이다. 또한, 원고가 '원숭이학교'를 특허청에 상표로 출원하였다고 해서 그러한 사정만으로 주지성을 획득할 수 있는 것도 아니다.

원고는 2002. 6. 29.경 전라북도 부안군에서 원숭이 공연시설 등을 개장하고 2002. 8. 12.경 상호를 주식회사 원숭이학교로 변경하면서 독자적인 영업표지로서 '원숭이학교'를 비로소 사용하기 시작한 것이라고 할 것인바, 피고들의 이 사건 공연시까지 원고가 '원숭이학교'를 자신의 영업표지로 사용한 기간이 비교적 짧고, 그 영업 역시 전라북도 부안군에서만 시행한 것으로 보이며, 기록에 의하면 피고들의 이 사건 공연 종료시점까지 원고의 '원숭이학교'에 대한 광고·선전은 주로 전라남북도를 중심으로 한 것으로 그 이외의 지역에서의 광고·선전은 노출시간 및 빈도수가 많지 않고, 그 관람객 숫자 역시 피고들보다 크게 우월하다고 단정할 수 없음을 알 수 있으므로, 피고들의 이 사건 공연 무렵 원고의 '원숭이학교' 영업표지가 전라남북도를 중심으로 한 일부 지역에서 주지성을 획득하였음은 별론으로 하고 그 이외의 지역에 이르는 주지성을 획득하였다고는 보기 어렵다.

그럼에도 원심이 위 판시와 같은 사정만으로 원고의 영업표지가 이 사건 공연 당시에 피고 1 등의 영업표지보다 현저히 우월한 지위를 취득하여 주지성을 획득하였다고 판단하고서 피고들에 대하여 손해배상책임을 인정한 것은 부정경쟁방지법 제2조 제1호 (나)목에 관한 법리를 오해한 위법이 있다.

(2) 서비스표에 대한 전용사용권 침해의 점에 대하여

원심은 그 채용 증거를 종합하여 원고가 2003. 10. 16. 정희원으로부터 '원숭이학당'이라는 서비스표(이하 '이 사건 서비스표'라고 한다)에 대한 전용사용권을 설정받은 사실을 인정한 다음, 피고들은 이 사건 서비스표와 유사한 '대한민국 원숭이학당'이란 영업표지를 사용하여 2003. 10. 16.부터 2003. 10. 19.까지 이 사건 서비스표에 대한 전용사용권을 침해하였다고 판단하였다.

그런데 피고들은 원고로부터 2003. 9. 30.경 '원숭이학당'의 사용중지를 통보하는 내용증명을 받고서, 피고 대전도시개발공사는 2003. 10. 7. 대전동물원 내에 설치된 '대한민국 원숭이학당'이라는 문구가 기재된 플래카드 및 포스터 등을 수거하고, 2003. 10. 8.에 텔레비전 광고를, 2003. 10. 10.에 라디오 광고를 각 중단하였으며, 피고 대전문화방송도 그 무렵 '원숭이학당'을 사용한 광고를 중단하였음은 원심이 확정한 바이고, 기록에 의하면 원고는 피고 2, 3의 이 사건 공연에 대하여 상표법과 부정경쟁방지법 위반으로 고소를 제기하였음에도 위 피고들은 이 사건 공연 중 2003. 9. 9.부터 2003. 10. 9.까지 기간 동안의 '대한민국 원숭이학당' 표지 사용에 대하여만 2007. 4. 13. 서울동부

지방법원 2007고약5600호로 각 벌금 100만 원에 처한다는 약
식명령을 받고 위 약식명령이 2007. 5. 2. 확정되었음을 알 수
있는바, 그렇다면 원고가 전용사용권을 설정받은 2003. 10. 16.
이후에는 피고들이 이 사건 서비스표와 유사한 영업표지를 사용
하였다고 보기 어려운 사정이 있음에도 원심이 이러한 점을 간
과하고 위 기간 동안 이 사건 서비스표에 대한 전용사용권의 침
해를 인정하고 손해배상책임을 물은 것은 서비스표에 대한 전용
사용권 침해의 법리를 오해하고 심리를 다하지 않은 위법이 있
다[대법원 2008. 2. 29. 선고 2006다22043 판결].

③ 부정경쟁방지 및 영업비밀보호에 관한 법률 제5조에 따라 공동하
여 위와 같은 부정경쟁행위로 乙 회사가 입은 손해를 배상할 책
임이 있다고 한 사례

치킨배달점 가맹사업을 영위하는 甲 주식회사가 광고업 등을 영위하
는 乙 주식회사와 체결한 광고용역계약의 계약 기간이 두 달여 남은
때에 乙 회사에 곧 출시할 예정인 치킨 제품의 네이밍 등 광고용역을
의뢰하자, 乙 회사가 위 제품의 네이밍을 '(브랜드명 생략)'로 하는
TV 방송용 광고 콘티를 작성하여 甲 회사에 제출한 다음 이를 기초
로 광고촬영을 준비하고 있었는데, 구체적 설명 없이 위 제품의 출시
와 광고촬영 일정을 연기하던 甲 회사가 기간만료를 이유로 乙 회사
에 계약 종료를 통보한 다음 다른 광고업체인 丙 회사와 광고용역계
약을 체결하여, '(브랜드명 생략)'라는 네이밍으로 丙 주식회사가 제작
한 TV 방송용 광고와 각종 광고물을 위 제품의 광고에 사용하자, 乙
회사가 甲 회사와 丙 회사를 상대로 부정경쟁방지 및 영업비밀보호에
관한 법률 위반 등에 따른 금지 등과 손해배상을 구한 사안이다.

甲 회사와 乙 회사가 체결한 광고용역계약의 내용 등에 비추어 甲
회사는 위 네이밍과 콘티를 비롯한 광고용역 결과물에 대하여 제작
비를 전액 지급하지 않는 한 이를 사용할 권한이 없을 뿐만 아니라
비밀로 유지해야 할 의무가 있는 점, 위 계약이 기간만료로 종료될

무렵 乙 회사도 이 점을 여러 차례 통지하였고, 이후 제작비 협상 과정에 콘티와 네이밍 제작비로 일정 금액의 지급을 제안하였으나 甲 회사가 이를 수용하지 않는 등 甲 회사와 乙 회사 사이에 위 광고용역 결과물의 제작비 지급과 그 사용에 관한 협의가 이루어지지 않은 점, 甲 회사는 乙 회사가 제안하였던 콘티와 네이밍 제작비를 공탁함으로써 광고용역 결과물의 제작비 정산을 마쳤다고 주장하나, 乙 회사가 제시한 정산금에 관한 협상안을 甲 회사가 거부하고 이에 따라 乙 회사가 소송을 제기한 이상 위 제작비 정산에 관한 甲 회사의 청약은 효력을 잃었다고 보아야 하고, 그 후 甲 회사가 당초 제시받은 정산금을 공탁하였다고 하더라도 정산에 관한 합의가 이루어졌다고 볼 수는 없으며, 공탁금도 乙 회사에 지급하여야 할 제작비에 미치지 못하므로 위 공탁은 광고용역 결과물 제작비에 대한 일부공탁에 불과하여 공탁으로서 효력이 없는 점, 위 '(브랜드명 생략)' 네이밍과 콘티의 구성방식 및 인물과 동작, 배경의 구체적 설정 등은 부정경쟁방지 및 영업비밀보호에 관한 법률(이하 '부정경쟁방지법'이라 한다) 제2조 제1호 (차)목에 규정된 甲 회사가 乙 회사와의 거래 과정에서 취득한 경제적 가치를 가지는 乙 회사의 아이디어가 포함된 정보이고, 같은 호 (카)목에 규정된 乙 회사의 상당한 투자나 노력으로 만들어진 성과인 점, 甲 회사와 丙 회사가 새로 출시하는 치킨 제품과 그 광고에 乙 회사가 기획·제안하였던 '(브랜드명 생략)' 네이밍을 그대로 제품명으로 사용하였고, 위 제품에 관한 TV 방송용 광고영상도 乙 회사가 제작한 콘티의 영상에 의거한 것으로서 저작권 침해 여부와는 별개로 乙 회사의 경제적 가치 있는 아이디어가 포함된 정보 또는 乙 회사가 상당한 투자나 노력으로 만든 성과에 해당하는 부분에서 상당히 유사한 점 등 제반 사정을 종합하여 보면, 甲 회사의 행태는 부정경쟁방지법 제2조 제1호 (차)목에서 정한 부정경쟁행위로서 乙 회사의 경제적 가치 있는 정보를 제공 목적에 반하여 부정하게 사용한 행위에 해당하거나, 같은 호 (카)목에서 정한 부정경쟁행위로서 공정한 상거래 관행이나 경쟁 질서에 반하는 방법으로 乙 회사의 경제적 이익을 침해하는 행위에 해당하고, 丙 회사의 행태는 위 (카)목에서 정한 부정경쟁행위에 해당하므로, 乙 회사는 부정경쟁방지법 제4조 제1항, 제2항 제1호, 제4호에 따라 甲 회사와 丙 회사를 상대로 TV 방송용 광고 전체에 관한 전송 등 금지와 폐기를 구할 수 있고, 甲 회사를 상대로 '(브랜드명 생략)' 네이밍이 포함된 표장의 표시·사용 금지 및 위 표장이 표시된 물건의 폐기를 구할 수 있으며, 甲 회사와 丙 회사는 부정경쟁방지법 제5조에 따라 공동하여 위와 같은 부정경쟁행위로 乙 회사가 입은 손해를 배상할 책임이 있다고 한 사례이다[서울고법 2020. 2. 6. 선고 2019나 2031649 판결 : 상고].

제6조(부정경쟁행위 등으로 실추된 신용의 회복)

> **제6조(부정경쟁행위 등으로 실추된 신용의 회복)** 법원은 고의 또는 과실에 의한 부정경쟁행위나 제3조의2제1항 또는 제2항을 위반한 행위(제2조제1호다목의 경우에는 고의에 의한 부정경쟁행위만을 말한다)로 타인의 영업상의 신용을 실추시킨 자에게는 부정경쟁행위나 제3조의2제1항 또는 제2항을 위반한 행위로 인하여 자신의 영업상의 이익이 침해된 자의 청구에 의하여 제5조에 따른 손해배상을 갈음하거나 손해배상과 함께 영업상의 신용을 회복하는 데에 필요한 조치를 명할 수 있다.

[해설]

1. 신용회복 청구권의 요건

신용회복청구권의 요건으로는 ⅰ) 행위자의 고의 또는 과실(단, 제2조제1호 다목 규정의 저명상표 희석행위는 고의에 의한 부정경쟁행위에 한한다), ⅱ) 객관적으로 위법한 부정경쟁행위의 존재, ⅲ) 부정경쟁행위에 의한 영업상 이익이 침해되었을 것, ⅳ) 영업상의 신용이 실추되었을 것, ⅴ) 부정경쟁행위와 신용실추 사이에 상당인과관계가 존재할 것, ⅵ) 금전배상 외 별도의 신용회복조치 필요성이 있을 것이 필요하다. 즉, 부정경쟁행위가 인정된다고 하여 반드시 업무상 신용이 실추되었다고 단정할 수는 없으므로 청구권자는 모방 제품이 조악하여 자사 제품의 신용도에 타격이 가해진 점 등 신용실추에 관한 구체적 사실을 별도로 입증하여야 한다.

2. 청구권의 내용

① 신용회복청구권은 손해배상의 일종이기 때문에 손해배상에 갈음하거나 손해배상과 함께 청구할 수 있고, 신용회복청구를 인정할 것인지 여부는 손해배상청구와 마찬가지로 침해행위시를 기준으로 판단한다.

② 신용회복조치청구권의 인정방법으로 과거에는 사죄광고의 게재가 널리 인정되었다. 하지만 헌법재판소에서 그러한 사죄광고 게재는 양심의 자유 및 인격권 침해에 해당한다고 결정한 이후부터는 그러한 사죄광고가 허용되지 않고, 다만 침해자의 비용으로 패소 또는 유죄판결을 받은 사실이 있다는 내용의 해명광고, 판결문 또는 정정문을 게재하는 방법 등이 있다.

[관련판례]

① 상표법 제69조 또는 구 부정경쟁방지 및 영업비밀보호에 관한 법률 제6조에 정한 신용회복청구의 인정 요건

상표권 또는 전용사용권의 침해행위나 구 부정경쟁방지법(2004. 1. 20. 법률 제7095호로 개정되기 전의 것) 제2조 제1호 (가)목에서 정하는 상품주체의 혼동행위가 있었다고 하여도 그것만으로 상표권자 또는 전용사용권자나 상품주체의 영업상의 신용이 당연히 침해되었다고 단언하기 어려우므로, 그와 같은 경우 상표법 제69조 또는 구 부정경쟁방지 및 영업비밀보호에 관한 법률(2007. 12. 21. 법률 제8767호로 개정되기 전의 것) 제6조에 정한 신용회복을 위해 필요한 조치를 명하기 위하여는 상표권 또는 전용사용권의 침해행위나 상품주체혼동행위가 있었다는 것 외에 그와 같은 행위에 의하여 상표권자 또는 전용사용권자나 상품주체의 영업상의 신용이 실추되었음이 인정되어야 한다[대법원 2008. 11. 13. 선고 2006다22722 판결].

② 신용회복청구의 방법 중 사죄광고의 인정 여부

민법 제764조가 사죄광고를 포함하는 취지라면 그에 의한 기본권제한에 있어서 그 선택된 수단이 목적에 적합하지 않을 뿐만 아니라 그 정도 또한 과잉하여 비례의 원칙이 정한 한계를 벗어난 것으로 헌법 제37조 제2항에 의하여 정당화될 수 없는 것으로서 헌법 제19조에 위반되는 동시에 헌법상 보장되는 인격권의 침해에 이르게 된다.

민법 제764조 "명예회복에 적당한 처분"에 사죄광고를 포함시키는 것은 헌법에 위반된다는 것은 의미는, 동조 소정의 처분에 사죄광고가 포함되지 않는다고 하여야 헌법에 위반되지 아니한다는 것으로서, 이는 동조와 같이 불확정개념으로 되어 있거나 다의적인 해석가능성이 있는 조문에 대하여 한정축소해석을 통하여 얻어진 일정한 합의적 의미를 천명한 것이며, 그 의미를 넘어선 확대는 바로 헌법에 위반되어 채택할 수 없다는 뜻이다."[헌법재판소 1991. 4. 1. 선고 89헌마160 결정].

③ **신용회복청구 인정 여부의 판단 시점**

부정경쟁방지 및 영업비밀보호에 관한 법률(이하 '부정경쟁방지법'이라 한다) 제2조 제1호 (나)목에서 타인의 영업임을 표시한 표지가 국내에 널리 인식되었는지 여부는 그 사용기간, 방법, 태양, 사용량, 영업범위 등과 그 영업의 실정 및 사회 통념상 객관적으로 널리 알려졌느냐의 여부 등이 기준이 되고, 부정경쟁방지법 제4조에 의한 금지청구를 인정할 것인지의 판단은 사실심 변론종결 당시를 기준으로 하며, 부정경쟁방지법 제5조에 의한 손해배상청구를 인정할 것인지 및 같은 법 제6조에 의한 신용회복청구를 인정할 것인지의 판단은 침해행위 당시를 기준으로 하여야 한다[대법원 2008. 2. 29. 선고 2006다22043 판결].

제7조(부정경쟁행위 등의 조사 등)

제7조(부정경쟁행위 등의 조사 등)

① 특허청장, 시·도지사 또는 시장·군수·구청장(자치구의 구청장을 말한다. 이하 같다)은 제2조제1호(아목과 파목은 제외한다)의 부정경쟁행위나 제3조, 제3조의2제1항 또는 제2항을 위반한 행위를 확인하기 위하여 필요한 경우로서 다른 방법으로는 그 행위 여부를 확인하기 곤란한 경우에는 관계 공무원에게 영업시설 또는 제조시설에 출입하여 관계 자료나 제품 등을 조사하게 하거나 조사에 필요한 최소분량의 제품을 수거하여 검사하게 할 수 있다.

② 특허청장, 시·도지사 또는 시장·군수·구청장이 제1항에 따른 조사를 할 때에는 「행정조사기본법」 제15조에 따라 그 조사가 중복되지 아니하도록 하여야 한다.

③ 특허청장, 시·도지사 또는 시장·군수·구청장은 제1항에 따른 조사 진행 중에 조사대상자에 대하여 조사대상과 동일한 사안으로 「발명진흥법」 제43조에 따른 분쟁의 조정(이하 "분쟁조정"이라 한다)이 계속 중인 사실을 알게 된 경우, 양 당사자의 의사를 고려하여 그 조사를 중지할 수 있다.

④ 특허청장, 시·도지사 또는 시장·군수·구청장은 분쟁조정이 성립된 경우에는 그 조사를 종결할 수 있다.

⑤ 제1항에 따라 조사 등을 하는 공무원은 그 권한을 표시하는 증표를 지니고 이를 관계인에게 내보여야 한다.

⑥ 그 밖에 부정경쟁행위 등의 조사절차 등에 관하여 필요한 사항은 대통령령으로 정한다.

[해설]

1. 조사대상 및 시기

① 조사대상이 되는 행위는 제2조 제1호(아목과 파목은 제외한다)의 부정경쟁행위와 국기·국장 등의 사용 금지(제3조), 자유무역협정에 따라 보호하는 지리적 표시의 사용금지(제3조의2 제1항 또는 제2항) 행위이며, 사이버스쿼팅 행위와 일반규정 위반 행위는 제외된다.

② 「확인하기 위하여 필요한 경우로서 다른 방법으로는 그 행위 여부를 확인하기 곤란한 경우」란 법 규정을 위반한 부정경쟁행위가 신고 또는 인지에 의하여 확인할 필요가 있으면서 조사가 아닌 다른 방법으로는 그 행위 여부를 확인하기 곤란한 경우를 말한다.

2. 조사 및 수거

① 부정경쟁행위자의 영업시설 또는 제조시설에 출입하여 조사를 하는 관계공무원은 그 권한을 표시하는 증표를 지니고 관계인에게 내보여야 하며(제7조 제5항), 관계 서류나 장부·제품 등을 조사하거나 조사에 필요한 최소분량의 제품을 수거하여 검사할 수 있다(제7조 제1항).

② 제품을 수거하였을 때는 봉인하여야 한다. 다만 제품의 성질과 상태에 따라 봉인할 필요가 없거나 봉인이 곤란하다고 인정하는 경우에는 예외로 한다(부정경쟁행위 방지업무 취급규정 제5조).

③ 조사결과 위반행위를 적발하였을 때에는 "조사확인서"를 작성하고 위반업소의 대표자 또는 종업원이 이를 확인하도록 한 후, 확인자란에 서명 또는 날인하게 하여야 한다. 다만 도피·부재·방해 또는 거부 등으로 조사확인서에 서명 또는 날인을 받을 수 없는 경우에는 그 사유를 명확하게 기록하여야 한다(부정경쟁행위 방지업무 취급규정 제3조 제3호).

④ 조사에 필요한 최소분량의 제품을 수거하는 경우 그 소유자나 점유자에게 수거증을 발급하여야 하고, 수거한 제품의 현황·목록 등에 관한 사항을 기록하고 이를 보관해야 하며, 수거한 제품에 대한 검사가 종료된 경우 수거 당시의 소유자나 점유자에게 즉시 돌려 주어야 한다(시행령 제1조의5).

3. 중복 조사의 예방(제7조 제2항)

특허청과 지방자치단체가 중복으로 조사하는 경우를 예방하기 위한 규정을 신설하여 특허청장, 시·도지사 또는 시장·군수·구청장이 제1항에 따른 조사를 할 때에는 「행정조사기본법」 제15조에 따라 그 조사가 중복되지 아니하도록 하여야 한다.

4. 분쟁조정 계속 중인 경우의 조치

① 2020년 개정법(2020. 10. 20., 법률 제17529호)에서는 부정경쟁행위 등에 대한 조사 진행 중 「발명진흥법」에 따른 분쟁조정이 계속 중인 경우 조사를 중지할 수 있도록 하고, 분쟁조정이 성립된 경우 조사를 종결할 수 있도록 하였다.

② 즉, 특허청장, 시·도지사 또는 시장·군수·구청장은 제1항에 따른 조사진행 중에 조사대상자에 대하여 조사대상과 동일한 사안으로 「발명진흥법」 제43조에 따른 분쟁의 조정이 계속 중인 사실을 알게 된 경우, 양 당사자의 의사를 고려하여 그 조사를 중지할 수 있고(제7조 제3항), 특허청장, 시·도지사 또는 시장·군수·구청장은 분쟁조정이 성립된 경우에는 그 조사를 종결할 수 있다(제7조 제4항).

제7조의2(자료열람요구 등)

① 제7조에 따른 조사의 양 당사자 또는 대리인 등 대통령령으로 정하는 자는 특허청장, 시·도지사 또는 시장·군수·구청장에게 제7조에 따른 조사와 관련된 자료의 열람 또는 복사를 요구할 수 있다. 이 경우 특허청장, 시·도지사 또는 시장·군수·구청장은 다음 각 호의 어느 하나에 해당하는 자료를 제외하고는 이에 따라야 한다.

　1. 제2조제2호에 따른 영업비밀

　2. 그 밖에 다른 법률에 따른 비공개자료

② 제1항에 따른 열람 또는 복사의 절차, 방법 및 그 밖에 필요한 사항은 대통령령으로 정한다.

제8조(위반행위의 시정권고 등)

> **제8조(위반행위의 시정권고 등)**
> ① 특허청장은 제2조제1호(아목과 파목은 제외한다)의 부정경쟁행위나 제3조, 제3조의2제1항 또는 제2항을 위반한 행위가 있다고 인정되면 그 위반행위를 한 자에게 30일 이내의 기간을 정하여 위반행위의 중지, 표지 등의 제거나 수정, 향후 재발 방지, 그 밖에 시정에 필요한 사항을 권고하거나 시정을 명할 수 있다.
> ② 특허청장은 위반행위를 한 자가 제1항에 따른 시정권고나 시정명령을 이행하지 아니한 때에는 위반행위의 내용 및 시정권고나 시정명령 사실 등을 공표할 수 있다.
> ③ 제1항에 따른 시정권고나 시정명령 및 제2항에 따른 공표의 절차 및 방법 등에 관하여 필요한 사항은 대통령령으로 정한다.
> ④ 시·도지사 또는 시장·군수·구청장은 제2조제1호(아목과 파목은 제외한다)의 부정경쟁행위나 제3조, 제3조의2제1항 또는 제2항을 위반한 행위가 있다고 인정되면 그 위반행위를 한 자에게 30일 이내의 기간을 정하여 위반행위의 중지, 표지 등의 제거나 수정, 향후 재발 방지, 그 밖에 시정에 필요한 권고를 할 수 있으며, 위반행위를 한 자가 시정권고를 이행하지 아니한 때에는 위반행위의 내용 및 시정권고 사실 등을 공표할 수 있다. 이 경우 시정권고 또는 공표의 절차 및 방법 등에 관하여는 제3항을 준용한다.
> ⑤ 시·도지사 또는 시장·군수·구청장은 위반행위를 한 자가 제4항에 따른 시정권고를 이행하지 아니한 때에는 특허청장에게 제1항에 따른 시정명령을 하여줄 것을 요청할 수 있다.

[해설]

1. 시정권고 등의 내용

시정권고 등의 대상 행위가 인정되면 그 위반행위를 한 자에게 30일 이내의 기간을 정하여 위반행위의 중지, 표지 등의 제거나 수정, 향후 재발 방지, 그 밖에 시정에 필요한 권고를 할 수 있고(제8조 제1항), 위반행위를 한 자가 제1항에 따른 시정권고를 이행하지 아니한 때에는 위반행위의 내용 및 시정권고 사실 등을 공표할 수 있다(제8조 제2항).

2. 시정권고 등의 주체

특허청장, 시·도지사 또는 시장·군수·구청장은 부정경쟁행위를 한 자에 대하여 시정권고 등을 한다.

3. 시정권고 등의 절차

특허청장, 시·도지사 또는 시장·군수·구청장은 시정권고나 고발을 하기전에 직권으로 또는 당사자·이해관계인이나 참고인의 신청에 의하여 의견을 청취할 수 있고, 의견청취 시 당사자·이해관계인 또는 참고인은 필요한 증거자료를 제출할 수 있다(부정경쟁행위 방지업무 취급규정 제8조).

4. 시정권고의 방법 등

시정권고는 시정권고의 이유, 시정권고의 내용 및 시정기한을 명시한 문서로 해야 하고, 시정권고를 하기 위하여 필요하다고 인정되는 경우 또는 그 시정권고의 이행 여부를 확인하기 위하여 필요하다고 인정되는 경우에는 관계 공무원으로 하여금 현장을 확인하게 할 수 있다. 이 경우 현장을 확인하는 공무원은 그 권한을 표시하는 증표를 지니고 관계인에게 보여야 한다(시행령 제2조).

5. 공표의 방법 및 절차

특허청장, 시·도지사 또는 시장·군수·구청장은 법 제8조 제2항에 따라 위반행위를 한 자의 성명 및 주소, 위반행위의 내용, 시정기한, 시정권고의 이유 및 내용을 관보, 인터넷 홈페이지 또는 「신문 등의 진흥에 관한 법률」에 따른 전국을 보급지역으로 하는 일반일간신문에 게재하여 공표할 수 있고, 이 경우 위반행위의 내용 및 정도, 위반 기간 및 횟수, 위반행위로 인하여 발생한 피해의 범위 및 결과 등을 고려해야 한다(시행령 제2조의2).

6. 고발

특허청장, 시·도지사 또는 시장·군수·구청장은 위반행위를 한 자에 대하여 법 제8조에 따라 시정권고를 하고, 다음 각 호의 사항 모두에 해당하는 경우에는 형사소송법 제234조제2항에 따라 고발한다. 다만, 제2호 가목부터 다목까지의 규정에 해당하는 자 중 시정권고를 하는 것이 바람직하다고 인정되는 경우에는 1차에 한하여 예외로 할 수 있다(부정경쟁행위 방지업무 취급규정 제7조).

1. 법 제18조제3항제1호 또는 제2호에 해당하는 자

2. 다음 각 목의 어느 하나에 해당하는 경우

    가. 제9조에 의한 시정여부 확인 시 시정이 되지 않은 경우

    나. 부정경쟁행위 등으로 인하여 최근 1년 이내에 시정권고를 받은 자가 다시 적발된 경우

    다. 부정경쟁행위 등으로 인하여 최근 2년 이내에 고발을 당한 자가 다시 적발된 경우

    라. 기타 상거래 질서유지를 위하여 특허청장, 시·도지사 또는 시장·군수·구청장이 특히 필요하다고 인정하는 경우

[관련판례]

양복의 주문제조판매업자가 "DIOR" 라는 간판을 사용하였다 하여
부정경쟁의 목적으로 동 상표권자의 상품과 오인. 혼동을 일으키게
하였다고 볼 수 있는지 여부

피고인이 양복점을 개설하고 고객의 주문을 받아 양복을 제작·판매하
는 영업을 하면서 그 양복점 외부에 "DIOR"이라고 영문으로 표기된 간
판 등을 사용하였다 하더라도 위 영업실태에 비추어 피고인과의 상품거
래는 피고인 개인점포의 신용과 제작기술을 믿고 이루어지는 것으로 봄
이 상당하여 피고인에게 부정경쟁의 목적이 있었다거나 주문자가 피고
인의 점포에서 제작하는 양복을 등록상표인 디올(DIOR)의 상표권자가
제작·공급하는 양복으로 오인, 혼동하여 거래를 하였다고 보기 어렵다
[대법원 1985. 3. 12. 선고 83도2085 판결].

제9조(의견청취)

[해설]

○ 의견청취의 절차

① 특허청장, 시·도지사 또는 시장·군수·구청장은 법 제9조에 따라 의견을 들으려는 경우에는 의견청취 예정일 10일 전까지 시정권고 및 공표의 상대방, 이해관계인, 참고인 또는 그 대리인에게 서면으로 그 뜻을 통지하여 의견을 진술할 기회를 주어야 하며, 그 통지에는 정당한 사유 없이 이에 따르지 아니하면 의견을 진술할 기회를 포기한 것으로 본다는 뜻을 분명히 밝혀야 한다(시행령 제3조 제1항, 제4항).

② 의견청취에 대한 통지를 받은 시정권고 및 공표의 상대방, 이해관계인, 참고인 또는 그 대리인은 지정된 일시에 지정된 장소로 출석하여 의견을 진술하거나 서면으로 의견을 제출할 수 있다(시행령 제3조 제2항). 시정권고 및 공표의 상대방, 이해관계인, 참고인 또는 그 대리인이 출석하여 의견을 진술했을 때에는 관계 공무원은 그 요지를 서면으로 작성한 후 의견 진술자에게 그 내용을 확인하고 서명 또는 날인하게 해야 한다(시행령 제3조 제3항).

[관련판례]

① [가] 구 부정경쟁방지법(1991.12.31. 법률 제4478호로 개정되기 전의 것) 제9조의 규정취지와 상표법 등 다른 법률에 의하여 보호되는 권리라도 그 법에 저촉되지 아니하는 범위 안에서는 부정경쟁방지법을 적용할 수 있는지 여부(적극)
[나] 상표의 등록출원이나 상표권의 양수 자체가 권리행사의 외형을 갖추었으나 부정경쟁행위를 목적으로 하는 경우 위 부정경쟁방지법 제9조에 해당하여 같은 법 제2조의 적용이 배제되는지 여부(소극)

[가] 구 부정경쟁방지법(1991.12.31. 법률 제4478호로 개정되기 전의 것) 제9조의 규정은 위 법률이 시행되기 전의 구 부정경쟁방지법(1986.12.31. 법률제3897호로 개정되기 전의 것) 제7조가 상표법 등에 의하여 권리를 행사하는 행위에 대하여는 부정경쟁방지법의 규정을 적용하지 아니한다고 규정하던 것과는 달리, 상표법, 상법 중 상호에 관한 규정 등에 부정경쟁방지법의 규정과 다른 규정이 있는 경우에는 그 법에 의하도록 한 것에 지나지 아니하므로, 상표법 등 다른 법률에 의하여 보호되는 권리일지라도 그 법에 저촉되지 아니하는 범위 안에서는 부정경쟁방지법을 적용할 수 있다.

[나] 상표의 등록이나 상표권의 양수가 자기의 상품을 타업자의 상품과 식별시킬 목적으로 한 것이 아니고, 국내에 널리 인식되어 사용되고 있는 타인의 상표가 상표등록이 되어 있지 아니함을 알고, 그와 동일 또는 유사한 상표나 상호, 표지 등을 사용하여 일반 수요자로 하여금 타인의 상품과 혼동을 일으키게 하거나 타인의 영업상의 시설이나 활동과 혼동을 일으키게 하여 이익을 얻을 목적으로 형식상 상표권을 취득하는 경우에는 상표의 등록

출원이나 상표권의 양수 자체가 부정경쟁행위를 목적으로 하는
것으로서, 가사 권리행사의 외형을 갖추었다 하더라도 이는 상
표법을 악용하거나 남용한 것이 되어 상표법에 의한 적법한 권
리의 행사라고 인정할 수 없으므로, 위 부정경쟁방지법 제9조에
해당하여 같은 법 제2조의 적용이 배제된다고 할 수 없다[대법
원 1993. 1. 19. 선고 92도2054 판결].

② **부정경쟁방지법의 허위광고죄와 독점규제및공정거래에관한법률상**
의 허위광고죄와의 관계(법률경합) 및 경제기획원장관의 고발없이
제기된 부정경쟁방지법위반죄의 공소의 효력

부경경쟁방지법이나 독점규제및공정거래법에관한법률은 모두 상품의
허위광고를 금하고 이의 처벌규정을 두고 있으나 부정경쟁방지법 제
9조에 의하여 이에 관하여는 독점규제및공정거래에관한법률만이 우
선 적용된다고 보아야 하고 또한 독점규제및공정거래에관한법률위반
죄는 경제기획원장관의 고발이 있어야 논할 수 있으므로 허위광고행
위에 대하여 이러한 고발없이 기소된 부정경쟁방지법위반죄의 공소
는 절차가 법률에 위반되어 무효라 할 것이므로 형사소송법 제327조
제1호에 의하여 공소기각하여야 한다[서울형사지법 1987. 12. 29.
선고 86고단5978 판결 : 항소].

Chapter 3.
영업비밀의 보호

제9조의2(영업비밀 원본 증명)

제9조의2(영업비밀 원본 증명)

① 영업비밀 보유자는 영업비밀이 포함된 전자문서의 원본 여부를 증명받기 위하여 제9조의3에 따른 영업비밀 원본증명기관에 그 전자문서로부터 추출된 고유의 식별값[이하 "전자지문"(電子指紋)이라 한다]을 등록할 수 있다.

② 제9조의3에 따른 영업비밀 원본증명기관은 제1항에 따라 등록된 전자지문과 영업비밀 보유자가 보관하고 있는 전자문서로부터 추출된 전자지문이 같은 경우에는 그 전자문서가 전자지문으로 등록된 원본임을 증명하는 증명서(이하 "원본증명서"라 한다)를 발급할 수 있다.

③ 제2항에 따라 원본증명서를 발급받은 자는 제1항에 따른 전자지문의 등록 당시에 해당 전자문서의 기재 내용대로 정보를 보유한 것으로 추정한다.

[해설]

1. 전자지문의 등록

① 영업비밀 보유자는 영업비밀이 포함된 전자문서의 원본 여부를 증명받기 위하여 제9조의3에 따른 영업비밀 원본증명기관에 그 전자문서로부터 추출된 고유의 식별값[이하 "전자지문"(電子指紋)이라 한다]을 등록할 수 있다(제9조의2 제1항).

② 즉, 영업비밀 원본증명제도의 이용을 위해 원본증명기관에 등록하는 것은 영업비밀이 포함된 전자문서 그 자체가 아니라 전자문서로부터 추출된 고유의 식별값인 '전자지문(Hash Code)'을 등록하는 것이다.

③ '전자지문(Hash Code)'이란 암호화 알고리즘(SHA-256 이상)을 이용하여 원본파일로부터 추출한 전자값으로서 해당 원본파일의 정보가 변경될 경우 전혀 다른 값이 생성되는 특징을 가지는 고유의 식별값을 말하며(영업비밀 원본증명 업무지침 제2조 제3호), 전자문서를 수정하면 다른 코드가 생성되어 데이터의 수정 여부가 검증된다. 전자지문 추출의 지원을 위해 영업비밀보호센터는 (1) 영업비밀보호센터 홈페이지를 이용하는 방식, (2) 별도의 IT 시스템이 구축되지 않은 중소규모의 기업인 개인 이용자를 위한 PC Agent 방식, (3) 기업의 운영시스템과 연계하는 Server Agent 방식의 세 가지 서비스를 제공하고 있다.

2. 원본증명서의 발급과 효력

① 제9조의3에 따른 영업비밀 원본증명기관은 제1항에 따라 등록된 전자지문과 영업비밀 보유자가 보관하고 있는 전자문서로부터 추출된 전자지문이 같은 경우에는 그 전자문서가 전자지문으로 등록된 원본임을 증명하는 증명서(이하 "원본증명서"라 한다)를 발급할 수 있다(제9조의2 제2항).

② 제2항에 따라 원본증명서를 발급받은 자는 제1항에 따른 전자지문의 등록 당시에 해당 전자문서의 기재 내용대로 정보를 보유한 것으로 추정한다(제9조의2 제3항). 영업비밀 원본증명제도가 영업비밀이 포함된 전자문서의 등록을 통하여 영업비밀 보유사실에 대한 입증곤란을 완화하기 위한 제도이나, 원본증명서가 발급되더라도 원본등록된 정보의 보유사실에 대한 추정규정이 없어 입증곤란을 완화하는데 한계가 있다는 지적에 따라 2015년 개정법(2015. 1. 28, 법률 제13081호)에서 원본증명서를 발급받은 자는 전자지문의 등록 당시에 해당 전자문서의 기재 내용대로 정보를 보유한 것으로 추정한다는 규정(제9조의2 제3항)을 신설하였다.

③ 다만, 이 추정규정은 영업비밀 보유자가 해당 시점에 등록된 정보를 보유한 것으로 추정하는 것일뿐, 영업비밀의 적법한 보유나 영업비밀성 자체에 대한 추정은 아니다.

제9조의3(원본증명기관의 지정 등)

제9조의3(원본증명기관의 지정 등)

① 특허청장은 전자지문을 이용하여 영업비밀이 포함된 전자문서의 원본 여부를 증명하는 업무(이하 "원본증명업무"라 한다)에 관하여 전문성이 있는 자를 중소벤처기업부장관과 협의하여 영업비밀 원본증명기관(이하 "원본증명기관"이라 한다)으로 지정할 수 있다.

② 원본증명기관으로 지정을 받으려는 자는 대통령령으로 정하는 전문인력과 설비 등의 요건을 갖추어 특허청장에게 지정을 신청하여야 한다.

③ 특허청장은 원본증명기관에 대하여 원본증명업무를 수행하는 데 필요한 비용의 전부 또는 일부를 보조할 수 있다.

④ 원본증명기관은 원본증명업무의 안전성과 신뢰성을 확보하기 위하여 다음 각호에 관하여 대통령령으로 정하는 사항을 지켜야 한다.

  1. 전자지문의 추출·등록 및 보관

  2. 영업비밀 원본 증명 및 원본증명서의 발급

  3. 원본증명업무에 필요한 전문인력의 관리 및 설비의 보호

  4. 그 밖에 원본증명업무의 운영·관리 등

⑤ 원본증명기관 지정의 기준 및 절차에 필요한 사항은 대통령령으로 정한다.

[해설]

1. 원본증명기관의 지정

① 특허청장은 전자지문을 이용하여 영업비밀이 포함된 전자문서의 원본 여부를 증명하는 업무(이하 "원본증명업무"라 한다)에 관하여 전문성이 있는 자를 중소벤처기업부장관과 협의하여 영업비밀 원본증명기관(이하 "원본증명기관"이라 한다)으로 지정할 수 있다(제9조의3 제1항).

② 2011. 12. 특허청 공고 제2011-158호로 영업비밀 보호사업 전문기관으로 한국특허정보원이 지정되어 한국특허정보원에 영업비밀보호센터가 설립되어 운용되었다가, 2013년 개정법에서 제9조의3이 신설됨에 따라 특허청은 동조 제1항 및 시행령 제3조의3 제3항에 따라 2014년 7월에 한국특허정보원을 원본증명기관(제1호)으로 지정하였고(특허청 공고 제2014-100호), 이후 2016년 7월에 대·중소기업협력재단(제2호)을, 2019년 1월에 한국지식재산보호원(제3호)을 각각 지정하였다(특허청 공고 제2019-4호).

2. 원본증명기관 지정 신청

① 원본증명기관으로 지정을 받으려는 자는 대통령령으로 정하는 전문인력과 설비 등의 요건을 갖추어 특허청장에게 지정을 신청하여야 한다(제9조의3 제2항).

② 원본증명기관으로 지정받으려는 자가 갖추어야 할 전문 인력과 설비의 요건은 다음 각 호와 같다(시행령 제3조의2).

 1. 전문 인력: 전자지문을 이용하여 영업비밀이 포함된 전자문서의 원본 여부를 증명하는 업무(이하 "원본증명업무"라 한다)에 필요한 설비의 운영인력으로서 다음 각 목의 요건을 모두 갖춘 사람

2명 이상을 보유할 것

가. 「국가기술자격법」에 따른 정보통신기사 · 정보처리기사또는 전
자계산기조직응용기사 이상의 국가기술자격을 갖출 것

나. 「국가기술자격법」에 따른 정보기술분야 또는 통신분야에서 2
년 이상 근무한 경력이 있을 것

2. 설비: 원본증명업무에 필요한 설비로서 다음 각 목의 사항에 관하
여 특허청장이 정하여 고시하는 기준에 맞는 설비를 갖출 것

가. 원본증명업무 관련 정보의 보관 및 송신 · 수신에 관한사항

나. 네트워크 및 시스템 보안 체계에 관한 사항

다. 화재 및 수해(水害) 등 재해 예방 체계에 관한 사항

라. 그 밖에 원본증명업무 관련 시스템 관련 설비 등 원본증명업
무의 운영 · 관리를 위하여 필요한 사항

3. 원본증명기관 지정 절차

① 원본증명업무를 수행하는 기관(이하 "원본증명기관"이라 한다)으로
지정을 받으려는 자는 별지 제3호서식의 원본증명기관 지정신청서
(전자문서로 된 신청서를 포함한다. 이하 "지정신청서"라 한다)에
(1) 사업계획서, (2) 제3조의2 각 호에 따른 전문인력 및 설비를 갖
추었음을 증명할 수 있는 서류, (3) 법인의 정관 또는 단체의 규약
(원본증명기관이 법인 또는 단체인 경우만 해당한다)의 서류(전자문
서를 포함한다)를 첨부하여 특허청장에게 제출하여야 한다(시행령
제3조의3 제1항).

② 이러한 지정신청서를 받은 특허청장은 「전자정부법」 제36조 제1항에
따른 행정정보의 공동이용을 통하여 신청인의 법인 등기사항증명서(원
본증명기관이 법인인 경우만 해당한다) 및 사업자등록증을 확인하여야
한다. 다만, 신청인이 사업자등록증의 확인에 동의하지 아니하는 경우
에는 그 사본을 첨부하도록 하여야 한다(시행령 제3조의3 제2항).

③ 제1항에 따른 지정신청서를 받은 특허청장은 그 지정신청이 제3조의
2에 따른 지정기준을 충족한다고 인정하는 경우 원본증명기관으로
지정하고, 별지 제4호서식의 원본증명기관지정서를 발급하여야 하고
(시행령 제3조의3 제3항), 제3항에 따른 지정을 위하여 필요하면 지
정신청서를 제출한 자에게 자료의 제출을 요구하거나 해당 제출자
및 관계 전문가의 의견을 들을 수 있다(시행령 제3조의3 제4항). 그
리고 특허청장은 원본증명기관을 지정하면 지체 없이 그 사실을 특
허청 인터넷 홈페이지에 게재하여야 한다(시행령 제3조의3 제5항).

4. 비용의 보조

특허청장은 원본증명기관에 대하여 원본증명업무를 수행하는 데 필요
한 비용의 전부 또는 일부를 보조할 수 있다(제9조의3 제3항).

5. 원본증명기관의 안전성 및 신뢰성 확보 조치

① 원본증명기관은 원본증명업무의 안전성과 신뢰성을 확보하기 위하여
(1) 전자지문의 추출·등록 및 보관, (2) 영업비밀 원본 증명 및 원
본증명서의 발급, (3) 원본증명업무에 필요한 전문인력의 관리 및 설
비의 보호, (4) 그 밖에 원본 증명업무의 운영·관리 등에 관하여 대
통령령으로 정하는 사항을 지켜야 한다(제9조의3 제4항).

② 즉,
(1) 전자지문의 추출·등록 및 보관(법 제9조의3 제4항 제1호 관련)
에 관하여 ⓐ 원본증명기관은 원본등록 신청인이 보유한 영업비
밀로부터 전자지문을 추출·등록한 후 신청인에게 원본등록확인
서를 발급할 것, ⓑ 원본증명기관은 등록된 전자지문을 안전하게
보관할 것,
(2) 영업비밀 원본 증명 및 원본증명서의 발급(법 제9조의3제4항제2
호 관련)과 관련하여 ⓐ 원본증명기관은 원본증명서 발급 시 발

급받으려는 사람의 신원확인을 위한 절차 등의 기준을 마련할 것, ⓑ 원본증명기관은 원본증명서의 발급명세 등을 관리할 것,

(3) 원본증명업무에 필요한 전문인력의 관리 및 설비의 보호(법 제9조의3 제4항 제3호 관련)와 관련하여 ⓐ 원본증명기관은 원본증명업무 담당 및 책임 직원에 대하여 그 운영과 관련된 교육을 실시할 것, ⓑ 원본증명기관은 원본증명업무를 수행하기 위하여 설비의 변경이 필요한 경우 특허청장에게 알릴 것,

(4) 원본증명업무의 운영·관리(법 제9조의3 제4항 제4호 관련)와 관련하여 ⓐ 원본증명기관은 원본증명업무와 관련한 정보가 훼손 또는 변경되지 않도록 관리할 것, ⓑ 원본증명기관은 원본증명업무에 관한 기록을 관리할 것, ⓒ 원본증명기관은 특허청장이 정하여 고시하는 시기에 운영·관리 등에 대하여 정기적으로 점검을 받을 것의 사항을 지켜야 하며, 위 (1)부터 (4)까지에서 규정하고 있는 안전성 및 신뢰성 확보 조치 관련 구체적 사항은 특허청장이 정하여 고시한다(시행령 제3조의4, 별표 1).

③ 이러한 부정경쟁방지법 제9조의3 제4항 및 같은 법 시행령 제3조의4, 별표 1 제5호에 따른 원본증명기관이 원본증명업무의 안정성과 신뢰성 확보를 위해 지켜야 할 구체적 사항을 정하기 위해 2014년 1월에 「영업비밀 원본증명 업무지침」이 제정되었다.

제9조의4(원본증명기관에 대한 시정명령 등)

제9조의4(원본증명기관에 대한 시정명령 등)

① 특허청장은 원본증명기관이 다음 각 호의 어느 하나에 해당하는 경우에는 6개월 이내의 기간을 정하여 그 시정을 명할 수 있다.
  1. 원본증명기관으로 지정을 받은 후 제9조의3제2항에 따른 요건에 맞지 아니하게 된 경우
  2. 제9조의3제4항에 따라 대통령령으로 정하는 사항을 지키지 아니한 경우

② 특허청장은 원본증명기관이 제9조의3제3항에 따른 보조금을 다른 목적으로 사용한 경우에는 기간을 정하여 그 반환을 명하여야 한다.

③ 특허청장은 원본증명기관이 다음 각 호의 어느 하나에 해당하는 경우에는 그 지정을 취소하거나 6개월 이내의 기간을 정하여 원본증명업무의 전부 또는 일부의 정지를 명할 수 있다. 다만, 제1호 또는 제2호에 해당하는 경우에는 그 지정을 취소하여야 한다.
  1. 거짓이나 그 밖의 부정한 방법으로 지정을 받은 경우
  2. 원본증명업무의 전부 또는 일부의 정지명령을 받은 자가 그 명령을 위반하여 원본증명업무를 한 경우
  3. 정당한 이유 없이 원본증명기관으로 지정받은 날부터 6개월 이내에 원본증명업무를 시작하지 아니하거나 6개월 이상 계속하여 원본증명업무를 중단한 경우
  4. 제1항에 따른 시정명령을 정당한 이유 없이 이행하지 아니한 경우
  5. 제2항에 따른 보조금 반환명령을 이행하지 아니한 경우

④ 제3항에 따라 지정이 취소된 원본증명기관은 지정이 취소된 날부터 3개월 이내에 등록된 전자지문이나 그 밖에 전자지문의 등록에 관한 기록 등 원본증명업무에 관한 기록을 특허청장이 지정하는 다른 원본증명기관에 인계하여야 한다. 다만, 다른 원본증명기관이 인수를 거부하는 등 부득이한 사유로 원본증명업무에 관한 기록을 인계할 수 없는 경우에는 그 사실을 특허청장에게 지체 없이 알려야 한다.

⑤ 특허청장은 제3항에 따라 지정이 취소된 원본증명기관이 제4항을 위반하여 원본증명업무에 관한 기록을 인계하지 아니하거나 그 기록을 인계할 수 없는 사실을 알리지 아니한 경우에는 6개월 이내의 기간을 정하여 그 시정을 명할 수 있다.

⑥ 제3항에 따른 처분의 세부 기준 및 절차, 제4항에 따른 인계·인수에 필요한 사항은 대통령령으로 정한다.

[해설]

1. 원본증명기관에 대한 시정명령 등

① 특허청장은 원본증명기관이 원본증명기관으로 지정을 받은 후 제9조 의3 제2항에 따른 요건에 맞지 아니하게 된 경우 또는 제9조의3 제 4항에 따라 대통령령으로 정하는 사항을 지키지 아니한 경우 6개월 이내의 기간을 정하여 그 시정을 명할 수 있다(제9조의4 제1항).

② 그리고 특허청장은 원본증명기관이 제9조의3 제3항에 따른 보조금을 다른 목적으로 사용한 경우에는 기간을 정하여 그 반환을 명할 수 있다(제9조의4 제2항).

2. 원본증명기관의 지정취소 및 업무의 정지 등

① 특허청장은 원본증명기관이 다음 각 호의 어느 하나에 해당하는 경우에는 그 지정을 취소하거나 6개월 이내의 기간을 정하여 원본증명업무의 전부 또는 일부의 정지를 명할 수 있다. 다만, 제1호 또는 제2호에 해당하는 경우에는 그지정을 취소하여야 한다(제9조의4 제3항).

1. 거짓이나 그 밖의 부정한 방법으로 지정을 받은 경우

2. 원본증명업무의 전부 또는 일부의 정지명령을 받은 자가 그 명령을 위반하여 원본증명업무를 한 경우

3. 정당한 이유 없이 원본증명기관으로 지정받은 날부터 6개월 이내에 원본증명업무를 시작하지 아니하거나 6개월 이상 계속하여 원본증명업무를 중단한 경우

4. 제1항에 따른 시정명령을 정당한 이유 없이 이행하지 아니한 경우

5. 제2항에 따른 보조금 반환명령을 이행하지 아니한 경우

② 제3항에 따라 지정이 취소된 원본증명기관은 지정이 취소된 날부터 3개월 이내에 등록된 전자지문이나 그 밖에 전자지문의 등록에 관한 기록 등 원본증명업무에 관한 기록을 특허청장이 지정하는 다른 원본증명기관에 인계하여야 한다. 다만, 다른 원본증명기관이 인수를 거부하는 등 부득이한 사유로 원본증명업무에 관한 기록을 인계할 수 없는 경우에는 그 사실을 특허청장에게 지체없이 알려야 한다(제9조의4 제4항). ③ 특허청장은 제3항에 따라 지정이 취소된 원본증명기관이 제4항을 위반하여 원본증명업무에 관한 기록을 인계하지 아니하거나 그 기록을 인계할 수 없는 사실을 알리지 아니한 경우에는 6개월 이내의 기간을 정하여 그 시정을 명할 수 있다(제9조의4 제5항).

제9조의5(과징금)

[해설]

1. 제9조의4 제3항에 따라 업무정지를 명하여야 하는 경우

법 제9조의4 제3항에 따라 업무정지를 명하여야 하는 경우여야 한다. 즉, 정당한 이유 없이 원본증명기관으로 지정받은 날부터 6개월 이내에 원본증명업무를 시작하지 아니하거나 6개월 이상 계속하여 원본증명업무를 중단한 경우, 제9조의4 제1항에 따른 시정명령을 정당한 이유 없이 이행하지 아니한 경우, 제9조의4 제2항에 따른 보조금 반환명령을 이행하지 아니한 경우에 해당하여야 한다.

2. 업무정지가 원본증명기관을 이용하는 자에게 심한 불편을 주거나 공익을 해칠 우려가 있는 경우

업무정지를 내리게 되면 원본증명기관을 이용하는 자에게 심한 불편을 주거나 공익을 해칠 우려가 있어야 하는데, 해당 원본증명기관을 이용하지 않으면 다른 원본증명기관 등의 이용에 있어 큰 불편을 초래하게 되거나 중대한 원본증명업무를 수행하지 못하게 되어 공공의 이익을 저해할 우려가 있는 경우 등이다.

3. 1억원 이하의 과징금 부과

특허청장은 업무정지명령을 갈음하여 1억원 이하의 과징금을 부과할
수 있고, 이에 따라 과징금 부과처분을 받은 자가 기한 내에 과징금을
납부하지 아니하는 경우에는 국세 체납처분의 예에 따라 징수한다.

제9조의6(청문)

제9조의6(청문) 특허청장은 제9조의4제3항에 따라 지정을 취소하거나 업무정지를 명하려면 청문을 하여야 한다.

[해설]

① 특허청장은 제9조의4 제3항에 따라 원본증명기관의 지정을 취소하거나 업무정지를 명하려면 청문을 하여야 한다(제9조의6). 즉, 지정취소 뿐만 아니라 업무정지에 대해서도 반드시 청문을 실시하여야 하는데, "청문"이란 행정청이 어떠한 처분을 하기 전에 당사자등의 의견을 직접 듣고 증거를 조사하는 절차를 말한다(행정절차법 제2조 제5호).

② 그리고 "당사자등"이란 행정청의 처분에 대하여 직접 그 상대가 되는 당사자와 행정청이 직권으로 또는 신청에 따라 행정절차에 참여하게 한 이해관계인을 포함하는 개념이다(행정절차법 제2조 제4호).

제9조의7(비밀유지 등)

제9조의7(비밀유지 등)

① 누구든지 원본증명기관에 등록된 전자지문이나 그 밖의 관련 정보를 없애거나 훼손·변경·위조 또는 유출하여서는 아니 된다.

② 원본증명기관의 임직원이거나 임직원이었던 사람은 직무상 알게 된 비밀을 누설하여서는 아니 된다.

[해설]

1. 원본증명기관에 등록된 정보의 보호

① 누구든지 원본증명기관에 등록된 전자지문이나 그 밖의 관련 정보를 없애거나 훼손·변경·위조 또는 유출하여서는 아니 된다(제9조의7 제1항). 즉, 원본증명기관에 등록된 정보의 훼손 등 행위의 금지주체는 원본증명기관의 임직원이거나 임직원이었던 사람에 한정되지 않고 모든 사람에게 적용된다.

② 그리고 보호대상도 전자지문에 한하지 않고 관련 정보 일체이기 때문에, 원본증명기관에 등록된 정보라면 모두 보호대상에 포함된다. 보호행위는 "삭제, 훼손, 변경, 위조 또는 유출"로서 등록된 정보의 유지에 반하는 일체의 행위가 포함될 수 있다.

2. 비밀유지의무

① 원본증명기관의 임직원이거나 임직원이었던 사람은 직무상 알게 된 비밀을 누설하여서는 아니 된다(제9조의7 제2항).

② 원본증명기관에 재직 중인 임직원에 한정되지 않고 「원본증명기관의 임직원이거나 임직원이었던 사람」이 모두 포함되며, 「직무상 알게 된 비밀」에 대해 비밀유지의무를 부담한다. '직무상 알게된 비밀'은 원

본증명기관의 업무 수행을 위하여 실질적으로 비밀로서 보호할 가치가 있는 것이어야 하고, 이에 해당하는지는 해당 사실이 누설됨으로써 원본증명기관의 목적 달성을 저해하거나 그 기능을 위협할 우려가 있는지 여부를 기준으로 판단하여야 한다.

제9조의8(영업비밀 훼손 등의 금지)

제9조의8(영업비밀 훼손 등의 금지) 누구든지 정당한 권한 없이 또는 허용된 권한을 넘어 타인의 영업비밀을 훼손·멸실·변경하여서는 아니 된다.

제10조(영업비밀 침해행위에 대한 금지청구권 등)

제10조(영업비밀 침해행위에 대한 금지청구권 등)

① 영업비밀의 보유자는 영업비밀 침해행위를 하거나 하려는 자에 대하여 그 행위에 의하여 영업상의 이익이 침해되거나 침해될 우려가 있는 경우에는 법원에 그 행위의 금지 또는 예방을 청구할 수 있다.

② 영업비밀 보유자가 제1항에 따른 청구를 할 때에는 침해행위를 조성한 물건의 폐기, 침해행위에 제공된 설비의 제거, 그 밖에 침해행위의 금지 또는 예방을 위하여 필요한 조치를 함께 청구할 수 있다.

[해설]

1. 청구권자

① 침해행위로 영업상의 이익이 침해되거나 침해될 우려가 있는 영업비밀보유자로서, 당해 영업비밀을 최초로 개발한 원시취득자와 역설계에 의한 영업비밀보유자뿐만 아니라, 그 양수인이나 실시권자 등과 같이 정당한 권원에 의하여 영업비밀을 보유·사용하는 자를 포함한다.

② 따라서 부정한 수단에 의하여 영업비밀을 보유한 부정 취득자는 정당한 권원에 의한 취득자가 아니므로 영업비밀보유자에 포함되지 않는다. 그러나 영업비밀보유자가 WTO 회원국의 국민인 외국인이라면 동 조약 제3조 규정에 따라 청구권자가 될 수 있다.

③ 영업비밀보유자에 대하여 우리나라 법원은 「부정경쟁방지법 제10조 제1항」 등에서 말하는 「영업비밀의 보유자」라 함은 그 보유에 관하여 정당한 권원을 가지는 자뿐만 아니라 사실상의 보유자도 포함하는 개념으로 보고 있다.

2. 청구의 상대방

① 영업비밀 침해행위를 하거나 침해행위를 하려는 자로서, 부정취득·사용·공개를 하는 자이다. 따라서 침해행위 당사자, 전·현직 직원, 제3자(전득자 및 전 전득자) 및 법인도 포함된다. 다만, 부정경쟁방지법은 법인의 대표자 또는 개인의 대리인, 사용인 기타의 종업원이 그 법인 또는 개인의 업무에 관하여 영업비밀 침해행위를 한 때에는 행위자 외에 그 법인 또는 개인에 대하여도 형사책임을 부과하고 있으나(제19조), 이 경우에 누구를 상대로 금지청구권을 행사할 수 있는가에 관하여 부정경쟁방지법은 아무런 규정을 두고 있지 않다.

② 통상의 경우와 같이 법인의 대표자가 개인으로서가 아니라 법인의 대표자 자격으로 영업비밀 침해행위를 하였거나, 사용자인 법인이나 개인의 종업원이 사용자의 지시, 묵인 또는 관여 하에 영업비밀 침해행위를 한 경우에는 당해 사용자에 대하여 금지청구를 행사할 수 있다고 보아야 할 것이다.

③ 또한 법인의 대표자나 법인이나 개인의 종업원이 독자적으로 영업비밀 침해행위를 하였다면, 영업비밀침해행위도 일종의 불법행위이므로 대표자의 행위에 대하여는 민법 제35조 제1항의 법인의 책임에 관한 규정을, 종업원의 행위에 대하여는 민법 제756조의 사용자책임에 관한 규정을 유추적용할 수 있을 것이다.

3. 청구권의 요건

① 「영업비밀 침해행위를 하거나 하려는」 경우이어야 한다. 영업비밀에 대한 침해행위가 발생한 경우뿐만 아니라 침해의 우려가 있는 행위도 포함되는데, 침해우려가 있는 행위는 단지 영업비밀 침해의 개연성이 있는 정도만으로는 부족하고 그 개연성이 꽤 높은 경우를 말한다. 즉, 영업비밀이 '침해될 우려가 있는 때'라 함은 타인의 영업비밀을 무단 사용할 사업계획의 수립, 제조설비의 발주·구입, 관련 전문인력의 모집·채

용 등 장래의 이익이 침해받을 확정적 관계 내지 이익침해의 발생가능
성이 상당히 있어야 하며, 단순히 주관적인 우려만으로는 부족하다.

② 영업비밀 침해행위에 의하여 「영업상의 이익이 침해되거나 침해될
우려」가 있어야 한다. 여기에서 「영업」이란 경제주체가 경제상 수지
의 계산 위에서 활동하는 모든 행위를 포함하는 개념으로, 영리성
유무와 관계없이 계속적·반복적으로 시장에 참여하는 행위를 말하
고, 「영업상의 이익」이란 영업비밀 침해행위로부터 보호받을 가치가
있는 모든 이익을 말한다. 이러한 영업상의 이익은 현실로 침해되었
을 필요는 없고 침해될 우려만 있으면 된다.

③ 「우려」란 단순히 침해될 가능성만으로는 부족하고 침해될 것이 확실
히 예상되는 개연성을 의미하므로 주관적 침해 가능성만으로는 부족
하며, 사회 통념상 객관적으로 영업상 이익이 침해될 가능성이 있어
야 하고, 이에 대한 주관적·객관적 입증책임은 청구권자가 부담한다.

④ 영업상 이익의 침해 우려와 관련하여 법원은 '일단 상대방이 부정한
수단으로 영업비밀을 취득한 것이 입증되면 특별한 사정이 없는 한
그 부정취득자에 의하여 영업비밀이 사용되거나 공개되어 영업비밀
보유자의 영업상의 이익이 침해될 우려가 있다고 보아야 할 것'이라
고 한다. 한편, 손해배상청구와 달리 침해자의 고의 및 과실은 금지
및 예방청구권의 요건이 아니다.

4. 청구권의 내용

① 금지 및 예방청구권의 내용은 영업비밀의 부정취득·사용·공개행위
등을 금지시키는 것으로 구체적으로는 특정한 제품의 생산을 일정
기간 중지시키거나, 완성제품의 배포·판매를 금지시키는 것과 침해
행위를 조성한 물건의 폐기 또는 침해행위에 제공된 설비의 제거 등
을 그 내용으로 한다.

② 영업비밀 침해행위에 대한 금지·예방의 기간(영업비밀 보호기간)으

로는 영업비밀 침해가 없었더라면 보유자가 침해자에 대하여 경쟁상
의 우위를 지킬 수 있는 기간(leading period), 침해자의 독자적인
기술개발에 걸리는 기간, 당해 기술의 발전 속도 및 생명주기 등이
될 수 있으며, 그 기간의 경과로 영업비밀은 당연히 비밀성이 소멸
하여 더는 비밀이 아닌 것으로 보아야 한다.

③ 영업비밀 침해에 대한 금지 및 예방청구와 함께 청구할 수 있는 폐
기·제거청구권은 영업비밀 침해행위로 인해 발생한 물적 침해상태
의 제거를 통해 장래의 침해 재발을 막아 금지청구의 실효를 거두기
위해 인정되는 것으로, 단독으로 독립하여 행사할 수 없고, 반드시
금지 또는 예방청구권에 수반되어야 하는 부대(附帶)청구권이다.

5. 침해행위를 조성한 물건과 침해행위에 제공된 설비

① 「침해행위를 조성한 물건」이란 그 물건이 존재하는 한 침해행위를
일으키는 즉, 당해 물건이 없다면 침해행위도 없는 물건(영업비밀이
화체된 도면·사양서·설명서·메모 노트·설계도·고객리스트 등)으
로 침해행위에 의하여 생산한 물건(부정 취득한 영업비밀을 이용하여
생산한 제품)도 포함되며, 「침해행위에 제공된 설비」란 영업비밀을
침해하는데 제공된 도청 장비 또는 부정사용행위에 쓰이는 금형, 제
조기계 및 생산설비 등을 말한다.

② 이와 같은 물건이나 설비에 대하여 폐기·제거를 청구하기 위해서는
그것이 현존하는 사실에 관하여 입증하여야 할 뿐 아니라 상대방이
그 물건·설비에 대하여 소유권 등의 처분권한을 가지고 있음을 입
증하여야 한다.

③ 「그 밖에 필요한 조치」란 장래에 침해행위를 금지 또는 예방하려는
조치로서 이를 보장하기 위한 담보제공 또는 공탁 등을 들 수 있다.

6. 시효

제10조 제1항에 따라 영업비밀 침해행위의 금지 또는 예방을 청구할 수 있는 권리는 영업비밀 침해행위가 계속되는 경우에 영업비밀 보유자가 그 침해행위에 의하여 영업상의 이익이 침해되거나 침해될 우려가 있다는 사실 및 침해행위자를 안 날부터 3년간 행사하지 아니하면 시효(時效)로 소멸한다. 그 침해행위가 시작된 날부터 10년이 지난 때에도 또한 같다(제14조).

[관련판례]

① 영업비밀 침해행위를 금지시키는 목적 및 영업비밀 보호기간을
결정하는 방법 / 영업비밀 보호기간의 범위와 그 종기를 확정하
기 위한 기산점의 설정이 사실심의 전권사항에 속하는지 여부(원
칙적 적극)

영업비밀 침해행위를 금지시키는 목적은 침해행위자가 그러한 침해
행위에 의하여 공정한 경쟁자보다 우월한 위치에서 부당하게 이익을
취하지 못하도록 하고 영업비밀 보유자로 하여금 그러한 침해가 없
었더라면 원래 있었을 위치로 되돌아갈 수 있게 하는 데에 있다. 영
업비밀 침해행위의 금지는 이러한 목적을 달성하기 위하여 영업비밀
보호기간의 범위 내에서 이루어져야 한다. 영업비밀 보호기간은 영업
비밀인 기술정보의 내용과 난이도, 침해행위자나 다른 공정한 경쟁자
가 독자적인 개발이나 역설계와 같은 합법적인 방법으로 영업비밀을
취득할 수 있었는지 여부, 영업비밀 보유자의 기술정보 취득에 걸린
시간, 관련 기술의 발전 속도, 침해행위자의 인적·물적 시설, 종업원
이었던 자의 직업선택의 자유와 영업활동의 자유 등을 종합적으로
고려하여 정해야 한다. 이러한 영업비밀 보호기간에 관한 사실인정을
통하여 정한 영업비밀 보호기간의 범위 및 그 종기를 확정하기 위한
기산점의 설정은 그것이 형평의 원칙에 비추어 현저히 불합리하다고
인정되지 않는 한 사실심의 전권사항에 속한다[대법원 2019. 9. 10.
선고 2017다34981 판결].

② 영업비밀 침해행위 금지의 목적 및 영업비밀 보호기간을 결정하
는 방법

영업비밀 침해행위를 금지시키는 것은 침해행위자가 그러한 침해행
위에 의하여 공정한 경쟁자보다 우월한 위치에서 부당하게 이익을
취하지 못하도록 하고 영업비밀 보유자로 하여금 그러한 침해가 없

었더라면 원래 있었을 위치로 되돌아갈 수 있게 하는 데에 그 목적이 있다. 영업비밀 침해행위의 금지는 이러한 목적을 달성하기 위해 영업비밀 보호기간의 범위 내에서 이루어져야 한다. 영업비밀 보호기간은 영업비밀인 기술정보의 내용과 난이도, 침해행위자나 다른 공정한 경쟁자가 독자적인 개발이나 역설계와 같은 합법적인 방법으로 영업비밀을 취득할 수 있었는지 여부, 영업비밀 보유자의 기술정보 취득에 걸린 시간, 관련 기술의 발전 속도, 침해행위자의 인적·물적 시설, 종업원이었던 자의 직업선택의 자유와 영업활동의 자유 등을 종합적으로 고려하여 정해야 한다[대법원 2019. 3. 14. 자 2018마7100 결정].

③ 영업비밀 침해행위 금지의 목적 및 금지기간을 결정하는 방법

영업비밀 침해행위를 금지시키는 것은 침해행위자가 침해행위에 의하여 공정한 경쟁자보다 유리한 출발 내지 시간절약이라는 우월한 위치에서 부당하게 이익을 취하지 못하도록 하고, 영업비밀 보유자로 하여금 그러한 침해가 없었더라면 원래 있었을 위치로 되돌아갈 수 있게 하는 데에 그 목적이 있으므로 영업비밀 침해행위의 금지는 공정하고 자유로운 경쟁의 보장 및 인적 신뢰관계의 보호 등의 목적을 달성함에 필요한 시간적 범위 내로 제한되어야 하고, 그 범위를 정함에 있어서는 영업비밀인 기술정보의 내용과 난이도, 영업비밀 보유자의 기술정보 취득에 소요된 기간과 비용, 영업비밀의 유지에 기울인 노력과 방법, 침해자들이나 다른 공정한 경쟁자가 독자적인 개발이나 역설계와 같은 합법적인 방법에 의하여 그 기술정보를 취득하는 데 필요한 시간, 침해자가 종업원(퇴직한 경우 포함)인 경우에는 사용자와의 관계에서 그에 종속하여 근무하였던 기간, 담당 업무나 직책, 영업비밀에의 접근 정도, 영업비밀보호에 관한 내규나 약정, 종업원이었던 자의 생계 활동 및 직업선택의 자유와 영업활동의 자유, 지적재산권의 일종으로서 존속기간이 정해져 있는 특허권 등의 보호기간과의 비교, 그 밖에 심문에 나타난 당사자의 인적·물적 시설

등을 고려하여 합리적으로 결정하여야 한다(대법원 1998. 2. 13. 선고 97다24528 판결 등 참조). 그리고 영업비밀 침해금지의무를 부과함에 있어서 영업비밀의 해당 여부 및 영업비밀의 존속기간은 영업비밀을 취급한 근로자가 지득한 영업비밀을 기준으로 평가하여야 하는데, 부정경쟁방지 및 영업비밀보호에 관한 법률(이하 '부정경쟁방지법'이라 한다) 제10조에서 영업비밀 침해행위의 금지 또는 예방을 위한 조치를 취할 수 있다고 규정하고 있으므로 근로자가 회사에서 퇴직하지는 않았지만 전직을 준비하고 있는 등으로 영업비밀을 침해할 우려가 있어서 이를 방지하기 위한 예방적 조치로서 미리 영업비밀 침해금지를 구하는 경우에는 근로자가 그 영업비밀을 취급하던 업무에서 실제로 이탈한 시점을 기준으로 영업비밀 침해금지기간을 산정할 수 있을 것이며, 영업비밀이 존속하는 기간 동안에는 영업비밀의 침해금지를 구할 수 있는 것이므로, 근로자가 퇴직한 이후에 영업비밀 침해금지를 구하는 경우에도 근로자가 영업비밀 취급업무에서 이탈한 시점을 기준으로 영업비밀 침해금지기간을 산정함이 타당하다(대법원 2003. 7. 16.자 2002마4380 결정 등 참조)[대법원 2017. 4. 13. 자 2016마1630 결정].

④ **영업비밀 침해행위의 금지를 구하는 경우, 영업비밀의 특정 정도 및 판단 기준**

영업비밀 침해행위의 금지를 구하는 경우에는 법원의 심리와 상대방의 방어권 행사에 지장이 없도록 그 비밀성을 잃지 않는 한도에서 가능한 한 영업비밀을 구체적으로 특정하여야 하고, 어느 정도로 영업비밀을 특정하여야 하는지는 영업비밀로 주장된 개별 정보의 내용과 성질, 관련 분야에서 공지된 정보의 내용, 영업비밀 침해행위의 구체적 태양과 금지청구의 내용, 영업비밀 보유자와 상대방 사이의 관계 등 여러 사정을 고려하여 판단하여야 한다[대법원 2013. 8. 22. 자 2011마1624 결정].

⑤ 국내 자동차회사인 甲사에 근무하다 퇴사한 후 외국회사의 국내 자회사인 乙사에 입사한 자 등 乙사의 임직원들이 乙사의 승용차 개발과정에서 甲사의 승용차에 관한 도면 및 기술표준 등 기술정보를 취득 또는 사용한 사안에서, 영업비밀에 해당하는 위 기술정보의 보유자인 甲사는 '부정경쟁방지 및 영업비밀에 관한 법률' 제10조 제1항에 따라 乙사에 대하여 그 기술정보의 취득, 사용 및 공개행위의 금지를 구할 피보전권리를 가진다고 한 사례

국내 자동차회사인 甲사에 근무하다 퇴사한 후 외국회사의 국내 자회사인 乙사에 입사한 자 등 乙사의 임직원들이 乙사의 승용차 개발과정에서 甲사의 승용차에 관한 도면 및 기술표준 등 기술정보를 취득 또는 사용한 사안에서, 乙사는 부정한 수단으로 위 기술정보를 취득한 乙사의 직원들로부터 또는 甲사에 대하여 위 기술정보를 누설하지 말아야 할 비밀유지의 의무가 있는 자들로부터 그와 같은 부정한 취득 사실 또는 비밀유지의무 위반 사실을 알거나 중대한 과실로 알지 못하고 그 기술정보를 취득 또는 사용하였거나 그들로부터 이를 취득할 개연성이 매우 높고, 그로 인하여 甲사의 영업상 이익이 침해될 우려가 있으므로, 영업비밀에 해당하는 위 기술정보의 보유자인 甲사는 부정경쟁방지 및 영업비밀에 관한 법률 제10조 제1항에 따라 乙사에 대하여 그 기술정보의 취득, 사용 및 공개행위의 금지를 구할 피보전권리를 가지고, 여러 사정에 비추어 보전의 필요성도 소명된다고 한 사례[서울중앙지법 2010. 7. 1. 자 2010카합172 결정 : 즉시항고].

⑥ 영업비밀 보호기간 및 그 판단 기준

영업비밀이 부정경쟁방지및영업비밀보호에관한법률에 의하여 보호되는 시간적 범위는 침해행위자가 침해행위에 의하여 공정한 경쟁자보다 유리한 출발, 시간절약이라는 부당한 이익을 취하지 못하게 함으로써 공정하고 자유로운 경쟁을 보장하기 위해 필요한 시간적 범위

내로 제한되어야 하고, 그 범위를 정함에 있어서는 영업비밀인 정보의 내용, 영업비밀 보유자의 그 정보취득에 소요된 기간과 비용, 영업비밀의 유지에 기울인 노력과 방법, 침해자들이나 다른 공정한 경쟁자가 독자적인 개발이나 역설계와 같은 합법적인 방법에 의하여 그 기술정보를 취득하는 데 필요한 시간, 침해자가 종업원인 경우에는 사용자와의 관계에서 근무기간, 담당업무나 직책, 영업비밀에의 접근 정도, 영업비밀보호에 관한 내규나 약정, 종업원이었던 자의 생계 활동 및 직업선택의 자유와 영업활동의 자유, 지적재산권의 일종으로서 존속기간이 정해져 있는 특허권 등의 보호기간과의 비교, 기타 변론에 나타난 당사자의 인적·물적 시설 등을 고려하여 합리적으로 결정하여야 한다[인천지법 2004. 11. 19. 선고 2001가합2507 판결: 확정].

⑦ **구체적인 전직금지약정이 없는 경우 부정경쟁방지및영업비밀보호에관한법률 제10조 제1항에 의한 전직금지신청의 가부(적극)**

근로자가 전직한 회사에서 영업비밀과 관련된 업무에 종사하는 것을 금지하지 않고서는 회사의 영업비밀을 보호할 수 없다고 인정되는 경우에는 구체적인 전직금지약정이 없다고 하더라도 부정경쟁방지및영업비밀보호에관한법률 제10조 제1항에 의한 침해행위의 금지 또는 예방 및 이를 위하여 필요한 조치 중의 한 가지로서 그 근로자로 하여금 전직한 회사에서 영업비밀과 관련된 업무에 종사하는 것을 금지하도록 하는 조치를 취할 수 있다[대법원 2003. 7. 16. 자 2002마4380 결정].

⑧ **영업비밀 침해행위 금지의 목적 및 금지기간의 판단 기준**

영업비밀 침해행위를 금지시키는 것은 침해행위자가 침해행위에 의하여 공정한 경쟁자보다 유리한 출발 내지 시간절약이라는 우월한 위치에서 부당하게 이익을 취하지 못하도록 하고, 영업비밀 보유자로 하여금 그러한 침해가 없었더라면 원래 있었을 위치로 되돌아갈 수 있게 하는 데에 그 목적이 있으므로 영업비밀 침해행위의 금지는 공정하고 자유로운 경쟁의 보장 및 인적 신뢰관계의 보호 등의 목적을 달성함에 필요한 시간적 범위 내로 제한되어야 하고, 그 범위를 정함에 있어서는 영업비밀인 기술정보의 내용과 난이도, 영업비밀 보유자의 기술정보 취득에 소요된 기간과 비용, 영업비밀의 유지에 기울인 노력과 방법, 침해자들이나 다른 공정한 경쟁자가 독자적인 개발이나 역설계와 같은 합법적인 방법에 의하여 그 기술정보를 취득하는 데 필요한 시간, 침해자가 종업원(퇴직한 경우 포함)인 경우에는 사용자와의 관계에서 그에 종속하여 근무하였던 기간, 담당 업무나 직책, 영업비밀에의 접근 정도, 영업비밀보호에 관한 내규나 약정, 종업원이었던 자의 생계 활동 및 직업선택의 자유와 영업활동의 자유, 지적재산권의 일종으로서 존속기간이 정해져 있는 특허권 등의 보호기간과의 비교, 기타 변론에 나타난 당사자의 인적·물적 시설 등을 고려하여 합리적으로 결정하여야 한다[대법원 1998. 2. 13. 선고 97다24528 판결].

제11조(영업비밀 침해에 대한 손해배상책임)

> **제11조(영업비밀 침해에 대한 손해배상책임)** 고의 또는 과실에 의한 영업비밀 침해 행위로 영업비밀 보유자의 영업상 이익을 침해하여 손해를 입힌 자는 그 손해를 배상할 책임을 진다.

[해설]

1. 청구권자 및 그 상대방

청구권자는 「고의 또는 과실에 의한 영업비밀 침해행위로 영업상 이익이 침해되어 손해를 입은 자(영업비밀 보유자)」이고, 그 상대방은 「고의 또는 과실로 영업비밀 보유자의 영업상 이익을 침해하여 손해를 입힌 자」이다.

2. 청구권의 요건

① 손해배상청구의 요건으로는 i) 행위자의 고의 또는 과실, ii) 객관적으로 위법한 영업비밀 침해행위의 존재, iii) 침해행위로 인한 영업상 이익의 손해 발생, iv) 행위와 손해 발생과의 상당인과관계의 존재 등이 필요하다.

② 「고의」란 부정경쟁행위라는 것을 알면서 감히 이를 행하는 심리상태를 말하며, 「과실」이란 일정한 결과가 발생한다는 것을 알고 있어야 함에도 부주의로 그것을 알지 못하고 어떤 행위를 하는 심리상태를 말한다.

③ 손해와 관련하여 영업비밀이나 영업상 주요 자산인 자료 등('영업비밀 등')을 부정취득한 자는 취득한 영업비밀 등을 실제 사용하였는지와 관계없이 부정취득 행위 자체만으로 영업비밀 등의 경제적 가치를 손상시킴으로써 영업비밀 등 보유자의 영업상 이익을 침해하여

손해를 입힌다고 볼 것이다.

④ 우리나라 특허법 제130조는 특허권의 침해행위에 대하여 과실이 있는 것으로 추정하지만, 영업비밀 침해행위에 대해서는 과실 추정규정이 없어서 고의·과실에 대한 입증책임은 불법행위 일반론에 따라 손해배상 청구권자가 부담한다. 그러나 실제 영업비밀 침해행위의 존재가 입증된 이상 무과실에 관한 입증의 필요성이 생기는 경우가 많을 것이다.

3. 손해배상의 범위

① 손해배상청구권의 목적은 영업비밀 침해행위에 의해 생긴 손해를 전보(塡補)하는 것으로 그 범위는 영업비밀 침해행위와 상당인과관계가 있는 일체의 손해로서 적극적 손해, 소극적 손해, 정신적 손해를 포함하며, 이에 대한 입증책임은 청구권자가 부담한다. 다만 손해액의 입증이 용이하지 않기 때문에 부정경쟁방지법 제14조의2는 손해액의 추정에 관한 규정을 두어 부정경쟁행위 또는 영업비밀 침해행위로 인한 손해액 산정을 용이하게 하고 있다.

② 한편 법원은 부정경쟁행위로 인한 영업상 이익의 침해에 관한 소송에서 당사자의 신청에 따라 상대방 당사자에 대하여 침해로 인한 손해액을 산정하는데 필요한 자료의 제출을 명할 수 있다. 다만 그 자료의 소지자가 제출을 거절할 정당한 이유가 있으면 그러하지 아니하다(제14조의3).

4. 시효

부정경쟁방지법에는 손해배상청구권의 행사기간(소멸시효)이 규정되어 있지 않다. 따라서 민법 제766조(손해배상청구권의 소멸시효)의 규정에 따라, 영업비밀 침해행위가 있은 사실 및 행위자를 안 날로부터 3년 또는 그 행위가 시작된 날로부터 10년간 이를 행사하지 않으면 시효로 인하여 소멸된다.

① 손해배상책임을 부담한다고 한 사례

甲 주식회사는 반도체 제조장비 전문 생산업체로서 반도체 소자와 기판 사이에 채워진 부도체를 관통하여 통로를 형성하는 레이저 드릴링 기술을 구현한 반도체 장비의 제조 관련 기술정보를 보유한 회사이고, 乙 등은 甲 회사에서 근무하다가 또 다른 반도체 제조장비 전문 생산업체인 丙 주식회사로 이직한 사람들인데, 甲 회사가 乙 등 및 丙 회사를 상대로 乙 등은 이직하면서 甲 회사의 허락 없이 위 기술정보를 복사하여 유출하였고 丙 회사는 이를 사용하여 레이저 드릴링 장비 등 반도체 장비를 제작·판매함으로써 甲 회사의 영업비밀 및 저작권을 침해하였다며 손해배상을 구하는 본안소송을 제기한 다음, 위 손해배상청구권을 피보전권리로 丙 회사의 丁 주식회사에 대한 물품대금채권의 가압류를 신청하여 가압류결정을 받았으나, 본안소송에서 위 가압류 청구금액의 약 1/170에 해당하는 금액만을 손해배상채권액으로 인정하는 판결이 내려져 확정되자, 丙 회사가 甲 회사를 상대로 부당 가압류에 따른 손해배상을 구한 사안이다.

본안소송에서 손해배상액으로 인정된 금액을 초과하여 가압류집행된 부분은 피보전권리가 없음에도 이루어진 것으로 부당한 보전집행에 해당하고, 이 경우 집행채권자인 甲 회사의 고의 또는 과실이 추정되므로, 가압류신청 당시 甲 회사가 자신이 주장하는 채권이 있다고 믿을 만한 상당한 이유가 있었음이 인정되어 위 추정이 번복되지 않는 한 甲 회사는 부당한 가압류집행으로 丙 회사가 입은 손해를 배상할 책임이 있는데, 본안소송의 제1심과 항소심이 모두 丙 회사의 영업비밀 침해행위와 그로 인한 손해배상책임을 인정한 점, 영업비밀 침해행위로 인한 손해는 성질상 구체적인 손해의 액수를 증명하는 것이 사안의 성질상 매우 어렵고, 본안소송의 제1심과 항소심도 부정경쟁방지 및 영업비밀보호에 관한 법률(이하 '부정경쟁방지법'이라 한다) 제14조의2 제5항에 따라 손해액을 산정하였으며, 제1심이 산정한 손해배상액이 甲 회사가 신청한 가압류 청구금액의 약 80%에 이르는 점, 본안소송의 제1심이 항소심과 달리 丙 회사의 丁 회사에 대한 반도체 장비 판매분 중 레이저 드릴링 장비 판매분을 영업비밀 침해행위와 상당인과관계가 있는 부분이라고 본 점, 물건의 일부가 지식재산권의 침해에 관계된 경우에는 침해자가 그 물건을 제작·판매함으로써 얻은 전체 이익에 대한 해당 지식재산권의 침해행위에 관계된 부분의 기여율(기여도)을 산정하여 그에 따라 침해행위에 의한 이익액을 산출하여야 하나, 피해자인 甲 회사에게 기여율을 정확하게 산정하여 가압류신청을 할 것을 기대하기 어려운 면이 존재하는 점 등 甲 회사의 과실 추정을 번복하는 데 유리한 사정들도 있으나, 본안소송에서 확정된 甲 회사의 손해액이 甲 회사와 丙 회사의 주장·증명 활동을 통해 재판에 현출된 증거에 기초하여 산정되었을 뿐만 아니라 부정경쟁방지법 제14조의2 제1항에 따른 산정방법과 유사한 과정을 거쳐 계산한 것으로 보이므로, 부정경쟁방지법 제14조의2 제5항에 따라 상당한 손해액을 인정한 것이 부당한 가압류집행에 대한 甲 회사의 과실을 부정할만한 직접적 근거가 된다고 보기는 어려운 점, 가압류신청 당시 甲 회사가 주장한 손해액과 본안소송에서 확정된 손해액 사이에 현저한 차이가 생긴 이유는 영업비밀 침해와 손해 사이의 인과관계, 침해된 영업비밀의 보호기간, 乙 회사 장비의 제작·판매에 대한 甲 회사 영업비밀의 기여도 등에 대한 판단이 달라졌기 때문인데, 이러한 판단의 차이들은 법적 해석·평가의 차이에서만 기인하는 것이 아니라 대부분 사실관계가 확정된 이후 확정된 사실관계를 토대로 법적 해석·평가가 이루어지는 복합적 특성을 갖고 있는 점, 본안소송의 항소심은 丁 회사가 실시한 기술시연회에서 甲 회사의 수율이 가장 낮게 나왔기 때문에 丙 회사의 영업비밀 침해행위가 없었더라도 甲 회사가 丁 회사에 납품할 수 없었을 것이라고 보아 丙 회사의 丁 회사에 대한 반도체 장비 판매분 중 레이저 드릴링 장비 판매분을 영업비밀 침해행위와 상당인과관계가 없는 부분이라고 판단한 것인 점, 甲 회사는 본안소송을 제기한 지 약 2년이 지난 시점에 영업비밀의 기여율을 적용하지 않은 손해액을 청구금액으로 하여 가압류신청을 하였는데, 본안소송에서 기여율에 관하여 치열한 공방이 있었던 사실 등을 고려하면, 영업비밀 기여율의 감액을 전혀 하지 않은 가압류집행으로 인한 손해를 丙 회사에게 모두 감수하라는 것은 손해의 공평·타당한 부담 및 자기책임의 원칙에 부합하지 않는 점 등의 사정들 및 甲 회사가 가압류신청을 한 금액이 정당한 채권으로 확정된 금액의 약 170배에 달하는 점, 영업비밀 기여율을 전혀 고려하지 않을 경우 기여율이 적용되는 경우에 비해 손해액이 33배 증가되는 점 등의 사정들에 비추어 보면, 가압류신청 당시 甲 회사가 본안소송에서 확정된 손해배상채권액을 넘어 초과 가압류한 부분 상당의 손해배상채권까지 존재한다고 믿을 만한 상당한 이유가 있었다고 평가할 수 없으므로, 甲 회사의 과실 추정은 번복되지 않았다는 이유로 甲 회사가 손해배상책임을 부담한다고 한 사례이다[서울고법 2020. 5. 28. 선고 2018나2068927 판결 : 상고].

② **물건의 일부가 영업비밀 침해에 관계된 경우, 침해자가 물건을 제작·판매함으로써 얻은 전체 이익에 대한 영업비밀의 기여율을 결정하는 방법 / 영업비밀의 기여 부분과 정도에 관한 사실인정이나 비율을 정하는 것이 사실심의 전권사항에 속하는지 여부(원칙적 적극)**

물건의 일부가 영업비밀 침해에 관계된 경우, 침해자가 물건을 제작·판매함으로써 얻은 전체 이익에 대한 영업비밀의 기여율은 전체 물건에서 영업비밀의 침해에 관계된 부분이 필수적 구성인지 여부, 기술적·경제적 가치, 전체 구성 내지 가격에서 차지하는 비율 등을 종합적으로 고려하여 정해야 한다. 한편 영업비밀의 기여 부분 및 정도에 관한 사실인정이나 비율을 정하는 것은 형평의 원칙에 비추어 현저히 불합리하다고 인정되지 아니하는 한 사실심의 전권사항에 속한다[대법원 2019. 9. 10. 선고 2017다34981 판결].

③ 영업비밀 보유자가 거래 상대방에게 영업비밀을 사용하도록 승낙하는 의사표시를 묵시적으로 할 수 있는지 여부(적극) 및 이러한 묵시적 의사표시가 존재하는지 판단하는 방법

[1] 영업비밀 보유자가 거래 상대방에게 영업비밀을 사용하도록 승낙하는 의사표시는 일정한 방식이 요구되지 않고 묵시적 의사표시로도 할 수 있다. 위와 같은 묵시적 의사표시의 존재는 거래 상대방과 체결한 영업비밀 관련 계약의 내용, 영업비밀 보유자가 사용하도록 승낙한 것으로 볼 수 있는 범위, 관련 분야의 거래 실정, 당사자의 태도 등 여러 사정을 종합적으로 고려하여 판단하여야 한다.

[2] 甲 주식회사가 乙 주식회사와 설계기술용역계약을 체결하여 乙 회사가 건설하는 화력발전소에 관한 설계자료를 작성해 주었는데, 乙 회사가 신규 화력발전소를 건설하면서 乙 회사와 설계기술용역계약을 체결한 丙 주식회사에 위 설계자료를 제공하여 사용하도록 하자, 甲 회사가 乙 회사를 상대로 비밀유지의무를 위반하였다며 부정경쟁방지 및 영업비밀보호에 관한 법률 등에 따른 손해배상을 구한 사안에서, 甲 회사와 乙 회사가 체결한 설계기술용역계약의 계약서에 '준공자료는 본 발전소 운전 및 정비에 필수적으로 이용되고, 향후 발전소 건설 시 중요한 참고자료로 이용될 것'이라는 내용이 명시되어 있는 점 등 제반 사정에 비추어 乙 회사가 丙 회사에 신규 화력발전소의 설계 목적 범위에서 위 설계자료를 제공하여 사용하도록 하는 것에 대하여 甲 회사의 묵시적인 승낙이 있었다고 본 원심판단을 정당하다고 한 사례[대법원 2019. 1. 31. 선고 2017다284885 판결].

④ 영업비밀 침해행위로 인하여 乙이 입은 손해를 배상할 책임이 있다고 한 사례

과자류 제조업체 甲을 운영하는 乙이 '외피가 도포된 떡 및 그 제조방법'에 관한 특허발명 등록을 마치고 '초코찰떡파이'라는 제품을 개

발·출시한 후 상당한 시간과 비용을 투입하여 제품 품질을 개선한 '원재료 및 배합비'에 관한 기술을 연구·개발하였는데, 甲 업체의 연구개발부장으로 제품 개발 및 제조공정 전반에 관한 정보를 관리할 수 있는 유일한 직원이었던 丙이 퇴사 후 丁 주식회사에 입사하여 위 기술정보와 동일한 내용의 '떡 생지의 원재료 및 배합비'에 관한 보고서를 제출하여 丁 회사가 '찰떡쿠키'라는 제품을 출시·판매한 사안에서, 乙의 기술정보가 상당한 인적·물적 시설을 투입하여 개발한 것으로 甲 업체의 주력 상품인 찰떡초코파이의 핵심 기술이고, 일반적으로 알려져 있지 아니함은 물론, 乙이 丙을 포함한 전 직원들에게서 영업비밀 준수에 관한 서약서를 받는 등 기술정보를 엄격하게 관리하여 비밀로 유지·관리하여 온 점 등에 비추어, 위 기술정보는 부정경쟁방지 및 영업비밀보호에 관한 법률 제2조 제2호에 정한 영업비밀에 해당하고, 丁 회사가 丙을 통하여 취득한 위 영업비밀을 이용하여 찰떡쿠키의 개발에 성공하거나 또는 개발 성공에 필요한 시간적·인적·물적 비용을 상당 부분 단축·절감하였다고 보이고, 영업비밀과 丁 회사의 기술 사이에 일부 차이점이 존재하더라도, 丁 회사가 위 영업비밀을 자신의 영업활동에 이용하여 기업활동에 직접 또는 간접적으로 사용한 이상, 영업비밀을 침해하였다고 보이므로, 丁 회사는 영업비밀 침해행위로 인하여 乙이 입은 손해를 배상할 책임이 있다고 한 사례(단, 영업비밀의 보호기간을 丙이 甲 업체를 퇴직한 날을 기준으로 3년으로 인정함)[의정부지법 2011. 9. 8. 선고 2009가합7325 판결 : 항소].

⑤ 1991. 12. 31.자 개정 부정경쟁방지법 시행 전에 취득한 영업비밀을 동법 시행 후에 사용하는 행위가 동법에 저촉되는지 여부 (소극) 및 그 행위가 위법행위인 것으로 인정되기 위한 요건

부정경쟁방지법(1991. 12. 31. 법률 제4478호로 개정된 것. 1992. 12. 15. 시행) 부칙 제2항에 의하면 개정 부정경쟁방지법 시행 전에 영업비밀을 취득한 자가 같은 법 시행 후에 이를 사용하는 경우에는

같은 법에 저촉되지 않는 것이 명백하고, 이와 같이 부정경쟁방지법에 저촉되지 아니하는 행위가 신의칙상 영업비밀유지의무 위반이라는 등의 이유로 위법행위가 되기 위하여는 그것이 위법한 행위라고 볼 만한 특별한 사정이 있어야 한다[대법원 1996. 11. 26. 선고 96다31574 판결].

⑥ 부정경쟁방지법의 허위광고죄와 독점규제및공정거래에관한법률상의 허위광고죄와의 관계(법률경합) 및 경제기획원장관의 고발없이 제기된 부정경쟁방지법위반죄의 공소의 효력

부경경쟁방지법이나 독점규제및공정거래법에관한법률은 모두 상품의 허위광고를 금하고 이의 처벌규정을 두고 있으나 부정경쟁방지법 제9조에 의하여 이에 관하여는 독점규제및공정거래에관한법률만이 우선 적용된다고 보아야 하고 또한 독점규제및공정거래에관한법률위반죄는 경제기획원장관의 고발이 있어야 논할 수 있으므로 허위광고행위에 대하여 이러한 고발없이 기소된 부정경쟁방지법위반죄의 공소는 절차가 법률에 위반되어 무효라 할 것이므로 형사소송법 제327조 제1호에 의하여 공소기각하여야 한다[서울형사지법 1987. 12. 29. 선고 86고단5978 판결 : 항소].

제12조(영업비밀 보유자의 신용회복)

> **제12조(영업비밀 보유자의 신용회복)** 법원은 고의 또는 과실에 의한 영업비밀 침해행위로 영업비밀 보유자의 영업상의 신용을 실추시킨 자에게는 영업비밀 보유자의 청구에 의하여 제11조에 따른 손해배상을 갈음하거나 손해배상과 함께 영업상의 신용을 회복하는 데에 필요한 조치를 명할 수 있다.

[해설]

1. 영업비밀 침해로 인한 영업상의 신용실추

「영업비밀 침해로 인한 영업상의 신용실추」의 경우는 기술상의 영업비밀과 경영상의 영업비밀로 크게 2가지로 구분하여 살펴볼 수 있다.

① 기술상의 영업비밀

기술상의 영업비밀 침해에 의하여 영업비밀보유자의 영업상 신용이 실추될 수 있는데, 예를 들면 제조 노하우를 사용하여 만든 상품이 조악품이며, 그 조악품의 생산자가 타사(他社)의 제조 노하우를 사용하여 만든 것처럼 선전하고 있는 경우 또는 조악품의 외관·형상 등이 진정품의 외관·형상 등과 같아서 혼동을 일으키는 경우 등 조악품과 진정품과의 혼동 때문에 영업상의 신용훼손이 일어나는 경우를 생각할 수 있다.

② 경영상의 영업비밀

경영상의 영업비밀 침해에 의하여 영업비밀보유자의 영업상 신용이 실추될 수도 있는데, 예를 들면 타사의 고객명부를 사용하여 저질잡지를 송부하는 행위, 타사의 영업 매뉴얼을 사용하여 통신판매 등 타사의 영업활동과 같은 형태로 조악품을 판매하는 경우 등 타사의 영업활동과 혼동되게 하여 경쟁사의 영업상의 신용을 실추시키는 것도 생각할 수 있다.

2. 청구권자 및 그 상대방

청구권자는 「영업비밀 침해행위로 영업상 신용이 실추된 영업비밀 보유자」이고, 그 상대방은 「영업비밀 침해행위로 영업비밀보유자의 영업상의 신용을 실추시킨 자」이다.

3. 청구권의 요건

신용회복청구권의 요건으로는 i) 행위자의 고의 또는 과실, ii) 객관적으로 위법한 영업비밀 침해행위의 존재, iii) 침해행위로 인한 영업상 신용의 실추, iv) 금전배상 외 별도의 신용회복조치의 필요성, v) 영업비밀 침해행위와 신용실추 사이의 상당인과관계의 존재가 필요하다. 그리고 신용회복청구를 인정할 것인지 여부는 침해행위 당시를 기준으로 판단한다.

4. 청구권의 내용

① 신용회복청구권은 손해배상의 일종이기 때문에 손해배상에 갈음하거나 손해배상과 함께 청구할 수 있고, 침해자의 비용으로 패소 또는 유죄 판결을 받은 사실이 있다는 내용의 해명광고, 판결문 또는 정정문을 게재하는 방법 등이 있다.

② 한편 영업비밀 침해행위로 인하여 영업상의 신용이 실추되었을 경우에는 그 실추된 영업상의 신용을 회복하기 위한 조치로 통상 신문지상을 통한 사죄광고가 관행으로 되어 왔으나, 헌법재판소(89헌마160)는 "민법상 '명예회복에 적당한 처분'에 사죄광고를 포함시키는 것은 인격권 침해"라며 결정하였다.

[관련판례]

① 신용회복의 방법으로 사용된 사죄광고

원고의 상표권을 침해하고 이로 인하여 업무상의 신용이 실추된 원고의 신용회복을 위하여 피고는 원고가 요구하는 조선일보 및 동아일보에 각 1회 제목 2호, 내용 4호 활자의 2단 10㎝의 크기로 별지기재의 내용과 같은 사과광고를 게재함이 상당하다고 인정된다. 따라서 원고의 이사 건 청구는 위 인정 범위 내에서 크기로 별지기재의 내용과 같은 사과광고를 게재함이 상당하다고 인정된다[서울고등법원 1987. 12. 24. 선고 84나4257 판결).

② 사죄광고제도의 위헌결정

신용회복의 방법으로 일반적으로 사죄광고가 사용(서울고법 1987. 12. 24. 84나4257 제14민사부판결 참조)되었으나, 1991년 4월 사죄광고가 위헌이라는 헌법재판소의 판결(89헌마160)에 따라 이러한 광고를 할 수 없게 되었다.

사죄광고제도란 타인의 명예를 훼손하여 비행을 저질렀다고 믿지 않는 자에게 본심에 반하여 깊이 "사과한다." 하면서 죄악을 자인하는 의미의 사죄 의사표시를 강요하는 것이므로, 국가가 재판이라는 권력작용을 통해 자기의 신념에 반하여 자기의 행위가 비행이며 죄가 된다는 윤리적 판단을 형성, 강요하여 외부에 표시하기를 명하는 한편 의사ㆍ감정과 맞지 않는 사과라는 도의적 의사까지 광포 시키는 것이다. 따라서 사죄광고의 강제는 양심도 아닌 것이 양심인 것처럼 표현할 것의 강제로 인간양심의 왜곡ㆍ굴절이고 겉과 속이 다른 이중인격형성의 강요인 것으로서 침묵의 자유의 파생인 양심에 반하는 행위의 강제금지에 저촉되는 것이며 따라서 우리 헌법이 보호하고자 하는 정신적 기본권의 하나인 양심의 자유의 제약(법인의 경우라면 그 대표자에게 양심표명의 강제를 요구하는 결과가 된다)이라고 보지 않을 수 없다.

더구나 사죄광고란 양심의 자유에 반하는 굴욕적인 의사표시를 자기의 이름으로 신문·잡지 등 대중매체에 게재하여 일반 세인에게 널리 광포하는 것이다. 이러한 굴욕적인 내용을 온 세상에 광포하면서도 그것이 소송의 성질상 형식적 형성의 소에 준하는 것임에 비추어 그 구체적 내용이 국가기관에 의하여 결정되는 것이며 그럼에도 불구하고 마치 본인의 자발적 의사형성인 것 같이 되는 것이 사죄광고이며 또 본인의 의사와는 무관한 데도 본인의 이름으로 이를 대외적으로 표명되게 되는 것이 그 제도의 특질이다. 따라서 사죄광고 과정에서는 자연인이든 법인이든 인격의 자유로운 발현을 위해 보호받아야 할 인격권이 무시되고 국가에 의한 인격의 외형적 변형이 초래되어 인격형성에 분열이 필연적으로 수반되게 된다.

이러한 의미에서 사죄광고제도는 헌법에서 보장된 인격의 존엄과 가치 및 그를 바탕으로 하는 인격권에 큰 위해도 된다고 볼 것이다[헌법재판소 1991. 4. 1. 선고 89헌마160 결정].

③ 양심의 자유에 반하지 않는 한 관계 당사자들에게 사실을 통보

피고는 이 사건 판결 확정일부터 3개월 이내에 조선일보·동아일보·매일경제신문의 경제면 광고란에 별지 기재 해명서를 가로 13cm, 세로 18cm 규격으로, 제목을 32급 신명조체 활자, 원고 및 피고의 명칭을 20급 고딕체 활자, 본문을 14급 신명조체 활자로 하여 각 1회씩 게재하라'고 다음과 같은 별지를 붙인다.

[별지 해명서] 표백제를 제조·판매하고 있는 당사가 그동안 사용한 표백제의 용기는 국내에 널리 인식된 원고 회사 옥시의 표백제 '옥시크린(OXYCLEAN)'의 용기와 유사한 것으로서 당사가 위와 같은 용기를 사용하는 것은 '부정경쟁행위'에 해당한다고 하여, 원고 회사가 당사를 상대로 제기한 부정경쟁행위 금지소송에서 1999.

9. 10. 원고 회사가 승소판결을 받은 사실이 있습니다. (피고 회사 대표 이사)[서울지법 1999. 9. 10. 선고 98가합 109742 판결].

제13조(영업비밀 침해 선의자에 관한 특례)

> **제13조(영업비밀 침해 선의자에 관한 특례)**
> ① 거래에 의하여 영업비밀을 정당하게 취득한 자가 그 거래에 의하여 허용된 범위에서 그 영업비밀을 사용하거나 공개하는 행위에 대하여는 제10조부터 제12조까지의 규정을 적용하지 아니한다.
> ② 제1항에서 "영업비밀을 정당하게 취득한 자"란 제2조제3호다목 또는 바목에서 영업비밀을 취득할 당시에 그 영업비밀이 부정하게 공개된 사실 또는 영업비밀의 부정취득행위나 부정공개행위가 개입된 사실을 중대한 과실 없이 알지 못하고 그 영업비밀을 취득한 자를 말한다.

[해설]

1. 보호주체

법 제13조에 의하여 보호받을 수 있는 자는 「거래에 의하여 영업비밀을 정당하게 취득한 자」이다. 「거래」라 함은 매매 기타의 양도계약, 라이센스 계약, 증여계약 등을 모두 포함하며 법률상의 전형적인 거래뿐만 아니라 비전형적인 사실상의 거래 행위를 포함한다.

2. 영업비밀을 정당하게 취득한 자

① 「영업비밀을 정당하게 취득한 자」라 함은 법 제2조 제3호 (다)목 및 (바)목의 규정에서 영업비밀을 취득할 당시에 그 영업비밀이 부정하게 공개된 사실 또는 영업비밀의 부정취득행위나 부정공개행위가 개입된 사실을 중대한 과실없이 알지 못하고 그 영업비밀을 취득한 자를 말한다. 즉, 영업비밀의 취득자가 영업비밀을 취득할 당시에 선의이며 중대한 과실이 없어야 함을 의미한다.

② 「중대한 과실」이란 거래에 있어서 평균적으로 요구되는 통상의 주의 의무를 다하면 쉽게 부정행위의 개입이 판명되는데도 불구하고 그

의무를 현저하게 태만히 함으로써 판명하지 못한 경우 등을 말한다. 예를 들면 신원미상의 브로커로부터 유난히 싼 값으로 가치 있는 정보가 입수된 때에는 일단 의심해 보는 것이 당연하며, 이를 아무런 주의도 조사도 하지 않고 취득하는 것은 중대한 과실로 인정될 수 있을 것이다.

③ 선의 및 무중과실에 대해서는 영업비밀의 보유자가 아닌 선의자의 특례적용을 주장하는 선의 취득자가 입증책임을 진다.

3. 그 거래에 의하여 허용된 범위에서 사용하거나 공개하는 행위

① 선의취득자의 특례는 「거래에 의하여 허용된 범위 내에서 사용 또는 공개하는 경우」에만 인정된다. 즉, 적용범위에 제한을 두고 있는 것인데, 영업비밀을 취득할 당시의 거래인 매매·사용허락·위임 등에 의하여 정하여진 사용·공개의 기간·목적·대상·방법 등에 관한 여러 조건의 범위 안에서만 적용된다.

② 「그 거래」란 거래의 내용에 따라 정당하게 취득한 권리의 범위 내를 뜻하고, 거래 당사자의 구두에 의한 것인지 서면에 의한 것인지는 묻지 않는다. 이러한 허용된 범위를 넘어서, 부당하게 이익을 꾀하거나 영업비밀 보유자에게 손해를 끼칠 의도를 가지고 사용 또는 공개하는 행위는 침해행위로 되어 침해금지청구 등의 대상이 된다.

4. 선의자의 보호

선의자에 대한 특례 규정은 영업비밀 취득 시 그 영업비밀이 부정하게 공개된 사실 또는 영업비밀의 부정취득행위나 부정공개행위가 개입된 사실을 중대한 과실 없이 알지 못하고, 거래에 의하여 영업비밀을 취득한 자가 그 거래에 의하여 허용된 범위 안에서 영업비밀을 사용하거나 공개하는 행위에 대하여는 금지 또는 예방청구권, 손해배상청구권 및 신용회복청구권 등의 규정을 적용하지 아니한다.

제14조(영업비밀 침해행위 금지청구권 등에 관한 시효)

> **제14조(영업비밀 침해행위 금지청구권 등에 관한 시효)** 제10조제1항에 따라 영업비밀 침해행위의 금지 또는 예방을 청구할 수 있는 권리는 영업비밀 침해행위가 계속되는 경우에 영업비밀 보유자가 그 침해행위에 의하여 영업상의 이익이 침해되거나 침해될 우려가 있다는 사실 및 침해행위자를 안 날부터 3년간 행사하지 아니하면 시효(時效)로 소멸한다. 그 침해행위가 시작된 날부터 10년이 지난 때에도 또한 같다.

[해설]

1. 영업상의 이익이 침해되거나 침해될 우려가 있다는 사실 및 침해행위자를 안 날

영업비밀 침해행위에 대한 소멸시효 진행시점은 영업비밀의 성격상 그 판단이 용이하지 않지만, 일반적으로 「영업비밀보유자가 그 침해행위에 의하여 영업상의 이익이 침해되거나 침해될 우려가 있는 사실 및 그 침해행위자를 안 날」이라 함은 영업상의 이익이 침해되거나 침해될 우려가 있는 사실 및 그 침해행위자를 현실적이고도 구체적으로 인식하는 것을 뜻하고, 영업비밀 침해행위의 금지 또는 예방을 청구할 수 있는 권리의 소멸시효가 진행하기 위하여는 일단 침해행위가 개시되어야 하고, 나아가 영업비밀 보유자가 그 침해행위에 의하여 자기의 영업상의 이익이 침해되거나 침해될 우려가 있는 사실 및 침해행위자를 알아야 한다.

2. 소멸시효기간과 제척기간 경과 후의 손해배상청구권 관계

① 영업비밀 침해행위의 금지 또는 예방을 청구할 수 있는 권리는 영업비밀 침해행위가 계속되는 경우에 영업비밀 보유자가 그 침해행위로 영업상의 이익이 침해되거나 침해될 우려가 있는 사실 및 침해행위자를 안 날부터 3년간 이를 행사하지 아니하거나 그 침해행위가 시

작된 날부터 10년을 경과한 때에 소멸한다(법 제14조).

② 따라서 동조에 의하여 제2조 제3호 각 목에 규정하고 있는 영업비밀 침해행위의 금지 또는 예방을 청구할 권리가 소멸한 후에 그 영업비밀침해행위로 인하여 생긴 손해에 대한 배상책임의 유무가 문제될 수 있을 것이다.

③ 이 법에는 배상청구를 할 수 있는 손해발생기간의 제한규정을 두고 있지 않다. 그러므로 금지청구권 등이 소멸시효나 제척기간의 완성으로 소멸된 후에 발생한 손해에 대하여 과연 배상하여야 할 책임이 있는가는 실제 법원의 판결에 따라 좌우될 것으로 본다.

3. 보전의 필요성

① 실무상 영업비밀침해금지가처분의 경우 피보전권리가 인정되면 보전의 필요성은 따로 판단하지 않는 경향이 있다. 영업비밀침해금지기간이 비교적 단기간 부정경쟁방지 및 영업비밀보호에 관한 법률 조문별 해설서으로 설정되기 때문에 가처분이 아닌 본안소송을 통하는 손해배상을 구할 수 있을 뿐 침해금지를 구한다는 것은 거의 불가능에 가깝기 때문이다.

② 다만 침해행위가 있었다고 하더라도 이미 채무자의 행위가 아닌 다른 경로를 통하여 영업비밀이 알려져 이제 더는 금지하는 것이 오히려 경쟁을 부당히 제한하는 결과가 되는 경우 보전의 필요성은 인정될 수 없다.

③ 법 제14조의 영업비밀침해금지 또는 예방청구의 시효가 「침해사실 등을 안 날로부터 1년, 침해행위가 시작된 날로부터 3년」에서 「안 날로부터 3년, 침해행위가 시작된 날로부터 10년」으로 개정된 경위에 비추어 비록 채권자가 침해행위 등을 안 날로부터 상당한 기간이 경과한 시점에서 가처분을 제기하였더라도 이미 영업비밀침해금지기간이 경과하였다고 보이는 경우를 제외하고는 보전의 필요성이 없다

고 단정할 수 없을 것이다.

4. 3년 및 10년의 소멸시효

① 3년의 소멸시효

이 조 전단은 영업비밀 침해행위의 금지 등을 청구할 수 있는 권리의 소멸시효에 관하여 규정하고 있는데, 조문의 문언상 그 법적성격이 소멸시효임은 의문의 여지가 없다. 소멸시효의 소급효, 중단사유 등은 민법 제167조 이하에서 규정하고 있는 소멸시효제도가 그대로 적용된다. 부정경쟁방지법이 민법의 특별법이기 때문에 이 법에서 규정하고 있지 아니한 사항에 대해서는 일반법인 민법의 규정에 따라야 하기 때문이다. 즉, 부정경쟁방지법상의 영업비밀 침해행위는 민법 제750조의 규정에 따른 불법행위의 일종이므로 여기에서 규정하고 있지 아니한 사항은 부정경쟁방지법의 일반법인 민법의 적용을 받아야 한다.

② 10년의 소멸시효

이 조 후단은 민법상 불법행위로 말미암은 손해배상청구권이 그 불법행위를 한 날부터 10년을 경과한 때 시효로 인하여 소멸한다는 민법 제766조 제2항의 규정과 같이 영업비밀 침해행위가 시작된 날부터 10년을 경과한 때에도 권리가 소멸한다고 규정하고 있다. '10년 기간'의 성격에 대해 소멸시효인지 제척기간인지 학설 대립이 있는데, 판례는 소멸시효기간으로 해석하고 있다.

① 부정경쟁방지법 제10조 제1항 소정의 영업비밀 침해행위의 금지 및 예방 청구권의 소멸시효 기산점

부정경쟁방지법 제14조 전단은 "법 제10조 제1항의 규정에 의하여 영업비밀 침해행위의 금지 또는 예방을 청구할 수 있는 권리는 영업비밀 침해행위가 계속되는 경우에 영업비밀 보유자가 그 침해행위에 의하여 영업상의 이익이 침해되거나 침해될 우려가 있는 사실 및 침해행위자를 안 날로부터 1년간 이를 행사하지 아니하면 시효로 인하여 소멸한다."고 규정하고 있는바, 민법 제166조 제2항의 규정에 의하면 부작위를 목적으로 하는 채권의 소멸시효는 위반행위를 한 때로부터 진행한다는 점 및 위 부정경쟁방지법 제14조의 규정 내용 등에 비추어 보면, 부정경쟁방지법 제10조 제1항이 정한 영업비밀 침해행위의 금지 또는 예방을 청구할 수 있는 권리의 경우 그 소멸시효가 진행하기 위하여는 일단 침해행위가 개시되어야 하고, 나아가 영업비밀 보유자가 그 침해행위에 의하여 자기의 영업상의 이익이 침해되거나 또는 침해될 우려가 있는 사실 및 침해행위자를 알아야 할 것이다. 그런데 원심이 설시한 바와 같이 피신청인 회사가 신청인 회사의 영업비밀을 이용하여 신청인 회사가 생산한 스핀 팩 필터와 유사한 필터를 생산·판매하려고 회사를 설립하였다고 하더라도, 그와 같은 사정만으로는 피신청인 회사를 설립한 시점에 바로 침해행위가 개시되었다고 단정할 수 없으므로 피신청인 회사가 설립된 때부터 바로 소멸시효가 진행된 것으로 볼 수는 없다 할 것이다. 그리고 기록에 의하면 피신청인 회사는 1993. 2월경에야 신청인 회사의 거래처에 스핀 팩 필터의 매출을 시작하였고, 신청인 회사는 1993. 12. 17.자로 피신청인 회사에게 침해행위의 중지를 요구하는 경고장을 보낸 것으로 인정되는바, 사정이 이와 같다면 이 사건 신청을 제기할 당시 그 소멸시효가 완성되었다고 단정하기는 어렵다 할 것이다[대법원 1996. 2. 13. 자 95마594 결정].

② 영업비밀 보유자가 그 침해행위를 인식한 시점

부정경쟁방지법 제14조에서 말하는 '영업비밀보유자가 그 침해행위에 의하여 영업상의 이익이 침해되거나 침해될 우려가 있는 사실 및 그 침해행위자를 안 날'이라 함은 영업상의 이익이 침해되거나 침해될 우려가 있는 사실 및 그 침해행위자를 현실적이고도 구체적으로 인식하는 것을 뜻하는 것이므로, 이 사건에 있어서는 원고 회사가 피고 이동섭이 퇴사하면서 이 사건 잉크 등 제조방법이 기재되어 있는 이 사건 노트를 가지고 갔다는 사실을 알게 된 것만으로는 부족하고 적어도 피고 회사의 스카우트 제의를 받고서 피고 이동섭이 이를 가지고 피고 회사에 취업하였다는 점까지를 인식하여야만 할 것인바, 갑 제2호증의 11, 갑 제3호증의 13, 14의 각 일부 기재만으로는 원고 회사가 피고들에 대하여 이 사건 잉크 등 제조방법의 사용금지 등을 구하는 이 사건 소가 제기되었음이 기록상 분명한 1994. 2. 26.로부터 1년 이전에 이미 원고 회사가 피고 이동섭이 피고 회사의 스카우트 제의를 받고서 원고 회사에서 퇴사하여 피고 회사에 취업하면서 이 사건 잉크 등 제조방법이 기재되어 있는 이 사건 노트를 가지고 갔다는 사실을 인식하였다는 점을 인정하기에 부족하고(갑 제21, 24 각호증의 2의 각 기재에 의하면 원고 회사의 직원들이 피고 이동섭에게 환송의 의미에서 금반지를 증정한 사실을 인정할 수 있는바 이러한 점에 비추어 보아도 원고 회사에서는 피고 이동섭이 이 사건 노트를 가지고 피고 회사로 간 사실을 구체적으로 인식하였다고 볼 수는 없다) 달리 이를 인정할 증거가 없다(서울중앙지방법원 남부 1995. 2. 22. 선고 94가합3033 판결, 고법 1997. 7. 15. 선고 97나4380 판결로 항소일부인용)[대법원 1997. 11. 25. 선고 97다36033판결로 상고기각 확정].

Chapter 4.
보 칙

제14조의2(손해액의 추정 등)

제14조의2(손해액의 추정 등)

① 부정경쟁행위, 제3조의2제1항이나 제2항을 위반한 행위 또는 영업비밀 침해행위로 영업상의 이익을 침해당한 자가 제5조 또는 제11조에 따른 손해배상을 청구하는 경우 영업상의 이익을 침해한 자가 그 부정경쟁행위, 제3조의2제1항이나 제2항을 위반한 행위 또는 영업비밀 침해행위(이하 이 항에서 "부정경쟁행위등침해행위"라 한다)를 하게 한 물건을 양도하였을 때에는 다음 각 호에 해당하는 금액의 합계액을 손해액으로 할 수 있다.

   1. 그 물건의 양도수량(영업상의 이익을 침해당한 자가 그 부정경쟁행위등침해행위 외의 사유로 판매할 수 없었던 사정이 있는 경우에는 그 부정경쟁행위등침해행위 외의 사유로 판매할 수 없었던 수량을 뺀 수량) 중 영업상의 이익을 침해당한 자가 생산할 수 있었던 물건의 수량에서 실제 판매한 물건의 수량을 뺀 수량을 넘지 아니하는 수량에 영업상의 이익을 침해당한 자가 그 부정경쟁행위등침해행위가 없었다면 판매할 수 있었던 물건의 단위수량당 이익액을 곱한 금액

   2. 그 물건의 양도수량 중 영업상의 이익을 침해당한 자가 생산할 수 있었던 물건의 수량에서 실제 판매한 물건의 수량을 뺀 수량을 넘는 수량 또는 그 부정경쟁행위등침해행위 외의 사유로 판매할 수 없었던 수량이 있는 경우 이들 수량에 대해서는 영업상의 이익을 침해당한 자가 부정경쟁행위등침해행위가 없었으면 합리적으로 받을 수 있는 금액

② 부정경쟁행위, 제3조의2제1항이나 제2항을 위반한 행위 또는 영업비밀 침해행위로 영업상의 이익을 침해당한 자가 제5조 또는 제11조에 따른 손해배상을 청구하는 경우 영업상의 이익을 침해한 자가 그 침해행위에 의하여 이익을 받은 것이 있으면 그 이익액을 영업상의 이익을 침해당한 자의 손해액으로 추정한다.

③ 부정경쟁행위, 제3조의2제1항이나 제2항을 위반한 행위 또는 영업비밀 침해행위로 영업상의 이익을 침해당한 자는 제5조 또는 제11조에 따른 손해배상을 청구하는 경우 부정경쟁행위 또는 제3조의2제1항이나 제2항을 위반한 행위의 대상이 된 상품 등에 사용된 상표 등 표지의 사용 또는 영업비밀 침해행위의 대상이 된 영업비밀의 사용에 대하여 통상 받을 수 있는 금액에 상당하는 금액을 자기의 손해액으로 하여 손해배상을 청구할 수 있다.

④ 부정경쟁행위, 제3조의2제1항이나 제2항을 위반한 행위 또는 영업비밀 침해행위로 인한 손해액이 제3항에 따른 금액을 초과하면 그 초과액에 대하여도 손

해배상을 청구할 수 있다. 이 경우 그 영업상의 이익을 침해한 자에게 고의 또는 중대한 과실이 없으면 법원은 손해배상 금액을 산정할 때 이를 고려할 수 있다.

⑤ 법원은 부정경쟁행위, 제3조의2제1항이나 제2항을 위반한 행위 또는 영업비밀 침해행위에 관한 소송에서 손해가 발생된 것은 인정되나 그 손해액을 입증하기 위하여 필요한 사실을 입증하는 것이 해당 사실의 성질상 극히 곤란한 경우에는 제1항부터 제4항까지의 규정에도 불구하고 변론 전체의 취지와 증거조사의 결과에 기초하여 상당한 손해액을 인정할 수 있다.

⑥ 법원은 제2조제1호차목의 행위 및 영업비밀 침해행위가 고의적인 것으로 인정되는 경우에는 제5조 또는 제11조에도 불구하고 제1항부터 제5항까지의 규정에 따라 손해로 인정된 금액의 5배를 넘지 아니하는 범위에서 배상액을 정할 수 있다.

⑦ 제6항에 따른 배상액을 판단할 때에는 다음 각 호의 사항을 고려하여야 한다.
  1. 침해행위를 한 자의 우월적 지위 여부
  2. 고의 또는 손해 발생의 우려를 인식한 정도
  3. 침해행위로 인하여 영업비밀 보유자가 입은 피해규모
  4. 침해행위로 인하여 침해한 자가 얻은 경제적 이익
  5. 침해행위의 기간·횟수 등
  6. 침해행위에 따른 벌금
  7. 침해행위를 한 자의 재산상태
  8. 침해행위를 한 자의 피해구제 노력의 정도

[해설]

1. 판매이익에 의한 손해액 산정

침해자가 침해행위를 하게 한 물건을 양도한 경우 이익을 침해당한 자의 생산가능 수량을 한도로 양도한 수량에 침해당한 자의 단위수량당 이익액을 곱하고, 여기에 생산가능 수량을 초과한 수량에 대해 합리적으로 받을 수 있는 금액을 합한 금액을 손해액으로 추정한다.

① 산정방법

부정경쟁행위등 침해행위로 인하여 영업상의 이익을 침해당한 자가 손해배상을 청구하는 경우 침해자가 침해행위를 하게 한 물건을 양도하였을 때에는 ⓐ 그 물건의 양도수량(영업상의 이익을 침해당한 자가 그 부정경쟁행위등침해행위 외의 사유로 판매할 수 없었던 사정이 있는 경우에는 그 부정경쟁행위등 침해행위 외의 사유로 판매할 수 없었던 수량을 뺀 수량) 중 영업상의 이익을 침해당한 자가 생산할 수 있었던 물건의 수량에서 실제 판매한 물건의 수량을 뺀 수량을 넘지 아니하는 수량에 영업상의 이익을 침해당한 자가 그 부정경쟁행위등침해행위가 없었다면 판매할 수 있었던 물건의 단위수량당 이익액을 곱한 금액과 ⓑ 그 물건의 양도수량 중 영업상의 이익을 침해당한 자가 생산할 수 있었던 물건의 수량에서 실제 판매한 물건의 수량을 뺀 수량을 넘는 수량 또는 그 부정경쟁행위등침해행위 외의 사유로 판매할 수 없었던 수량이 있는 경우 이들 수량에 대해서는 영업상의 이익을 침해당한 자가 부정경쟁행위등침해행위가 없었으면 합리적으로 받을 수 있는 금액의 합계액을 손해액으로 할 수 있다.

개정전에는 ⓐ에 대해서만 규정하고 있었는데 침해자의 양도수량이 권리자의 생산능력을 초과하는 경우 침해자가 그 초과수량만큼의 이익을 부당하게 취하게 되어 오히려 침해가 이득이 상황이 발생할 수 있다는 지적에 따라 2020년 6월 「특허법」에서 손해액 산정방식을 위와 같이 개정하였고, 이후 2020년 12월 부정경쟁방지법 개정에서 같은 취지의 내용을 반영한 것이다.

② 채택방법

부정경쟁행위에 대한 손해액의 산정에 있어서 침해자가 판매한 수량에 권리자의 원가계산에 의한 물건당 이익액을 곱한 것을 권리자의 손해액으로 추정함으로써 판매수량만을 확인하면 손해액을 쉽게 산정할 수 있도록 하였다. 즉, 침해를 당한 자가 손해배상청구소송에서 손해액을 산정하기 위해서는 침해자가 가지고 있는 자료가 필요하나 침해자가 관련 자료를 제출하지 아니하면 침해당한 자가 손해액을 산정하기 어려우므로 침해자의 판매수량만을 확인하면 쉽게 손해액을 산정할 수 있도록 하여 침해당한 자의 권익보호를 강화하려는 것으로 더욱 합리적인 손해액 산정기준으로 활용될 수 있을 것으로 평가된다.

또한 2020년 개정을 통해 영업상의 이익을 침해당한 자의 생산가능 수량을 초과한 수량에 대해서도 부정경쟁행위등 침해행위가 없었다면 받을 수 있었던 합리적인 금액을 손해액으로 할 수 있도록 하였는데, 침해행위로 얻은 부당한 이익의 환수라는 취지에서 타당한 입법이라고 할 수 있다.

2. 침해이익에 의한 손해액 산정

① 부정경쟁행위, 제3조의2제1항이나 제2항을 위반한 행위 또는 영업비밀 침해행위로 영업상의 이익을 침해당한 자가 제5조 또는 제11조에 따른 손해배상을 청구하는 경우 영업상의 이익을 침해한 자가 그 침해행위에 의하여 이익을 받은 것이 있으면 그 이익액을 영업상의 이익을 침해당한 자의 손해액으로 추정한다.

② 손해배상청구는 피해자가 입은 손해에 대한 전보를 목적으로 하는

것이어서 가해자가 얻은 이익자체가 대상이 되는 것은 아니다. 하지만 특허법 등 다른 지식재산권법과 마찬가지로 부정경쟁방지법에서는 침해자가 침해행위에 의해 얻은 이익이 있다면 그 이익액을 손해액으로 추정하도록 하여, 침해자의 이익액만 확인되면 손해배상청구가 가능하도록 하고 있다.

3. 사용료상당액에 의한 손해액 산정

① 부정경쟁행위, 제3조의2 제1항이나 제2항을 위반한 행위 또는 영업비밀 침해행위로 영업상의 이익을 침해당한 자는 제5조 또는 제11조에 따른 손해배상을 청구하는 경우 부정경쟁행위 또는 제3조의2제1항이나 제2항을 위반한 행위의 대상이 된 상품 등에 사용된 상표 등 표지의 사용 또는 영업비밀 침해행위의 대상이 된 영업비밀의 사용에 대하여 통상 받을 수 있는 금액에 상당하는 금액을 자기의 손해액으로 하여 손해배상을 청구할 수 있다. 손해액이 그 금액을 초과하면 그 초과액에 대하여도 손해배상을 청구할 수 있고, 이 경우 그 영업상의 이익을 침해한 자에게 고의 또는 중대한 과실이 없으면 법원은 손해배상 금액을 산정할 때 이를 고려할 수 있다.

② 실제 실시료 산정은 계약상 다른 실시료를 참고하거나 관계거래업계의 일반적인 사용료에 의하거나 감정에 의하거나 거래 실제에 비추어 상당하다고 평가되는 액을 산정하는 등 여러 방법이 사용된다. 또한, 실제로 받은 손해의 액이 실시료 상당액을 초과하는 경우에는 그 초과액에 대하여도 손해배상을 청구할 수 있음은 물론이다.

4. 법원의 손해액 인정

① 법원은 부정경쟁행위, 제3조의2 제1항이나 제2항을 위반한 행위 또는 영업비밀 침해행위에 관한 소송에서 손해가 발생된 것은 인정되나 그 손해액을 입증하기 위하여 필요한 사실을 입증하는 것이 해당 사실의 성질상 극히 곤란한 경우에는 제1항부터 제4항까지의 규정에

도 불구하고 변론 전체의 취지와 증거조사의 결과에 기초하여 상당한 손해액을 인정할 수 있다.

② 즉, 부정경쟁행위등 침해행위가 있었고 이로 인해 손해가 발생한 것은 분명하나 앞서 본 추정규정에 의하더라도 그 손해액을 입증하기가 곤란한 경우가 있을 수 있다. 이러한 경우에도 손해배상청구를 배척하지 않고 일정한 손해배상이 가능하도록 법원이 상당한 손해액을 인정할 수 있는 규정을 둔 것이다.

5. 고의 침해에 대한 징벌적 손해액 산정

① 법원은 제2조 제1호 차목의 행위 및 영업비밀 침해행위가 고의적인 것으로 인정되는 경우에는 제5조 또는 제11조에도 불구하고 제1항부터 제5항까지의 규정에 따라 손해로 인정된 금액의 3배를 넘지 아니하는 범위에서 배상액을 정할 수 있다. 이에 따른 배상액을 판단할 때에는 (1) 침해행위를 한 자의 우월적 지위 여부, (2) 고의 또는 손해 발생의 우려를 인식한 정도, (3) 침해행위로 인하여 영업비밀 보유자가 입은 피해규모, (4) 침해행위로 인하여 침해한 자가 얻은 경제적 이익, (5) 침해행위의 기간·횟수 등, (6) 침해행위에 따른 벌금, (7) 침해행위를 한 자의 재산상태, (8) 침해행위를 한 자의 피해구제 노력의 정도를 고려하여야 한다.

② 영업비밀의 중요성이 날로 높아지고 있는 상황을 고려하여 2019년 개정법(2019. 1. 8, 법률 제16204호)에서는 영업비밀의 요건을 완화하면서 고의로 영업비밀을 침해한 경우 손해액의 3배까지 배상액을 정할 수 있는 징벌적 손해배상규정을 도입하였고, 2020년 10월 개정법(2020. 10. 20, 법률 제17529호)에서는 제2조 제1호 차목의 행위를 징벌적 손해배상의 대상에 추가하였다.

[관련판례]

① 손해배상책임을 부담한다고 한 사례

甲 주식회사는 반도체 제조장비 전문 생산업체로서 반도체 소자와 기판 사이에 채워진 부도체를 관통하여 통로를 형성하는 레이저 드릴링 기술을 구현한 반도체 장비의 제조 관련 기술정보를 보유한 회사이고, 乙 등은 甲 회사에서 근무하다가 또 다른 반도체 제조장비 전문 생산업체인 丙 주식회사로 이직한 사람들인데, 甲 회사가 乙 등 및 丙 회사를 상대로 乙 등은 이직하면서 甲 회사의 허락 없이 위 기술정보를 복사하여 유출하였고 丙 회사는 이를 사용하여 레이저 드릴링 장비 등 반도체 장비를 제작·판매함으로써 甲 회사의 영업비밀 및 저작권을 침해하였다며 손해배상을 구하는 본안소송을 제기한 다음, 위 손해배상청구권을 피보전권리로 丙 회사의 丁 주식회사에 대한 물품대금채권의 가압류를 신청하여 가압류결정을 받았으나, 본안소송에서 위 가압류 청구금액의 약 1/170에 해당하는 금액만을 손해배상채권액으로 인정하는 판결이 내려져 확정되자, 丙 회사가 甲 회사를 상대로 부당 가압류에 따른 손해배상을 구한 사안이다.

본안소송에서 손해배상액으로 인정된 금액을 초과하여 가압류집행된 부분은 피보전권리가 없음에도 이루어진 것으로 부당한 보전집행에 해당하고, 이 경우 집행채권자인 甲 회사의 고의 또는 과실이 추정되므로, 가압류신청 당시 甲 회사가 자신이 주장하는 채권이 있다고 믿을 만한 상당한 이유가 있었음이 인정되어 위 추정이 번복되지 않는 한 甲 회사는 부당한 가압류집행으로 丙 회사가 입은 손해를 배상할 책임이 있는데, 본안소송의 제1심과 항소심이 모두 丙 회사의 영업비밀 침해행위와 그로 인한 손해배상책임을 인정한 점, 영업비밀 침해행위로 인한 손해는 성질상 구체적인 손해의 액수를 증명하는 것이 사안의 성질상 매우 어렵고, 본안소송의 제1심과 항소심도 부정경쟁방지 및 영업비밀보호에 관한 법률(이하 '부정경쟁방지법'이라 한다) 제14조의2 제5항에 따라 손해액을 산정하였으며, 제1심이 산정한 손해배상액이 甲 회사가 신청한 가압류 청구금액의 약 80%에 이르는 점, 본안소송의 제1심이 항소심과 달리 丙 회사의 丁 회사에 대한 반도체 장비 판매분 중 레이저 드릴링 장비 판매분을 영업비밀 침해행위와 상당인과관계가 있는 부분이라고 본 점, 물건의 일부가 지식재산권의 침해에 관계된 경우에는 침해자가 그 물건을 제작·판매함으로써 얻은 전체 이익에 대한 해당 지식재산권의 침해행위에 관계된 부분의 기여율(기여도)을 산정하여 그에 따라 침해행위에 의한 이익액을 산출하여야 하나, 피해자인 甲 회사에게 기여율을 정확하게 산정하여 가압류신청을 할 것을 기대하기 어려운 면이 존재하는 점 등 甲 회사의 과실 추정을 번복하는 데 유리한 사정들도 있으나, 본안소송에서 확정된 甲 회사의 손해액이 甲 회사와 丙 회사의 주장·증명 활동을 통해 재판에 현출된 증거에 기초하여 산정되었을 뿐만 아니라 부정경쟁방지법 제14조의2 제1항에 따른 산정방법과 유사한 과정을 거쳐 계산한 것으로 보이므로, 부정경쟁방지법 제14조의2 제5항에 따라 상당한 손해액을 인정한 것이 부당한 가압류집행에 대한 甲 회사의 과실을 부정할만한 직접적 근거가 된다고 보기는 어려운 점, 가압류신청 당시 甲 회사가 주장한 손해액과 본안소송에서 확정된 손해액 사이에 현저한 차이가 생긴 이유는 영업비밀 침해와 손해 사이의 인과관계, 침해된 영업비밀의 보호기간, 乙 회사 장비의 제작·판매에 대한 甲 회사 영업비밀의 기여도 등에 대한 판단이 달라졌기 때문인데, 이러한 판단의 차이들은 법적 해석·평가의 차이에서만 기인하는 것이 아니라 대부분 사실관계가 확정된 이후 확정된 사실관계를 토대로 법적 해석·평가가 이루어지는 복합적 특성을 갖고 있는 점, 본안소송의 항소심은 丁 회사가 실시한 기술시연회에서 甲 회사의 수율이 가장 낮게 나왔기 때문에 丙 회사의 영업비밀 침해행위가 없었더라도 甲 회사가 丁 회사에 납품할 수 없었을 것이라고 보아 丙 회사의 丁 회사에 대한 반도체 장비 판매분 중 레이저 드릴링 장비 판매분을 영업비밀 침해행위와 상당인과관계가 없는 부분이라고 판단한 것인 점, 甲 회사는 본안소송을 제기한 지 약 2년이 지난 시점에 영업비밀의 기여율을 적용하지 않은 손해액을 청구금액으로 하여 가압류신청을 하였는데, 본안소송에서 기여율에 관하여 치열한 공방이 있었던 사실 등을 고려하면, 영업비밀 기여율의 감액을 전혀 하지 않은 가압류집행으로 인한 손해를 丙 회사에게 모두 감수하라는 것은 손해의 공평·타당한 부담 및 자기책임의 원칙에 부합하지 않는 점 등의 사정들 및 甲 회사가 가압류신청을 한 금액이 정당한 채권으로 확정된 금액의 약 170배에 달하는 점, 영업비밀 기여율을 전혀 고려하지 않을 경우 기여율이 적용되는 경우에 비해 손해액이 33배 증가되는 점 등의 사정들에 비추어 보면, 가압류신청 당시 甲 회사가 본안소송에서 확정된 손해배상채권액을 넘어 초과 가압류한 부분 상당의 손해배상채권까지 존재한다고 믿을 만한 상당한 이유가 있었다고 평가할 수 없으므로, 甲 회사의 과실 추정은 번복되지 않았다는 이유로 甲 회사가 손해배상책임을 부담한다고 한 사례이다[서울고법 2020. 5. 28. 선고 2018나2068927 판결 : 상고].

② **물건의 일부가 영업비밀 침해에 관계된 경우, 침해자가 물건을 제작·판매함으로써 얻은 전체 이익에 대한 영업비밀의 기여율을 결정하는 방법 / 영업비밀의 기여 부분과 정도에 관한 사실인정이나 비율을 정하는 것이 사실심의 전권사항에 속하는지 여부(원칙적 적극)**

물건의 일부가 영업비밀 침해에 관계된 경우, 침해자가 물건을 제작·판매함으로써 얻은 전체 이익에 대한 영업비밀의 기여율은 전체 물건에서 영업비밀의 침해에 관계된 부분이 필수적 구성인지 여부, 기술적·경제적 가치, 전체 구성 내지 가격에서 차지하는 비율 등을 종합적으로 고려하여 정해야 한다. 한편 영업비밀의 기여 부분 및 정도에 관한 사실인정이나 비율을 정하는 것은 형평의 원칙에 비추어 현저히 불합리하다고 인정되지 아니하는 한 사실심의 전권사항에 속한다[대법원 2019. 9. 10. 선고 2017다34981 판결].

③ 부정경쟁방지 및 영업비밀보호에 관한 법률 제14조의2 제2항에서 정한 '영업상의 이익을 침해한 자가 그 침해행위에 의하여 받은 이익'의 산정 방법

부정경쟁방지 및 영업비밀보호에 관한 법률 제14조의2 제2항은 영업비밀 침해행위로 인하여 영업상의 이익을 침해당한 자가 침해자를 상대로 손해배상을 청구하는 경우 '영업상의 이익을 침해한 자가 그 침해행위에 의하여 이익을 받은 것이 있는 때에는 그 이익액을 영업상의 이익을 침해당한 자가 받은 손해액으로 추정한다'고 규정하고 있는데, 이때 '영업상의 이익을 침해한 자가 그 침해행위에 의하여 받은 이익'이란 침해자의 영업비밀 침해행위로 인한 매출금액에서 제품의 판매를 위하여 추가로 지출하였을 것으로 보이는 필요한 변동경비 등을 공제한 금액(한계이익)이다[의정부지법 2011. 9. 8. 선고 2009가합7325 판결 : 항소].

④ 구 부정경쟁방지 및 영업비밀보호에 관한 법률 제14조의2 제1항에 따라 손해액을 산정하는 경우, 침해자가 같은 조 제2항이나 제3항에 의해 산정된 손해액으로 감액할 것을 주장하여 다투는 것이 허용되는지 여부(소극)

구 부정경쟁방지 및 영업비밀보호에 관한 법률(2007. 12. 21. 법률 제8767호로 개정되기 전의 것) 제14조의2 제1항은 영업상의 이익을 침해당한 자(이하 '피침해자'라 한다)가 부정경쟁행위 또는 영업비밀 침해행위가 없었다면 판매할 수 있었던 물건의 수량을 영업상의 이익을 침해한 자(이하 '침해자'라 한다)가 부정경쟁행위 또는 영업비밀 침해행위로 양도한 물건의 양도수량에 의해 추정하는 규정으로, 피침해자에 대하여는 자신이 생산할 수 있었던 물건의 수량에서 침해행위가 있었음에도 실제 판매한 물건의 수량을 뺀 수량에 단위수량당 이익액을 곱한 금액을 한도로 하여 부정경쟁행위 또는 영업비밀 침해행위가 없었다면 판매할 수 있었던 물건의 수량 대신에 침해자가

양도한 물건의 양도수량을 입증하여 손해액을 청구할 수 있도록 하는 한편 침해자에 대하여는 피침해자가 부정경쟁행위 또는 영업비밀 침해행위 외의 사유로 판매할 수 없었던 사정이 있는 경우 당해 부정경쟁행위 또는 영업비밀 침해행위 외의 사유로 판매할 수 없었던 수량에 따른 금액을 빼야 한다는 항변을 제출할 수 있도록 한 것이다. 따라서 피침해자가 같은 항에 의하여 손해액을 청구하여 그에 따라 손해액을 산정하는 경우에 침해자로서는 같은 항 단서에 따른 손해액의 감액을 주장할 수 있으나, 같은 항에 의하여 산정된 손해액이 같은 조 제2항이나 제3항에 의하여 산정된 손해액보다 과다하다는 사정을 들어 같은 조 제2항이나 제3항에 의하여 산정된 손해액으로 감액할 것을 주장하여 다투는 것은 허용되지 아니한다[대법원 2009. 8. 20. 선고 2007다12975 판결].

⑤ **부정경쟁행위에도 불구하고 당해 상품표지의 주체 등의 손해 발생이 없는 경우, 침해자가 손해배상책임을 면하는지 여부(적극)**

구 부정경쟁방지 및 영업비밀보호에 관한 법률(2007. 12. 21. 법률 제8767호로 개정되기 전의 것) 제14조의2 제2항은 같은 조 제1항과 마찬가지로 부정경쟁행위에 기한 손해배상청구에 있어서 손해에 관한 피해자의 주장·입증책임을 경감하는 취지의 규정이고, 손해의 발생이 없는 것이 분명한 경우까지 침해자에게 손해배상의무를 인정하는 취지는 아니므로, 부정경쟁행위에도 불구하고 당해 상품표지의 주체 등에게 손해의 발생이 없다는 점이 밝혀지면 침해자는 그 손해배상책임을 면한다[대법원 2008. 11. 13. 선고 2006다22722 판결].

⑥ 영업비밀 침해행위로 인한 손해액을 산정함에 있어 그 손해액의 추정 규정인 부정경쟁방지 및 영업비밀보호에 관한 법률 제14조의2 제1항 내지 제4항의 적용이 곤란함을 이유로 같은 조 제5항에 따라 변론 전체의 취지와 증거조사의 결과에 기초하여 그 손해액을 결정한 사례

① 손해배상책임의 발생

위 인정 사실에 의하면, 피고들은 절취 등의 부정한 수단으로 원고의 영업비밀을 취득하고 그 취득한 영업비밀을 사용함으로써 부정경쟁방지 및 영업비밀보호에 관한 법률(이하 '부정경쟁방지법'이라고만한다) 제2조 제3호 (가)목에서 정한 영업비밀 침해행위를 하였다고할 것이니(뿐만 아니라 피고들은 원고 또는 소외 2 회사에서 근무하면서 원고의 영업비밀을 습득한 핵심인력으로서 계약관계 및 신의성실의 원칙상 원고 또는 소외 2 회사에서 퇴직한 후에도 상당 기간원고의 영업비밀에 대하여 비밀유지의무를 부담한다고 할 것인데, 부정한 이익을 얻기 위하여 또는 원고에게 손해를 가할 목적으로 원고의 영업비밀을 사용하였으므로 부정경쟁방지법 제2조 제3호 (라)목에서 정한 영업비밀 침해행위를 하였다고 볼 수도 있다), 피고들은 부정경쟁방지법 제11조의 규정에 따라, 공동불법행위자로서 각자 원고에게 위와 같은 영업비밀 침해행위로 인하여 원고가 입은 손해를 배상할 책임이 있다.

② 손해배상책임의 범위

(1) 부정경쟁방지법의 관련 규정(제14조의2)

(가) 제1항 … 영업비밀 침해행위로 인하여 영업상의 이익을 침해당한 자가 … 제11조의 규정에 의한 손해배상을 청구하는경우 영업상의 이익을 침해한 자가 … 영업비밀 침해행위를하게 한 물건을 양도한 때에는 그 물건의 양도수량에 영업상의 이익을 침해당한 자가 당해 … 영업비밀 침해행위가없었다면 판매할 수 있었던 물건의 단위수량당 이익액을 곱한 금액을 영업상의 이익을 침해당한 자의 손해액으로 할수 있다.

(나) 제2항 … 영업비밀 침해행위로 인하여 영업상의 이익을 침해당한 자가 … 제11조의 규정에 의한 손해배상을 청구하는

경우 영업상의 이익을 침해한 자가 그 침해행위에 의하여 이익을 받은 것이 있는 때에는 그 이익의 액을 영업상의 이익을 침해당한 자가 받은 손해의 액으로 추정한다.

(다) 제3항 ⋯ 영업비밀 침해행위로 인하여 영업상의 이익을 침해당한 자는 ⋯ 제11조의 규정에 의한 손해배상을 청구하는 경우 ⋯ 영업비밀 침해행위의 대상이 된 영업비밀의 사용에 대하여 통상 받을 수 있는 금액에 상당하는 액을 자기가 받은 손해의 액으로 하여 손해배상을 청구할 수 있다.

(라) 제4항 ⋯ 영업비밀 침해행위로 인하여 받은 손해의 액이 제3항의 규정에 의한 금액을 초과하는 경우에는 그 초과액에 대하여도 손해배상을 청구할 수 있다. 이 경우 그 영업상의 이익을 침해한 자에게 고의 또는 중대한 과실이 없는 때에는 법원은 손해배상의 액을 산정함에 있어서 이를 참작할 수 있다.

(마) 제5항 법원은 ⋯ 영업비밀 침해행위에 관한 소송에 있어서 손해가 발생된 것은 인정되나 그 손해액을 입증하기 위하여 필요한 사실을 입증하는 것이 해당 사실의 성질상 극히 곤란한 경우에는 제1항 내지 제4항의 규정에 불구하고 변론 전체의 취지와 증거조사의 결과에 기초하여 상당한 손해액을 인정할 수 있다.

(2) 판단

위 각 증거들에 의하면, 캐스팅테이프의 국내 시장 매출액은 약 15억 원이고, 그 중 원고의 점유율은 약 75%인 사실, 원고의 2002년 매출액은 4억 3,800여 만 원, 당기 순이익은 1,000여 만 원, 2003년 매출액은 4억 3,300여 만 원, 당기순이익은 1,100여 만 원인 사실, 피고들이 2004. 12. 15.경부터 2005. 2. 28.경까지의 기간 동안 김해시 진영읍 좌곤리에 있는 소외 3 업체 사무실에서 원고의 이 사건 영업비밀을 침해하여 생산한 것으로 밝혀진 니트테이프는 시가 35,680,050원 상당인 사실(피고들은 이로 인한 이익액이 400만 원에서 500만 원 정도에 불과하다고 주장한다), 이에 원고의 대표이사인 소외 1은 피고들이 이 사건 영업비밀을 침해하여 니트테이프를 생산·판매함으로써 원고가 입은 손해는 약 3,000만 원 정도로 추정된다고 수사기관에서 진술한 사실, 원고가 중국 등 해외 바이어들과 10억 원 상당의 니트테이프 및 관련 기계 수출계약을 교섭중이었는데, 피고들의 해외 바이어들에 대한 기계 및 합성수지기술 판매 제의가 있은 후 원고와의 위 계약 체결이 무산된 사실, 소외 2 회사가 생산하는 캐스팅테이프는 폴리에스터 지지체를 이용한 것으로서, 미국의 쓰리엠 회사 등으로부터 기술제휴 및 구매 제의를 받는 등 전세계 캐스팅테이프 시장에서 인정받고 있는 제품인 사실 등을 인정할 수 있으나, 위 인정 사실들만으로는 부정경쟁방지법 제14조의2 제1 내지 3항에서 인정되는 손해액을 산정하기에 부족하고, 달리 피고들이 이 사건 영업비밀 침해행위를 통하여 생산, 판매한 니트테이프 또는 관련 기계의 수량 또는 피고들이 위 니트테이프 및 관련 기계의 생산, 판매로 얻은 이익액을 파악할 수 있는 자료가 없고(피고들이 보유하고 있는 자료로서 원고가 이를 구하기도 곤란하다), 이 사건 영업비밀의 가치 또는 이 사건 영업비밀에 투여된 비용 등의 산정 곤란으로 인하여 원고의 니트테이프 또는 관련 기계의 단위수량당 이익액을 산정하기도 곤란할 뿐만 아니라, 특히 피고들의 영업비밀 침해행위로 인하여 원고는 그 거래처를 상실하거나, 원고가 교섭중이던 계약이 파기되는 등의 잠재적 손해도 입었으므로 그 손해액도 산정하여야 할 것인데 이를 산정하는 것이 수학적으로 극히 곤란할 것으로 보이는 점, 이 사건 영업비밀의 통상 사용료가 책정된 적도 없어 보이는 점 등에 비추어 볼 때, 부정경쟁방지법 제14조의2 제1 내지 3항의 각 적용은 곤란하다 할 것인바, 결국 같은 조 제5항에 따라, 변론 전체의 취지와 증거조사의 결과에 기초하여 상당한 손해액을 인정할 수밖에 없다 할 것인데, 위에서 인정한 바와 같이, 피고들의 영업비밀 침해행위의 태양 및 기간, 원고의 매출액·이익액 및 피고들의 매출액·이익액의 증감 추이, 이 사건 영업비밀의 잠재적 수익성, 원고가 이 사건 영업비밀을 취득하기 위하여 투입한 비용과 노력, 피고들의 위와 같은 침해행위를 조사하고, 이에 대처함에 들인 비용과 노력, 피고들이 원고와의 분쟁 과정에서 보인 행태(특히, 피고 3이 또다시 원고의 동종 경쟁업체로 보이는 화성이라는 사업체의 대표로 활동하고 있는 점) 등을 모두 종합하여 볼 때, 피고들의 이 사건 영업비밀 침해행위로 인하여 원고가 입은 손해액은 80,000,000원 정도라고 봄이 상당하다.

한편, 을6호증의 1, 2, 을8호증의 각 기재에 변론 전체의 취지를 종합하면, 피고 1이 원고를 피공탁자로 하여 이 사건 영업비밀 침해행위로 인한 손해배상금 명목으로, 2005. 3. 11. 1,000만 원(부산지방법원 2005년 금제1688호), 2005. 5. 6. 2,000만 원(부산지방법원 2005년 금제2949호) 총 3,000만 원을 공탁하였고, 원고가 위 공탁금을 실제로 수령한 사실을 인정할 수 있는 바, 그렇다면 피고들은 각자 원고에게 50,000,000원 (80,000,000원 – 30,000,000원) 및 이에 대하여 이 사건 소장 부본 송달 다음날인 피고 1, 피고 3에 대하여는 2005. 10. 25. 부터, 피고 2에 대하여는 2006. 6. 10.부터, 각 피고들이 그 이행의무의 존부 및 범위에 관하여 항쟁함이 상당한 이 판결 선고일인 2007. 1. 24.까지는 민법이 정한 연 5%, 각 그 다음날부터 다 갚는 날까지는 소송촉진 등에 관한 특례법이 정한 연 20%의 각 비율로 계산한 지연손해금을 지급할 의무가 있다[부산지법 2007. 1. 24. 선고 2005가합19920 판결 : 항소].

⑦ 부정경쟁방지및영업비밀보호에관한법률 제14조의2 제2항에 의해 침해자가 받은 이익액을 산정하는 경우, 침해자의 판매액에 청구권자의 순이익률을 곱하는 방식에 의한 손해산정을 허용한 사례

(1) 한편, 위 인정 사실에 의하면 피고는 원고에 대하여 위 부정경쟁 행위로 인하여 발생한 손해를 배상할 의무가 있다.

(2) 나아가 손해배상의 액수에 관하여 살피건대, 부정경쟁방지법 제14조의2 제2항에 의하면, 부정경쟁행위로 인한 손해배상을 청구하는 경우에는 영업상의 이익을 침해한 자가 그 침해행위에 의하여 이익을 받은 것이 있는 때에는 그 이익액을 손해액으로 추정한다고 규정하고 있고, 이 경우 침해자가 받은 이익액은 침해 제품의 총판매액에 그 순이익률을 곱하는 등의 방법으로 산출함이 원칙이지만 침해자의 판매액에 청구권자의 순이익률을 곱하는 방식에 의한 손해산정도 적법하다 할 것인바(대법원 1997. 9. 12. 선고 96다43119 판결), 갑 제19호증의 1 내지 제4호증의 각 기재 및 이 법원의 거창세무서장에 대한 사실조회결과 및 문서송부촉탁 결과에 변론의 전취지를 종합하면, 피고의 2002. 7. 1부터 2002. 12. 31.까지의 매출액이 201,523,355원이고, 원고의 2002. 1. 1.부터 2002. 12. 31.까지의 매출액 대비 영업 이익률은 30.48% 정도인 사실을 인정할 수 있으므로, 위 인정 사실에 의하면 피고가 위의 부정경쟁행위로 인하여 위의 기간 동안 얻는 이익액은 금 61,424,318원(원 미만 버림, 201,523,355원 S30.48%) 정도 된다고 봄이 상당하다.

(3) 그렇다면 피고는 원고에게 부정경쟁행위로 인한 손해배상으로서 위 금 61,424,318원 및 이에 대하여 손해발생일 이후로서 원고 가 구하는 이 사건 소장 부본 송달일 다음날인 2002. 8. 20.부 터 이 판결선고일인 2003. 4. 18.까지는 민법에 정한 연 5%의, 그 다음날부터 다 갚는 날까지는 소송촉진등에관한특례법에 정한 연 25%의 각 비율에 따라 계산한 지연손해금을 지급할 의무가 있다고 할 것이다[수원지법 2003. 4. 18. 선고 2002가합9304 판결 : 항소].

제14조의3(자료의 제출)

제14조의3(자료의 제출) 법원은 부정경쟁행위, 제3조의2제1항이나 제2항을 위반한 행위 또는 영업비밀 침해행위로 인한 영업상 이익의 침해에 관한 소송에서 당사자의 신청에 의하여 상대방 당사자에 대하여 해당 침해행위로 인한 손해액을 산정하는 데에 필요한 자료의 제출을 명할 수 있다. 다만, 그 자료의 소지자가 자료의 제출을 거절할 정당한 이유가 있는 경우에는 그러하지 아니하다.

[해설]

　법원은 부정경쟁행위등으로 인한 영업상의 이익의 침해에 관한 소송에 있어서 당사자의 신청에 의하여 상대방 당사자에 대하여 당해 침해행위로 인한 손해액을 산정하는 데에 필요한 자료의 제출을 명할 수 있다. 이는 상대방에 의하지 않고서는 입증이 어려운 자료의 제출을 해결함은 물론 소송절차의 원활한 진행을 도모하기 위해서이다. 다만, 그 자료의 소지자가 자료의 제출을 거절할만한 정당한 이유가 있는 때에는 예외로 한다.

제14조의4(비밀유지명령)

제14조의4(비밀유지명령)

① 법원은 부정경쟁행위, 제3조의2제1항이나 제2항을 위반한 행위 또는 영업비밀 침해행위로 인한 영업상 이익의 침해에 관한 소송에서 그 당사자가 보유한 영업비밀에 대하여 다음 각 호의 사유를 모두 소명한 경우에는 그 당사자의 신청에 따라 결정으로 다른 당사자(법인인 경우에는 그 대표자), 당사자를 위하여 소송을 대리하는 자, 그 밖에 해당 소송으로 인하여 영업비밀을 알게 된 자에게 그 영업비밀을 해당 소송의 계속적인 수행 외의 목적으로 사용하거나 그 영업비밀에 관계된 이 항에 따른 명령을 받은 자 외의 자에게 공개하지 아니할 것을 명할 수 있다. 다만, 그 신청 시점까지 다른 당사자(법인인 경우에는 그 대표자), 당사자를 위하여 소송을 대리하는 자, 그 밖에 해당 소송으로 인하여 영업비밀을 알게 된 자가 제1호에 규정된 준비서면의 열람이나 증거 조사 외의 방법으로 그 영업비밀을 이미 취득하고 있는 경우에는 그러하지 아니하다.

  1. 이미 제출하였거나 제출하여야 할 준비서면 또는 이미 조사하였거나 조사하여야 할 증거 또는 제14조의7에 따라 송부된 조사기록에 영업비밀이 포함되어 있다는 것

  2. 제1호의 영업비밀이 해당 소송 수행 외의 목적으로 사용되거나 공개되면 당사자의 영업에 지장을 줄 우려가 있어 이를 방지하기 위하여 영업비밀의 사용 또는 공개를 제한할 필요가 있다는 것

② 제1항에 따른 명령(이하 "비밀유지명령"이라 한다)의 신청은 다음 각 호의 사항을 적은 서면으로 하여야 한다.

  1. 비밀유지명령을 받을 자

  2. 비밀유지명령의 대상이 될 영업비밀을 특정하기에 충분한 사실

  3. 제1항 각 호의 사유에 해당하는 사실

③ 법원은 비밀유지명령이 결정된 경우에는 그 결정서를 비밀유지명령을 받은 자에게 송달하여야 한다.

④ 비밀유지명령은 제3항의 결정서가 비밀유지명령을 받은 자에게 송달된 때부터 효력이 발생한다.

⑤ 비밀유지명령의 신청을 기각 또는 각하한 재판에 대하여는 즉시항고를 할 수 있다.

[해설]

1. 부정경쟁행위 또는 영업비밀 침해행위로 인한 영업상 이익의 침해에 관한 소송

① 「부정경쟁행위, 제3조의2 제1항이나 제2항을 위반한 행위 또는 영업비밀침해행위로 인한 영업상 이익의 침해에 관한 소송」에서 법원은 비밀유지명령을 내릴 수 있다.

② 부정경쟁행위등에 대한 조사 대상에 부정경쟁방지법 제2조 제1호 (아)목 및 (파)목이 제외되는 것과 달리 비밀유지명령의 대상이 되는 소송에는 제2조 제1호 각목의 행위유형이 모두 포함되는 것이다.

2. 사유에 대한 소명과 당사자의 신청에 따른 결정

① 비밀유지를 원하는 당사자는 해당 영업비밀에 대하여 (1) 이미 제출하였거나 제출하여야 할 준비서면 또는 이미 조사하였거나 조사하여야 할 증거에 영업비밀이 포함되어 있다는 것, (2) (1)의 영업비밀이 해당 소송 수행 외의 목적으로 사용되거나 공개되면 당사자의 영업에 지장을 줄 우려가 있어 이를 방지하기 위하여 영업비밀의 사용 또는 공개를 제한할 필요가 있다는 것을 소명하여 법원에 비밀유지명령을 신청하여야 하고, 그 신청에 따라 법원이 결정을 한다.

② 제도의 효율적인 운영을 위해 입증의 정도를 "증명"이 아닌 "소명"으로 하고 있다. 그리고 법원의 직권이 아닌 당사자의 신청에 따라 결정한다.

3. 비밀유지명령 및 그 예외

① 비밀유지명령에 대한 요건이 충족된 경우 법원은 다른 당사자(법인인 경우에는 그 대표자), 당사자를 위하여 소송을 대리하는 자, 그 밖에

해당 소송으로 인하여 영업비밀을 알게 된 자에게 그 영업비밀을 해당 소송의 계속적인 수행 외의 목적으로 사용하거나 그 영업비밀에 관계된 이 항에 따른 명령을 받은 자 외의 자에게 공개하지 아니할 것을 명할 수 있다.

② 다만, 그 신청 시점까지 다른 당사자(법인인 경우에는 그 대표자), 당사자를 위하여 소송을 대리하는 자, 그 밖에 해당 소송으로 인하여 영업비밀을 알게 된 자가 (1)에 규정된 준비서면의 열람이나 증거 조사 외의 방법으로 그 영업비밀을 이미 취득하고 있는 경우에는 그러하지 아니하다.

4. 비밀유지명령의 신청 및 효력 등

① 비밀유지명령의 신청은 ⅰ) 비밀유지명령을 받을 자, ⅱ) 비밀유지명령의 대상이 될 영업비밀을 특정하기에 충분한 사실, ⅲ) 제1항 각 호의 사유에 해당하는 사실을 적은 서면으로 하여야 한다.

② 법원은 비밀유지명령이 결정된 경우에는 그 결정서를 비밀유지명령을 받은 자에게 송달하여야 한다. 비밀유지명령은 제3항의 결정서가 비밀유지명령을 받은 자에게 송달된 때부터 효력이 발생한다. 비밀유지명령의 신청을 기각 또는 각하한 재판에 대하여는 즉시항고를 할 수 있다.

[관련판례]

① 영업비밀 침해소송에서 자기의 영업비밀을 다른 당사자 등이 부정하게 취득하여 사용하고 있다고 주장하면서 그 영업비밀에 대하여 한 비밀유지명령 신청을 받아들일 수 있는지 여부(소극)

부정경쟁방지 및 영업비밀보호에 관한 법률(이하 '부정경쟁방지법'이라 한다) 제14조의4 제1항은, 법원은 영업비밀 침해행위로 인한 영업상 이익의 침해에 관한 소송에서 그 당사자가 보유한 영업비밀에 대하여 다른 당사자(법인인 경우에는 그 대표자), 당사자를 위하여 소송을 대리하는 자, 그 밖에 해당 소송으로 인하여 영업비밀을 알게 된 자에게 비밀유지명령을 할 수 있다고 규정하면서, 그 단서에서 "다만, 그 신청 시점까지 다른 당사자(법인인 경우에는 그 대표자), 당사자를 위하여 소송을 대리하는 자, 그 밖에 해당 소송으로 인하여 영업비밀을 알게 된 자가 제1호에 규정된 준비서면의 열람이나 증거 조사 외의 방법으로 그 영업비밀을 이미 취득하고 있는 경우에는 그러하지 아니하다."고 규정하고 있다.

위 규정에 따른 비밀유지명령은 소송절차에서 공개된 영업비밀의 보호를 목적으로 하는 것으로서 소송절차와 관계없이 다른 당사자 등이 이미 취득하고 있는 영업비밀은 위와 같은 목적과는 아무런 관련이 없으므로, 영업비밀 침해소송에서 자기의 영업비밀을 다른 당사자 등이 부정하게 취득하여 사용하고 있다고 주장하면서 그 영업비밀에 대하여 한 비밀유지명령 신청은 받아들일 수 없다고 보아야 한다.

기록에 의하면, 재항고인은 신청외 1이 재항고인의 직원으로 근무하면서 취득한 영업비밀인 작업지시서(Work Instruction) 기재 관련 정보를 주식회사 동진쎄미캠(이하 '동진쎄미캠'이라 한다)에 공개하고, 동진쎄미캠은 이를 취득, 사용함으로써 재항고인의 영업비밀을 침해하였다고 주장하면서, 신청외 1과 동진쎄미캠을 상대로 영업비밀 침해행위의 금지와 조성물 등의 폐기, 손해배상을 청구하는 소송을 제기한 사실, 재항고인은 위 소송에서 작업지시서 발췌본을 갑제34호증으로 제출하면서 '작업지시서(Work Instruction) 발췌본 중 1~5면의 Work Instruction INDEX를 제외한 나머지 문서 전체'에 대하여 이 사건 비밀유지명령을 신청한 사실을 알 수 있다. 위 사실관계를 앞서 본 법리에 비추어 보면, 재항고인은 이 사건 비밀유지명령 신청의 대상인 영업비밀, 즉 작업지시서 기재 관련 정보를 신청외 2와 동진쎄미캠이 취득, 사용하고 있다고 주장하면서 그 영업비밀에 대하여 비밀유지명령을 신청하고 있으므로, 그 신청은 받아들일 수 없다고 보아야 한다.

따라서 원심이 이 사건 비밀유지명령을 배척한 조치는 정당하고, 거기에 재항고이유 주장과 같이 비밀유지명령의 요건 및 절차에 관한 법리를 오해하고 심리를 다하지 아니하거나 신속한 재판을 받을 권리와 재산권 보장의 법리, 결정서의 이유 기재에 관한 법리 등을 위반하여 재판 결과에 영향을 미친 위법이 있다고 볼 수 없다[대법원 2015. 1. 16. 자 2014마1688 결정].

② **민사소송에서의 문서제출의무**

민사소송법 제344조 제1항 제1호는 민사소송에서 문서의 제출의무에 관하여 '당사자가 소송에서 인용한 문서를 가지고 있는 때에 문서를 가지고 있는 사람은 그 제출을 거부하지 못한다.'라고 규정하고 있다. 이 규정의 인용문서에 관하여는 민사소송법 제344조 제1항 제3호나 제2항과 달리 문서제출의무의 예외사유에 대한 아무런 규정이 없는 점, 이러한 인용문서의 경우 당사자가 소송에서 문서를 증거로 인용하거나 자신의 주장을 명백히 하기 위하여 적극적으로 문서의 존재와 내용을 언급하여 자신의 주장의 근거 또는 보조로 삼은 이상, 상대방에게도 그 문서의 내용을 검토·비판할 기회를 보장하고 그 문서를 이용하게 하는 것이 공평의 견지에서 타당하다는 취지에서 문서제출의무가 인정되는 점, 비밀유지이익을 가지는 당사자로서는 소송에서 적극적으로 그 문서의 존재와 내용을 언급하지 아니함으로써 위와 같은 인용문서 제출의 부담을 회피할 수 있는 점, 민사소송법에 의한 문서제출명령 제도와 공공기관의 정보공개에 관한 법률에 의한 정보공개 제도는 그 목적이나 취지, 연혁 등을 달리하고, 법원이 공공기관의 정보공개거부처분을 취소할 경우 취소판결의 기속력에 의하여 공공기관의 정보공개가 사실상 강제되는 것에 반하여(행정소송법 제30조 제2항, 제34조), 국가 등이 당사자로서 문서제출명령에 따르지 아니한 때에는 법원이 소송상 문서의 기재에 대한 상대방의 주장을 진실한 것으로 인정할 수 있는데 그치는 점(민사소송법 제349조) 등 그 효력도 달리하는 점 등에 비추어 보면, 위와 같은 인용문서가 공무원이 그 직무와 관련하여 보관하거나 가지고 있는 문서로서 공공기관의 정보공개에 관한 법률 제9조에 정하고 있는 비공개대상정보에 해당한다고 하더라도, 특별한 사정이 없는 한 그에 관한 문서제출의무를 면할 수 없다고 봄이 상당하다[대법원 2011. 7. 6.자 2010마1659 결정].

제14조의5(비밀유지명령의 취소)

제14조의5(비밀유지명령의 취소)
① 비밀유지명령을 신청한 자 또는 비밀유지명령을 받은 자는 제14조의4제1항에
   따른 요건을 갖추지 못하였거나 갖추지 못하게 된 경우 소송기록을 보관하고
   있는 법원(소송기록을 보관하고 있는 법원이 없는 경우에는 비밀유지명령을 내
   린 법원)에 비밀유지명령의 취소를 신청할 수 있다.
② 법원은 비밀유지명령의 취소 신청에 대한 재판이 있는 경우에는 그 결정서를
   그 신청을 한 자 및 상대방에게 송달하여야 한다.
③ 비밀유지명령의 취소 신청에 대한 재판에 대하여는 즉시항고를 할 수 있다.
④ 비밀유지명령을 취소하는 재판은 확정되어야 그 효력이 발생한다.
⑤ 비밀유지명령을 취소하는 재판을 한 법원은 비밀유지명령의 취소 신청을 한 자
   또는 상대방 외에 해당 영업비밀에 관한 비밀유지명령을 받은 자가 있는 경우
   에는 그 자에게 즉시 비밀유지명령의 취소 재판을 한 사실을 알려야 한다.

[해설]

1. 도입배경

비밀유지명령 위반에 대해서는 형사처벌이 동반되므로 비밀유지명령
의 요건에 흠이 발견되거나 비밀로 유지할 필요가 없어진 때에는 비밀
유지명령의 취소를 신청할 수 있도록 하고 취소에 대한 재판이 확정된
때에 효력이 발생하도록 하여 당사자 등이 비밀유지 부담에서 벗어날
수 있도록 함으로써 건전한 거래질서를 확립하고자 하는 것이다.

2. 주요내용

① 비밀유지명령에 대하여 제14조의4 제1항에 따른 요건을 충족시키지
   못하거나 사후적으로 결여된 경우의 취소 절차를 규정하고 있다. 비
   밀유지명령의 요건을 갖추지 못하였거나 못하게 된 경우 법원에 비
   밀유지명령의 취소 신청이 가능하고, 비밀유지명령의 취소에 대한 재

판이 확정된 때에 비밀유지명령의 **효력**이 소멸하며, 비밀유지명령의 취소 신청에 대한 재판에 대하여는 즉시항고 가능하다.

② 비밀유지명령의 취소 신청에 관한 재판이 있는 경우에 그 결정서를 신청한 자 및 상대방에게 송달해야 할 뿐만 아니라, 비밀유지명령이 여러 명에게 발령된 후 일부의 수신인에 대한 비밀유지명령이 취소된 경우 법원은 그 비밀유지명령을 취소하는 재판이 있었음을 즉시 해당자 이외의 비밀유지명령을 받은 자에게도 알려야 한다.

③ 이는 비밀유지명령을 취소받지 않은 다른 수신인으로서는 비밀유지명령을 받은 자에 대한 공개 행위는 적법하지만, 취소받은 자에 대한 공개 행위는 위법이 되는 동시에 비밀유지명령을 취소받은 자의 공개로 인해 영업비밀이 누설될 우려가 발생하기 때문이다.

제14조의6(소송기록 열람 등의 청구 통지 등)

> **제14조의6(소송기록 열람 등의 청구 통지 등)**
> ① 비밀유지명령이 내려진 소송(모든 비밀유지명령이 취소된 소송은 제외한다)에 관한 소송기록에 대하여 「민사소송법」 제163조제1항의 결정이 있었던 경우, 당사자가 같은 항에서 규정하는 비밀 기재 부분의 열람 등의 청구를 하였으나 그 청구절차를 해당 소송에서 비밀유지명령을 받지 아니한 자가 밟은 경우에는 법원서기관, 법원사무관, 법원주사 또는 법원주사보(이하 이 조에서 "법원사무관등"이라 한다)는 「민사소송법」 제163조제1항의 신청을 한 당사자(그 열람 등의 청구를 한 자는 제외한다. 이하 제3항에서 같다)에게 그 청구 직후에 그 열람 등의 청구가 있었다는 사실을 알려야 한다.
> ② 제1항의 경우에 법원사무관등은 제1항의 청구가 있었던 날부터 2주일이 지날 때까지(그 청구절차를 행한 자에 대한 비밀유지명령신청이 그 기간 내에 행하여진 경우에는 그 신청에 대한 재판이 확정되는 시점까지) 그 청구절차를 행한 자에게 제1항의 비밀 기재 부분의 열람 등을 하게 하여서는 아니 된다.
> ③ 제2항은 제1항의 열람 등의 청구를 한 자에게 제1항의 비밀 기재 부분의 열람 등을 하게 하는 것에 대하여 「민사소송법」 제163조제1항의 신청을 한 당사자 모두의 동의가 있는 경우에는 적용되지 아니한다.

[해설]

1. 도입배경

민사소송법 제163조(비밀보호를 위한 열람 등의 제한) 제1항은 영업비밀 등에 대해 제3자의 열람을 제한하기 위한 규정으로서, 상대방 당사자는 열람이 가능하므로 전문적인 기술이 포함된 영업비밀 등에 대해 종업원 등을 통하여 열람을 신청할 수 있고 이 경우 상대방 당사자의 종업원 등은 사실상 영업비밀에 접근할 수 있으므로, 비밀유지명령을 받지 아니한 상대방 당사자의 종업원 등이 비밀사항이 기재된 소송기록의 열람 등을 청구하였다는 사실을 비밀보유자에게 통지하여 그자에 대해서도 비밀유지명령을 신청할 수 있도록 유예기간을 설정함으로서, 비밀유지명령을 받지 아니한 자의 소송기록 열람 등의 청구에 따른 영업비밀 누출의 위험으로부터 효율적으로 영업비밀을 보호하고자 하는 것이다.

2. 주요 내용

① 소송기록으로부터의 영업비밀의 누설 방지에 관해서는 민사소송법 제163조의 규정에 의한 제3자의 열람 등의 제한이 있는데, 동조에서 당사자에 의한 열람은 가능하다. 이 때문에, 예를 들어 법인이 당사자 등인 경우, 비밀유지명령을 받지 않은 종업원 등이 법인으로부터 위임을 받아 소송기록의 열람 등의 청구 절차를 통해 영업비밀을 사실상 자유롭게 알 수 있게 될 우려가 있다.

② 이에 따라 본 조항은 비밀유지명령이 발령된 소송에 관한 소송기록에 대해서 민사소송법 제163조 제1항의 결정이 있는 경우에 ⓐ 당사자로부터 민사소송법 제163조 제1항의 비밀 기재 부분의 열람 등의 청구를 받고, ⓑ 그 청구절차를 수행한 자가 비밀유지명령을 받은 자가 아닌 경우에 법원 담당공무원은 민사소송법 제163조 제1항의 신청을 한 당사자에게 그 청구 직후에 그 청구가 있었음을 통지해야 한다고 규정하고 있다. 이로써 통지를 받은 당사자는 청구절차를 수행한 자에 대한 비밀유지명령의 신청을 할 수 있게 되며, 비밀유지명령의 발령을 얻는 데 필요한 기간(열람 등의 청구가 있었던 날로부터 2주일, 그 기간 내에 그자에 대한 비밀유지명령의 신청이 있었을 때는 그 신청에 관한 재판 확정까지) 동안은 그 절차를 수행한 자의 열람 등은 제한된다. 단, 영업비밀의 보유자인 신청을 한 당사자 모두의 동의가 있을 때는 이들 규정이 적용되지 않고도 열람할 수 있다.

③ 따라서 본 조항을 통해 비밀유지명령을 받지 아니한 자의 소송기록 열람 등의 청구에 따른 영업비밀 누출의 위험으로부터 효율적으로 영업비밀을 보호할 수 있다.

제14조의7(기록의 송부 등)

제14조의7(기록의 송부 등)

① 법원은 다음 각 호의 어느 하나에 해당하는 소가 제기된 경우로서 필요하다고 인정하는 때에는 특허청장, 시·도지사 또는 시장·군수·구청장에게 제7조에 따른 부정경쟁행위 등의 조사기록(사건관계인, 참고인 또는 감정인에 대한 심문조서 및 속기록 기타 재판상 증거가 되는 일체의 것을 포함한다)의 송부를 요구할 수 있다. 이 경우 조사기록의 송부를 요구받은 특허청장, 시·도지사 또는 시장·군수·구청장은 정당한 이유가 없으면 이에 따라야 한다.

1. 제4조에 따른 부정경쟁행위 등의 금지 또는 예방 청구의 소
2. 제5조에 따른 손해배상 청구의 소

② 특허청장, 시·도지사 또는 시장·군수·구청장은 제1항에 따라 법원에 조사기록을 송부하는 경우 해당 조사기록에 관한 당사자(이하 "조사기록당사자"라 한다)의 성명, 주소, 전화번호(휴대전화 번호를 포함한다), 그 밖에 법원이 제5항에 따른 고지를 하는 데 필요한 정보를 함께 제공하여야 한다.

③ 특허청장, 시·도지사 또는 시장·군수·구청장은 제1항에 따라 법원에 조사기록을 송부하였을 때에는 조사기록당사자에게 법원의 요구에 따라 조사기록을 송부한 사실 및 송부한 조사기록의 목록을 통지하여야 한다.

④ 조사기록당사자 또는 그 대리인은 제1항에 따라 송부된 조사기록에 영업비밀이 포함되어 있는 경우에는 법원에 열람 범위 또는 열람할 수 있는 사람의 지정을 신청할 수 있다. 이 경우 법원은 기록송부 요구의 목적 내에서 열람할 수 있는 범위 또는 열람할 수 있는 사람을 지정할 수 있다.

⑤ 법원은 제4항에 따라 조사기록당사자 또는 그 대리인이 열람 범위 또는 열람할 수 있는 사람의 지정을 신청하기 전에 상대방 당사자 또는 그 대리인으로부터 제1항에 따라 송부된 조사기록에 대한 열람·복사의 신청을 받은 경우에는 특허청장, 시·도지사 또는 시장·군수·구청장이 제2항에 따라 특정한 조사기록당사자에게 상대방 당사자 또는 그 대리인의 열람·복사 신청 사실 및 제4항에 따라 열람 범위 또는 열람할 수 있는 사람의 지정을 신청할 수 있음을 고지하여야 한다. 이 경우 법원은 조사기록당사자가 열람 범위 또는 열람할 수 있는 사람의 지정을 신청할 수 있는 기간을 정할 수 있다.

⑥ 법원은 제5항 후단의 기간에는 제1항에 따라 송부된 조사기록을 다른 사람이 열람·복사하게 하여서는 아니 된다.

⑦ 제5항에 따른 고지를 받은 조사기록당사자가 같은 항 후단의 기간에 제4항에 따른 신청을 하지 아니하는 경우 법원은 제5항 본문에 따른 상대방 당사자 또

는 그 대리인의 열람·복사 신청을 인용할 수 있다.
⑧ 제1항, 제2항 및 제4항부터 제7항까지에 따른 절차, 방법 및 그 밖에 필요한 사항은 대법원규칙으로 정한다.

[해설]

1. 제5조에 따른 손해배상청구의 소

「제5조에 따른 손해배상청구의 소」가 제기된 경우이어야 한다. 즉, 제2조 제1호 각목의 행위 또는 제3조의2 제1항이나 제2항을 위반한 행위에 관한 손해배상청구의 소가 제기된 경우로서, 부정경쟁행위 등의 조사대상이 제2조 제1호(아목과 파목은 제외)의 부정경쟁행위나 제3조, 제3조의2제1항 또는 제2항을 위반한 행위인 점을 고려한 것이다.

2. 조사기록의 송부 요청

① 법원은 필요한 경우 특허청에 대하여 제7조에 따른 부정경쟁행위 등의 조사기록(사건관계인, 참고인 또는 감정인에 대한 심문조서 및 속기록 기타 재판상 증거가 되는 일체의 것을 포함한다)의 송부를 요구할 수 있다. 송부 대상이 되는 조사기록의 범위를 "재판상 증거가 되는 일체의 것"으로 하여 광범위하게 규정하고 있기 때문에, 조사확인서나 처리대장에 한정되지 않고 조사에 관련된 일체의 자료나 수거제품 등이 포함된다.

② 법에는 법원의 송부 요구를 받은 특허청의 조사기록 제공 의무에 대해 규정하고 있지 않지만, 정당한 이유가 없는 한 그와 같은 법원 요구에 따라 기록의 송부의무가 있다고 보아야 할 것이다.

제15조(다른 법률과의 관계)

[해설]

① 부정경쟁방지법 제15조는 상표법 등 다른 법률과의 관계에서 이 법의 규정과 충돌된 다른 법의 규정이 있을 때에는 그 법에 의하도록 규정하고 있다. 즉, ⓐ 「특허법」, 「실용신안법」, 「디자인보호법」, 「상표법」, 「농수산물 품질관리법」, 「저작권법」 또는 「개인정보 보호법」에 제2조부터 제6조까지 및 제18조제3항과 다른 규정이 있으면 그 법에 따른다. ⓑ 「독점규제 및 공정거래에 관한 법률」, 「표시·광고의 공정화에 관한 법률」, 「하도급거래 공정화에 관한 법률」 또는 「형법」 중 국기·국장에 관한 규정에 제2조제1호라목부터 바목까지, 차목부터 파목까지, 제3조부터 제6조까지 및 제18조제3항과 다른 규정이 있으면 그 법에 따른다.

② 이러한 규정의 취지는 상표법 등 다른 법률에 부정경쟁방지법의 위 규정들과 다른 규정이 있는 경우에는 그 법에 따르도록 한 것에 지나지 아니하므로 상표법 등 다른 법률에 따라 보호되는 권리일지라도 그 법에 저촉되지 아니하는 범위 안에서는 부정경쟁방지법을 적용할 수 있다. 이는 구 부정경쟁방지법 제9조(다른 법률과의 관계)의 규정은 그 법률이 시행되기 전의 구 부정경쟁방지법(1986. 12. 31

법률 제3897호로 전문 개정되기 전의 것) 제7조(무체재산권행사행위에 대한 적용의 제외)가 상표법 등에 의하여 권리를 행사하는 행위에 대하여는 부정경쟁방지법의 규정을 적용하지 아니한다고 규정하던 것과는 다른 것이다.

[관련판례]

① 타인의 상품임을 표시한 표지와 동일 또는 유사한 디자인을 사용하여 일반 수요자로 하여금 타인의 상품과 혼동을 일으키게 하여 이익을 얻을 목적으로 형식상 디자인권을 취득하는 경우, 부정경쟁방지 및 영업비밀보호에 관한 법률 제15조 제1항에 따라 같은 법 제2조의 적용이 배제되는지 여부(소극)

부정경쟁방지 및 영업비밀보호에 관한 법률(이하 '부정경쟁방지법'이라 한다) 제15조 제1항은 디자인보호법 등 다른 법률에 부정경쟁방지법 제2조 등과 다른 규정이 있는 경우에는 부정경쟁방지법의 규정을 적용하지 아니하고 다른 법률의 규정을 적용하도록 규정하고 있으나, 디자인보호법상 디자인은 물품의 형상·모양·색채 또는 이들을 결합한 것으로서 시각을 통하여 미감을 일으키게 하는 것이고(디자인보호법 제2조 제1호 참조), 디자인보호법의 입법 목적은 이러한 디자인의 보호 및 이용을 도모함으로써 디자인의 창작을 장려하여 산업발전에 이바지함에 있으므로(

디자인보호법 제1조 참조), 디자인의 등록이 대상물품에 미감을 불러일으키는 자신의 디자인의 보호를 위한 것이 아니고, 국내에서 널리 인식되어 사용되고 있는 타인의 상품임을 표시한 표지와 동일 또는 유사한 디자인을 사용하여 일반 수요자로 하여금 타인의 상품과 혼동을 일으키게 하여 이익을 얻을 목적으로 형식상 디자인권을 취득하는 것이라면, 그 디자인의 등록출원 자체가 부정경쟁행위를 목적으로 하는 것으로서, 설령 권리행사의 외형을 갖추었다 하더라도 이는 디자인보호법을 악용하거나 남용한 것이 되어 디자인보호법에 의한 적법한 권리의 행사라고 인정할 수 없으니, 이러한 경우에는 부정경쟁방지법 제15조 제1항에 따라 같은 법 제2조의 적용이 배제된다고 할 수 없다[대법원 2013. 3. 14. 선고 2010도15512 판결].

② 甲 주식회사가 의정부에서 '오뎅식당'이라는 상호로 부대찌개를 판매하는 음식점으로 널리 알려져 있었는데, 乙이 인근에서 부대찌개 음식점을 운영하면서 '채무자 원조오뎅의 정부부대찌개 오뎅식당(F.H.R)'이라는 상호를 사용하자 甲 회사가 乙을 상대로 상호 사용금지가처분을 구한 사안에서, 甲 회사는 乙에 대하여 부정경쟁방지 및 영업비밀보호에 관한 법률 제2조 제1호 (나)목에 의하여 상호 사용 등을 금지할 권리가 있다고 한 사례

甲 주식회사가 의정부에서 '오뎅식당'이라는 상호로 부대찌개를 판매하는 음식점으로 널리 알려져 있었는데, 乙이 인근에서 부대찌개 음식점을 운영하면서 '채무자 원조오뎅 의정부부대 찌개오뎅식당(F.H.R)'이라는 문구가 기재된 서비스표를 등록하고 이를 상호로 사용하자 甲 회사가 乙을 상대로 상호사용금지가처분을 구한 사안에서, 제반 사정을 종합하여 甲 회사가 사용하는 '오뎅식당'이라는 상호의 영업표지는 부정경쟁방지 및 영업비밀보호에 관한 법률(이하 '부정경쟁방지법'이라 한다)에 의하여 보호되는 영업표지가 되었고, 영문자 및 글자 수 차이 등으로 외관은 유사하지 않으나 乙이 사용하는 상호 등 표지가 '오뎅식당'만으로 간략하게 호칭·관념될 수 있어 甲 회사와 乙의 각 상호의 영업표지는 유사하며, 각 상호의 영업표지가 부대찌개 식당의 영업표지로 사용되는 경우 일반수요자나 거래자에게 영업주체에 관하여 오인·혼동을 일으키게 한다는 이유로, 甲 회사는 乙에 대하여 부정경쟁방지법 제2조 제1호 (나)목에 의하여 상호 사용 등을 금지할 권리가 있고, 乙은 이미 '오뎅식당'이라는 상호가 甲 회사의 상호로 주지성을 갖게 되었음을 알면서도 甲 회사의 상호와 혼동을 일으켜 이익을 얻을 목적에서 서비스표를 등록한 것으로 봄이 타당하므로, 乙이 서비스표 권리자라 할지라도 이는 상표법을 악용하거나 남용한 것이 되어 상표법에 의한 적법한 권리의 행사라고 인정할 수 없다는 이유로, 乙의 서비스표 사용은 부정경쟁방지법의

부정경쟁행위에 해당한다고 한 사례[의정부지법 2013. 1. 29. 자 2012카합408 결정 : 확정].

③ 국내에서 널리 인식되어 사용되고 있는 타인의 상표와 동일 또는 유사한 상표를 사용하여 일반 수요자로 하여금 타인의 상품과 혼동을 일으키게 하여 이익을 얻을 목적으로 상표권을 취득한 경우, 상표법에 의한 적법한 권리의 행사라고 인정할 수 있는지 여부(소극)

상표권의 등록이 자기의 상품을 타인의 상품과 식별시킬 목적으로 한 것이 아니라 국내에서 널리 인식되어 사용되고 있는 타인의 상표와 동일 또는 유사한 상표를 사용하여 일반 수요자로 하여금 타인의 상품과 혼동을 일으키게 하여 이익을 얻을 목적으로 형식상 상표권을 취득하는 것이라면 그 상표의 등록출원 자체가 부정경쟁행위를 목적으로 하는 것으로서, 설령 권리행사의 외형을 갖추었다 하더라도 이는 상표법을 악용하거나 남용한 것이 되어 상표법에 의한 적법한 권리의 행사라고 인정할 수 없다(대법원 1993. 1. 19. 선고 92도 2054 판결, 대법원 2001. 4. 10. 선고 2000다4487 판결 등 참조). 한편, 비록 간단하고 흔히 있는 표장만으로 구성된 상표라 하더라도 그것이 오랫동안 사용됨으로써 거래자나 일반 수요자들에게 어떤 특정인의 상품을 표시하는 것으로 널리 알려져 인식되게 된 경우에는 '부정경쟁방지 및 영업비밀보호에 관한 법률(이하 '부정경쟁방지법'이라 한다)이 보호하는 상품표지에 해당한다(대법원 1999. 4. 23. 선고 97도322 판결, 대법원 2007. 6. 14. 선고 2006도8958 판결 참조)[대법원 2008. 9. 11. 자 2007마1569 결정].

④ 상표권의 등록이 자신의 상품을 타인의 상품과 식별시킬 목적이 아니고 국내에서 널리 인식되어 사용되고 있는 타인의 상표와 동일·유사한 상표를 사용하여 타인의 상품과 혼동을 일으키게 하여 이익을 얻을 목적인 경우, 부정경쟁방지및영업비밀보호에관한법률

제15조의 적용 여부(소극)

부정경쟁방지법 제15조의 규정은 상표법 등에 부정경쟁방지법의 규정과 다른 규정이 있는 경우에는 그 법에 의하도록 한 것에 지나지 아니하고, 비록 상표법상 등록받지 못하는 상표라 하더라도 그것이 오랫동안 사용됨으로써 거래자나 일반 수요자들이 어떤 특정인의 상품을 표시하는 것으로서 널리 인식하게 된 경우에는 부정경쟁방지법이 보호하는 상품표지에 해당될 수 있다(대법원 1999. 4. 23. 선고 97도322 판결 참조). 피해자의 상표는 특정인의 상품을 표시하는 것으로서 국내에 널리 인식되어 부정경쟁방지법이 보호하는 상품표지에 해당하는 이 사건에서, 피해자의 상표가 상표법 제7조 제1항 제3호, 제6호에 해당되는 여부는 이 사건의 결론에 영향을 미친다고 할 수 없으므로, 비록 원심이 이 부분에 관하여 명시적인 판단을 하지 아니하였다 하더라도 이는 판결 결과에 아무런 영향이 없다[대법원 2007. 6. 14. 선고 2006도8958 판결].

⑤ **상표권의 등록이 자신의 상품을 타인의 상품과 식별시킬 목적이 아니고 국내에서 널리 인식되어 사용되고 있는 타인의 상표와 동일·유사한 상표를 사용하여 타인의 상품과 혼동을 일으키게 하여 이익을 얻을 목적인 경우, 구 부정경쟁방지및영업비밀보호에관한 법률 제15조의 적용 여부(소극)**

부정경쟁방지법 제15조는 상표법 등 다른 법률에 부정경쟁방지법과 다른 규정이 있는 경우에는 부정경쟁방지법의 규정을 적용하지 아니하고 다른 법률의 규정을 적용하도록 규정하고 있으나, 상표권의 등록이 자기의 상품을 타인의 상품과 식별시킬 목적으로 한 것이 아니고 국내에서 널리 인식되어 사용되고 있는 타인의 상표와 동일 또는 유사한 상표를 사용하여 일반 수요자로 하여금 타인의 상품과 혼동을 일으키게 하여 이익을 얻을 목적으로 형식상 상표권을 취득하는 것이라면 그 상표의 등록출원 자체가 부정경쟁행위를 목적으로 하는 것으로서, 가사 권리행사의 외형을 갖추었다 하더라도 이는 상표법을 악용하거나 남용한 것이 되어 상표법에 의한 적법한 권리의 행사라고 인정할 수 없으므로 이러한 경우에는 부정경쟁방지법 제15조의 적용이 배제된다고 할 것인바(대법원 2001. 4. 10. 선고 2000다4487 판결 등 참조), 피고가 1998. 7. 3. ""와 같은 표장으로 상표등록의 출원을 할 당시 표장 또는 이를 포함한 이 사건 카스용기의 전면에 있는 문자, 도형, 색채 등이 일체로 결합한 구성은 국내에 널리 알려진 상품표지에 해당하는 점, 피고는 그와 같은 표장으로 상표등록을 받아 ""와 같은 형태로 이 사건 캡스용기에 사용하여 온 점 등을 고려하면 피고의 상표등록 출원은 널리 알려진 표장 또는 이 사건 카스용기의 이미지와 고객흡인력에 무상으로 편승하여 자신의 상품판매를 촉진할 의도에서 행하여진 것으로 보이므로, 피고가 사용하는 상표가 등록상표라고 하더라도 그 사용은 상표권의 남용에 해당하여 상표권자로서 보호받을 수 없다고 할 것인바, 이와 달리 이 사건 캡스용기에서의 Cap′s 상표의 사용이 상표권에 기한 정당한 사용임을 전제로 하는 원심의 위 판단은 위법하므로 이 점에 관한 상고이유에서의 주장도 이유 있다(더구나 피고가 이 사건 캡스용기에 이 사건 음료를 담아 판매한 시기는 1999. 6. 초순경부터이고 위 "" 상표의 등록일은 2000. 8. 5.이므로, 피고가 그 상표를 등록받은 점은 그 상표등록일 이전까지의 피고의 위 행위가 부정경쟁행위에 해당하는지 여부의 판단에 영향을 미치지 아니한다)[대법원 2004. 11. 11. 선고 2002다18152 판결].

⑥ 상표권의 등록이 자신의 상품을 타인의 상품과 식별시킬 목적이 아니고 국내에서 널리 인식되어 사용되고 있는 타인의 상표와 동일·유사한 상표를 사용하여 타인의 상품과 혼동을 일으키게 하여 이익을 얻을 목적인 경우, 부정경쟁방지및영업비밀보호에관한법률 제15조의 적용 여부(소극)

부정경쟁방지법 제15조는 상표법 등 다른 법률에 부정경쟁방지법과 다른 규정이 있는 경우에는 부정경쟁방지법의 규정을 적용하지 아니하고 다른 법률의 규정을 적용하도록 규정하고 있으나, 상표권의 등록이 자기의 상품을 타인의 상품과 식별시킬 목적으로 한 것이 아니고 국내에서 널리 인식되어 사용되고 있는 타인의 상표와 동일 또는 유사한 상표를 사용하여 일반 수요자로 하여금 타인의 상품과 혼동을 일으키게 하여 이익을 얻을 목적으로 형식상 상표권을 취득하는 것이라면 그 상표의 등록출원 자체가 부정경쟁행위를 목적으로 하는 것으로서, 가사 권리행사의 외형을 갖추었다 하더라도 이는 상표법을 악용하거나 남용한 것이 되어 상표법에 의한 적법한 권리의 행사라고 인정할 수 없으므로 이러한 경우에는 부정경쟁방지법 제15조의 적용이 배제된다고 할 것이다[대법원 2001. 4. 10. 선고 2000다 4487 판결].

⑦ 상표권의 등록이 자신의 상품을 타인의 상품과 식별시킬 목적이 아니고 국내에서 널리 인식되어 사용되고 있는 타인의 상표와 동일·유사한 상표를 사용하여 타인의 상품과 혼동을 일으키게 하여 이익을 얻을 목적인 경우, 구 부정경쟁방지법 제15조의 적용 여부(소극)

구 부정경쟁방지법(1998. 12. 31. 법률 제5621호 부정경쟁방지및영업비밀보호에관한법률로 개정되기 전의 것) 제15조는 상표법 등 다른 법률에 부정경쟁방지법과 다른 규정이 있는 경우에는 부정경쟁방지법의 규정을 적용하지 아니하고 다른 법률의 규정을 적용하도록 규정하고 있으나, 상표권의 등록이 자기의 상품을 타인의 상품과 식별시킬 목적으로 한 것이 아니고 국내에서 널리 인식되어 사용되고 있는 타인의 상표와 동일·유사한 상표를 사용하여 일반 수요자로 하여금 타인의 상품과 혼동을 일으키게 하여 이익을 얻을 목적으로 형식상 상표권을 취득하는 것이라면 그 상표의 등록출원 자체가 부정경쟁행위를 목적으로 하는 것으로서, 가사 권리행사의 외형을 갖추었다 하더라도 이는 상표법을 악용하거나 남용한 것이 되어 상표법에 의한 적법한 권리의 행사라고 인정할 수 없으므로 이러한 경우에는 구 부정경쟁방지법 제15조의 적용이 배제된다[대법원 2000. 5. 12. 선고 98다49142 판결].

⑧ 상표법 등 다른 법률에 의하여 보호되는 권리에 대하여도 구 부정경쟁방지법을 적용할 수 있는지 여부(적극)

구 부정경쟁방지법 제15조의 규정은 상표법 등에 구 부정경쟁방지법의 규정과 다른 규정이 있는 경우에는 그 법에 의하도록 한 것에 지나지 아니하므로, 상표법 등 다른 법률에 의하여 보호되는 권리일지라도 그 법에 저촉되지 아니하는 범위 안에서는 구 부정경쟁방지법을 적용할 수 있다[대법원 1999. 4. 23. 선고 97도322 판결].

⑨ 상표법 등 다른 법률에 의하여 보호되는 권리에 대하여도 부정경쟁방지법을 적용할 수 있는지 여부(적극)

부정경쟁방지법 제15조는 상표법 등에 부정경쟁방지법 제2조 내지 제6조, 제10조 내지 제14조 및 제18조 제1항의 규정과 다른 규정이 있는 경우에는 그 법에 의한다고 규정하고 있는바, 그 규정의 취지는 상표법 등에 부정경쟁방지법의 위 규정들과 다른 규정이 있는 경우에는 그 법에 의하도록 한 것에 지나지 아니하므로, 상표법 등 다른 법률에 의하여 보호되는 권리일지라도 그 법에 저촉되지 아니하는 범위 안에서는 부정경쟁방지법을 적용할 수 있다[대법원 1996. 5. 13. 자 96마217 결정].

제16조(신고포상금 지급)

> **제16조(신고포상금 지급)**
> ① 특허청장은 제2조제1호가목에 따른 부정경쟁행위(「상표법」 제2조제1항제10호에 따른 등록상표에 관한 것으로 한정한다)를 한 자를 신고한 자에게 예산의 범위에서 신고포상금을 지급할 수 있다.
> ② 제1항에 따른 신고포상금 지급의 기준·방법 및 절차에 필요한 사항은 대통령령으로 정한다.

[해설]

① 위조상품의 유통을 효과적으로 단속하기 위해서는 수요자나 일반 제3자의 적극적인 신고가 중요하다. 그리고 이러한 신고의 활성화를 위해서는 신고한 자에 대한 포상금지급이 유용한 수단이 될 수 있는데, 이에 부정경쟁방지법에서는 위조상품의 유통을 효과적으로 단속하고 그 불법성과 폐해에 대한 국민의 인식을 제고하기 위하여 2013년 개정법(2013. 7. 30, 법률 제11963호)에서 위조상품 신고포상금 지급 규정을 신설하였다.

② 신고포상금 지급 대상은 제2조 제1호 가목에 따른 부정경쟁행위 중 「상표법」 제2조 제1항 제10호에 따른 등록상표에 관한 것으로 한정되며, 이러한 위반행위를 한 자를 신고한 자에게 특허청장은 예산의 범위에서 신고포상금을 지급할 수 있다.

③ 특허청장은 신고포상금 지급액을 결정하는 경우 해당 신고가 수사기관의 수사의 근거가 되었는지 여부, 법 제2조 제1호 가목에 따른 부정경쟁행위를 한 자가 취한 이익 및 그로 인한 피해 정도, 해당 신고 관련 위반행위에 관한 수사기관의 처리결과를 고려할 수 있으며, 신고포상금은 한 사람이 1년간 1천만원을 넘을 수 없다(시행령 제3조의8).

제17조(업무의 위탁 등)

제17조(업무의 위탁 등)

① 삭제 〈2011. 6. 30.〉

② 특허청장은 제2조의5에 따른 연구·교육·홍보 등 기반구축 및 정보관리시스템의 구축·운영에 관한 업무를 대통령령으로 정하는 산업재산권 보호 또는 부정경쟁방지 업무와 관련된 법인이나 단체(이하 이 조에서 "전문단체"라 한다)에 위탁할 수 있다.

③ 특허청장, 시·도지사 또는 시장·군수·구청장은 제7조나 제8조에 따른 업무를 수행하기 위하여 필요한 경우에 전문단체의 지원을 받을 수 있다.

④ 제3항에 따른 지원업무에 종사하는 자에 관하여는 제7조제5항을 준용한다.

⑤ 특허청장은 예산의 범위에서 제2항에 따른 위탁업무 및 제3항에 따른 지원업무에 사용되는 비용의 전부 또는 일부를 지원할 수 있다.

제17조의2 삭제 〈2023. 3. 28.〉

제17조의3(벌칙 적용에서의 공무원 의제)

> **제17조의3(벌칙 적용에서의 공무원 의제)** 제17조제3항에 따른 지원업무에 종사하는 자는 「형법」 제127조 및 제129조부터 제132조까지의 규정에 따른 벌칙의 적용에서는 공무원으로 본다.

[해설]

① 지식기반경제의 대두와 함께 국가경쟁력 확보 및 국가이미지 제고를 위한 지식재산권 보호의 중요성은 증가하고 있다. 현행법에서는 위조상품의 유통 등 부정경쟁행위자에 대한 형사적 책임과 함께 행정기관의 조사 및 시정권고 등 단속규정을 두고 있고, 특허청은 단속공무원에 대한 교육, 홍보 및 위조상품 신고포상금제 운용 등의 사업을 시행하고 있다. 최근 위조상품 단속(특허청·지자체 합동 정기단속 및 특허청과 검·경 합동 특별단속)현황을 보면 단속강화에 따라 적발건수가 매년 증가하고 있으나 정확한 유통실태는 파악할 수 없는 실정이며, 특히 최근에는 온라인을 통한 위조상품 유통이 급증하고 있으나, 특허청 및 지자체의 한정된 인력으로는 단속에 한계가 있다는 지적이 제기되고 있었다.

② 법 제2조의5에서는 특허청장은 부정경쟁행위의 방지 및 영업비밀보호를 위한 연구·교육 및 홍보 등 기반구축, 정보관리시스템 구축 및 운영 등 사업을 시행할 수 있도록 하고 있고 이에 따라 제17조 제2항에서는 동 사업의 시행을 산업재산권 보호 또는 부정경쟁방지 업무와 관련된 법인 또는 단체에 위탁할 수 있도록 하고 있다. 이에 따라 부정경쟁행위 단속을 위한 교육, 실태조사, 온라인상 부정경쟁행위에 대한 모니터링 시스템 구축·운영 및 부정경쟁행위 방지를 위한 홍보 등의 사업을 민간 전문기관에 위탁할 수 있도록 법적 근거를 마련하게 되었다. 이는 단속지원업무에 대한 전문성을 높이고자 하는 취지이다.

③ 법 제2조의5에 따른 위탁업무 범위는 부정경쟁행위 침해실태 및 사례조사, 실태분석, 검·경 및 지자체 공무원 대상 전문교육, 일반인 대상 위조상품 침해예방 교육, 온라인상 부정경쟁행위 근절을 위한 모니터링 등 정보관리시스템의 구축 및 운영, 각종 홍보활동(인터넷 홍보, 홍보물 게재, TV 홍보, 광고공모전 등)이다.

④ 제17조 제3항에서는 특허청장과 시·도지사 및 시장·군수·구청장의 부정경쟁행위의 조사 등 위임업무를 수행과 관련하여 필요한 경우 전문단체의 지원을 받을 수 있도록 하고, 제17조의3에서는 전문단체의 지원업무에 종사하는 자에 대해 「형법」 제127조 및 제129조부터 제132조에 따른 벌칙(직무상 비밀누설죄, 수뢰죄 등) 적용 시 공무원으로 의제하도록 하고 있다. 이에 따라 민간 전문단체 소속 지원 전담반의 구성·운영을 통해 위조상품의 사실 여부 판단 등 지원업무를 수행토록 하는 것으로서, 이 경우 위조상품 빈발지역에 대한 집중단속 및 기획단속 등 단속활동 강화에 이바지하고자 하는 내용이다.

⑤ 민간 전문기관에 대해 업무를 위탁하거나 지원 전담반을 구성·운영하기 위해서는 인건비 등 필요경비가 발생하게 되고, 동 소요 경비를 지원하기 위해서는 법적 근거를 마련할 필요가 있으므로 제17조 제5항에서는 비용 지원의 근거규정을 마련하였다.

⑥ 한편, 원본증명기관에 대한 행정처분 기준이나 과태료 부과기준은 시간의 경과에 따라 그 타당성이 달라질 수 있기 때문에, 제17조의2에서는 3년마다 제9조의4에 따른 원본증명기관에 대한 행정처분 기준과 제20조에 따른 과태료부과기준의 타당성을 검토하여 개선 등의 조치를 취하도록 하고 있다.

제18조(벌칙)

제18조(벌칙)

① 영업비밀을 외국에서 사용하거나 외국에서 사용될 것임을 알면서도 다음 각 호의 어느 하나에 해당하는 행위를 한 자는 15년 이하의 징역 또는 15억원 이하의 벌금에 처한다. 다만, 벌금형에 처하는 경우 위반행위로 인한 재산상 이득액의 10배에 해당하는 금액이 15억원을 초과하면 그 재산상 이득액의 2배 이상 10배 이하의 벌금에 처한다.

  1. 부정한 이익을 얻거나 영업비밀 보유자에 손해를 입힐 목적으로 한 다음 각 목의 어느 하나에 해당하는 행위

    가. 영업비밀을 취득·사용하거나 제3자에게 누설하는 행위

    나. 영업비밀을 지정된 장소 밖으로 무단으로 유출하는 행위

    다. 영업비밀 보유자로부터 영업비밀을 삭제하거나 반환할 것을 요구받고도 이를 계속 보유하는 행위

  2. 절취·기망·협박, 그 밖의 부정한 수단으로 영업비밀을 취득하는 행위

  3. 제1호 또는 제2호에 해당하는 행위가 개입된 사실을 알면서도 그 영업비밀을 취득하거나 사용(제13조제1항에 따라 허용된 범위에서의 사용은 제외한다)하는 행위

② 제1항 각 호의 어느 하나에 해당하는 행위를 한 자는 10년 이하의 징역 또는 5억원 이하의 벌금에 처한다. 다만, 벌금형에 처하는 경우 위반행위로 인한 재산상 이득액의 10배에 해당하는 금액이 5억원을 초과하면 그 재산상 이득액의 2배 이상 10배 이하의 벌금에 처한다.

③ 부정한 이익을 얻거나 영업비밀 보유자에게 손해를 입힐 목적으로 제9조의8을 위반하여 타인의 영업비밀을 훼손·멸실·변경한 자는 10년 이하의 징역 또는 5억원 이하의 벌금에 처한다.

④ 다음 각 호의 어느 하나에 해당하는 자는 3년 이하의 징역 또는 3천만원 이하의 벌금에 처한다.

  1. 제2조제1호(아목, 차목, 카목1)부터 3)까지, 타목 및 파목은 제외한다)에 따른 부정경쟁행위를 한 자

  2. 제3조를 위반하여 다음 각 목의 어느 하나에 해당하는 휘장 또는 표지와 동일하거나 유사한 것을 상표로 사용한 자

    가. 파리협약 당사국, 세계무역기구 회원국 또는 「상표법 조약」 체약국의 국기·국장, 그 밖의 휘장

  나. 국제기구의 표지

다. 파리협약 당사국, 세계무역기구 회원국 또는 「상표법 조약」 체약국 정부의
　　감독용·증명용 표지
⑤ 다음 각 호의 어느 하나에 해당하는 자는 1년 이하의 징역 또는 1천만원 이하
　의 벌금에 처한다.
　1. 제9조의7제1항을 위반하여 원본증명기관에 등록된 전자지문이나 그 밖의 관
　　　련 정보를 없애거나 훼손·변경·위조 또는 유출한 자
　2. 제9조의7제2항을 위반하여 직무상 알게 된 비밀을 누설한 사람
⑥ 제1항과 제2항의 징역과 벌금은 병과(倂科)할 수 있다.

[해설]

1. 영업비밀 침해행위에 대한 형사벌

(1) 행위주체

영업비밀 침해행위자는 "누구든지", 즉 기업의 내부자뿐만 아니
라 기업의 외부자, 제3자, 개인, 법인 모두 영업비밀 침해행위의
주체로서 처벌할 수 있다. 따라서 종래에 기업의 내부자인 전·
현직 임직원이 아닌 일반인에 의한 외부탐지행위는 그 유형에
따라 절도죄, 주거침입죄 등 형법규정에 따라 처벌하던 것을 동
법률에 따라 직접 처벌할 수 있게 되었다.

(2) 보호객체

형사처벌의 대상이 되는 보호객체는 「영업비밀」이다. 종래 법은
영업비밀의 보호범위를 「그 기업에 유용한 기술상의 영업비밀」로
정하고 있었다가 2004년 1월 20일 개정법에서 「그 기업에 유용
한 영업비밀」로 보호범위를 확대하였으며, 이후 2013년 7월 30
일 개정법에서는 기업 외에 개인이나 비영리기관이 보유한 영업
비밀 보호의 필요성이 증대됨에 따라 개인이나 비영리기관의 영
업비밀을 유출한 자도 형사처벌의 대상으로 하기 위해 모든 「영
업비밀」로 하였다.

따라서 기술정보뿐만 아니라 고객리스트, 판매계획 등 부정경쟁 방지법상 영업비밀에 해당하면 모두 보호객체가 된다.

(3) 침해의 태양

① 부정한 이익을 얻거나 영업비밀 보유자에 손해를 입힐 목적으로 ⅰ) 영업비밀을 취득·사용하거나 제3자에게 누설하는 행위, ⅱ) 영업비밀을 지정된 장소 밖으로 무단으로 유출하는 행위, ⅲ) 영업비밀 보유자로부터 영업비밀을 삭제하거나 반환할 것을 요구받고도 이를 계속 보유하는 행위, ② 절취·기망·협박, 그 밖의 부정한 수단으로 영업비밀을 취득하는 행위, ③ ①또는 ②에 해당하는 행위가 개입된 사실을 알면서도 그 영업비밀을 취득하거나 사용(제13조제1항에 따라 허용된 범위에서의 사용은 제외한다)하는 행위이다.

④ 국내에서 위와 같은 행위를 한 자는 제18조 제2항이 적용되고, 외국에서 사용하거나 외국에서 사용될 것임을 알면서 위와 같은 행위를 한 자는 제18조 제1항이 적용된다.

(4) 처벌형량

국내 영업비밀 침해죄는 「10년 이하의 징역 또는 5억원 이하의 벌금. 다만, 벌금형에 처하는 경우 위반행위로 인한 재산상 이득액의 10배에 해당하는 금액이 5억원을 초과하면 그 재산상 이득액의 2배 이상 10배 이하의 벌금」, 국외영업비밀 침해죄는 「15년 이하의 징역 또는 15억원 이하의 벌금. 다만, 벌금형에 처하는 경우 위반행위로 인한 재산상 이득액의 10배에 해당하는 금액이 15억원을 초과하면 그 재산상 이득액의 2배 이상 10배 이하의 벌금에 10년 이하의 징역 또는 그 재산상 이득액의 2배 이상 10배 이하에 상당하는 벌금」에 처하고, 징역과 벌금은 병과할 수 있다.

(5) 영업비밀 침해범에 대한 친고죄 폐지

① 종전 법(2001. 2. 3, 법률 제6421호) 제18조 제5항은 영업

비밀 침해범에 대해서는 고소가 있어야만 공소를 제기할 수 있되, 다만 국가안전보장 또는 중대한 공공의 이익을 위하여 필요하다고 인정되는 때에는 고소가 없이도 공소를 제기할 수 있다고 규정하고 있으나, 개정법(2004. 1. 20, 법률 제7095호)에서는 동 조항을 삭제하였다.

② 이는 기업의 영업비밀이 기업의 중요한 재산일 뿐만 아니라, 국가의 경쟁력을 좌우하는 중요한 요소로 인식됨에 따라 국가가 당사자의 고소·고발이 없어도 그 침해행위를 수사·처벌할 수 있도록 한 것이다.

(6) 병과 (倂 科)

영업비밀 침해행위에 대한 처벌은 징역형과 벌금형을 병과할 수 있다(동조 제5항). 이처럼 하나의 죄, 즉 하나의 영업비밀 침해죄에 동시에 둘 이상의 형에 처하는 것, 동법과 같이 자유형과 벌금형을 아울러 과하는 것을 병과라 한다.

[관련판례]

① 구 부정경쟁방지 및 영업비밀보호에 관한 법률 제2조 제2호의 '영업비밀' 요건 중 '공연히 알려져 있지 아니하다.', '독립된 경제적 가치를 가진다.', '상당한 노력에 의하여 비밀로 유지된다.'는 것의 의미

구 「부정경쟁방지 및 영업비밀보호에 관한 법률」(2013. 7. 30. 법률 제11963호로 개정되기 전의 것) 제2조 제2호의 '영업비밀'이란 공연히 알려져 있지 아니하고 독립된 경제적 가치를 가지는 것으로서, 상당한 노력에 의하여 비밀로 유지된 생산방법, 판매방법, 그 밖에 영업활동에 유용한 기술상 또는 경영상의 정보를 말한다. 여기서 '공연히 알려져 있지 아니하다.'는 것은 그 정보가 간행물 등의 매체에 실리는 등 불특정 다수인에게 알려져 있지 않기 때문에 보유자를 통하지 아니하고는 그 정보를 통상 입수할 수 없는 것을 말하고, 보유자가 비밀로서 관리하고 있다고 하더라도 당해 정보의 내용이 이미 일반적으로 알려져 있을 때에는 영업비밀이라고 할 수 없으며(대법원 2004. 9. 23. 선고 2002다60610 판결 등 참조), '독립된 경제적 가치를 가진다.'는 것은 그 정보의 보유자가 그 정보의 사용을 통해 경쟁자에 대하여 경쟁상의 이익을 얻을 수 있거나 또는 그 정보의 취득이나 개발을 위해 상당한 비용이나 노력이 필요하다는 것을 말하고(대법원 2009. 4. 9. 선고 2006도9022 판결 등 참조), '상당한 노력에 의하여 비밀로 유지된다.'는 것은 그 정보가 비밀이라고 인식될 수 있는 표시를 하거나 고지를 하고, 그 정보에 접근할 수 있는 대상자나 접근 방법을 제한하거나 그 정보에 접근한 자에게 비밀준수의무를 부과하는 등 객관적으로 그 정보가 비밀로 유지·관리되고 있다는 사실이 인식 가능한 상태인 것을 말한다(대법원 2008. 7. 10. 선고 2008도3435 판결, 대법원 2011. 8. 25. 선고 2011도139 판결 등 참조)[대법원 2022. 6. 16. 선고 2018도51 판결].

② 회사 직원이 경쟁업체에 유출하거나 스스로의 이익을 위하여 이용할 목적으로 회사 자료를 무단으로 반출하였으나 그 자료가 영업비밀에 해당하지 않는 경우, 업무상배임죄가 성립하기 위한 요건

회사 직원이 경쟁업체에 유출하거나 스스로의 이익을 위하여 이용할 목적으로 회사 자료를 무단으로 반출한 경우에 업무상배임죄가 성립하기 위해서는, 그 자료가 영업비밀에 해당하지 아니한다 하더라도 불특정 다수인에게 공개되어 있지 아니하여 보유자를 통하지 아니하고는 이를 통상 입수할 수 없고, 그 자료의 보유자가 그 자료의 취득이나 개발을 위해 상당한 시간, 노력 및 비용을 들인 것으로서 그 자료의 사용을 통해 경쟁자에 대하여 경쟁상의 이익을 얻을 수 있는 정도의 영업상 주요한 자산에 해당하여야 한다(대법원 2016. 7. 7. 선고 2015도17628 판결 등 참조)[대법원 2020. 2. 27. 선고 2016도14642 판결].

③ 구 부정경쟁방지 및 영업비밀보호에 관한 법률 제2조 제2호에서 말하는 '영업비밀'의 요건 중 '상당한 노력에 의하여 비밀로 유지된다'는 것의 의미 및 이에 해당하는지 판단하는 기준

구 부정경쟁방지법 제2조 제2호의 '영업비밀'이란 공연히 알려져 있지 않고 독립된 경제적 가치를 가지는 것으로서, 상당한 노력에 의하여 비밀로 유지된 생산방법, 판매방법 그 밖에 영업활동에 유용한 기술상 또는 경영상의 정보를 말한다(대법원 1999. 3. 12. 선고 98도4704 판결 등 참조). 여기서 '상당한 노력에 의하여 비밀로 유지된다'는 것은 그 정보가 비밀이라고 인식될 수 있는 표지를 하거나 고지를 하고, 그 정보에 접근할 수 있는 대상자나 접근 방법을 제한하거나 그 정보에 접근한 자에게 비밀준수의무를 부과하는 등 객관적으로 그 정보가 비밀로 유지·관리되고 있다는 사실이 인식 가능한 상태인 것을 말한다(대법원 2008. 7. 10. 선고 2008도3435 판결 등 참조). 이러한 유지 및 관리를 위한 노력이 상당했는지 여부는 영

업비밀 보유자의 예방조치의 구체적 내용, 해당 정보에 접근을 허용할 영업상의 필요성, 영업비밀 보유자와 침해자 사이의 신뢰관계의 정도, 영업비밀의 경제적 가치, 영업비밀 보유자의 사업 규모 및 경제적 능력 등을 종합적으로 고려해야 한다[대법원 2019. 10. 31. 선고 2017도13792 판결].

④ **회사직원이 영업비밀 또는 영업상 주요한 자산을 경쟁업체에 유출하거나 스스로의 이익을 위하여 이용할 목적으로 무단으로 반출한 경우, 업무상배임죄의 기수시기(=유출 또는 반출 시)**

업무상배임죄의 주체는 타인의 사무를 처리하는 지위에 있어야 한다. 따라서 회사직원이 재직 중에 영업비밀 또는 영업상 주요한 자산을 경쟁업체에 유출하거나 스스로의 이익을 위하여 이용할 목적으로 무단으로 반출하였다면 타인의 사무를 처리하는 자로서 업무상의 임무에 위배하여 유출 또는 반출한 것이어서 유출 또는 반출 시에 업무상배임죄의 기수가 된다. 또한 회사직원이 영업비밀 등을 적법하게 반출하여 반출행위가 업무상배임죄에 해당하지 않는 경우라도, 퇴사 시에 영업비밀 등을 회사에 반환하거나 폐기할 의무가 있음에도 경쟁업체에 유출하거나 스스로의 이익을 위하여 이용할 목적으로 이를 반환하거나 폐기하지 아니하였다면, 이러한 행위 역시 퇴사 시에 업무상배임죄의 기수가 된다.

그러나 회사직원이 퇴사한 후에는 특별한 사정이 없는 한 퇴사한 회사직원은 더 이상 업무상배임죄에서 타인의 사무를 처리하는 자의 지위에 있다고 볼 수 없고, 위와 같이 반환하거나 폐기하지 아니한 영업비밀 등을 경쟁업체에 유출하거나 스스로의 이익을 위하여 이용하더라도 이는 이미 성립한 업무상배임 행위의 실행행위에 지나지 아니하므로, 그 유출 내지 이용행위가 부정경쟁방지 및 영입비밀보호에 관한 법률 위반(영업비밀누설등)죄에 해당하는지는 별론으로 하더라도, 따로 업무상배임죄를 구성할 여지는 없다. 그리고 위와 같이 퇴사한 회사직원에 대하여 타인의 사무를 처리하는 자의 지위를 인정할 수 없는 이상 제3자가 위와 같은 유출 내지 이용행위에 공모·가담하였더라도 타인의 사무를 처리하는 자의 지위에 있다는 등의 사정이 없는 한 업무상배임죄의 공범 역시 성립할 수 없다[대법원 2017. 6. 29. 선고 2017도3808 판결].

⑤ 구 부정경쟁방지 및 영업비밀보호에 관한 법률 제2조 제2호의 '영업비밀'의 요건 중 '공연히 알려져 있지 아니하다', '독립된 경제적 가치를 가진다', '상당한 노력에 의하여 비밀로 유지된다'는 것의 의미

구 부정경쟁방지 및 영업비밀보호에 관한 법률(2015. 1. 28. 법률 제13081호로 개정되기 전의 것, 이하 '부정경쟁방지법'이라 한다) 제2조 제2호의 '영업비밀'이란 공연히 알려져 있지 아니하고 독립된 경제적 가치를 가지는 것으로서, 상당한 노력에 의하여 비밀로 유지된 생산방법, 판매방법 그 밖에 영업활동에 유용한 기술상 또는 경영상의 정보를 말한다(현행법에서는 '상당한 노력'을 '합리적인 노력'으로 표현을 바꾸었다). 여기에서 '공연히 알려져 있지 아니하다'는 것은 정보가 간행물 등의 매체에 실리는 등 불특정 다수인에게 알려져 있지 않기 때문에 보유자를 통하지 않고는 정보를 통상 입수할 수 없는 것을 말한다. '독립된 경제적 가치를 가진다'는 것은 정보의 보유자가 정보의 사용을 통해 경쟁자에 대하여 경쟁상의 이익을 얻을 수 있거나 또는 정보의 취득이나 개발을 위해 비용이나 노력이 필요하다는 것을 말하고, '상당한 노력에 의하여 비밀로 유지된다'는 것은 정보가 비밀이라고 인식될 수 있는 표시를 하거나 고지를 하고, 정보에 접근할 수 있는 대상자나 접근 방법을 제한하거나 정보에 접근한 자에게 비밀준수의무를 부과하는 등 객관적으로 정보가 비밀로 유지·관리되고 있다는 사실이 인식 가능한 상태인 것을 말한다(대법원 2008. 7. 10. 선고 2008도3435 판결 등 참조)[대법원 2017. 1. 25. 선고 2016도10389 판결].

⑥ 영업비밀에 해당한다는 이유로 피고인에게 유죄를 선고한 사례

甲 주식회사에서 이사로 근무하던 피고인이 자신의 업무용 컴퓨터에 저장되어 있던 甲 회사의 영업비밀인 고객정보 파일을 퇴사 전에 이동식 메모리 디스크에 옮겨두었다가 퇴사 후 고객정보를 사용하였다고 하여 부정경쟁방지 및 영업비밀보호에 관한 법률(이하 '부정경쟁방지법'이라고 한다) 위반으로 기소된 사안에서, 2015. 1. 28. 법률 제13081호로 개정된 부정경쟁방지법은 영업비밀로 보호되기 위하여 필요한 비밀유지·관리 수준을 '상당한 노력'에서 '합리적인 노력'으로 완화하였는데, 甲 회사는 제약업체 내지 식품업체가 해외에서 전시회 등의 행사를 개최하는 경우 항공권 및 숙소를 제공하는 여행전문업체로서, 행사와 관련된 정보(개최장소, 개최일시, 행사의 성격, 출품업체, 여행일정, 행사규모 등) 및 행사가 열리는 지역의 여행정보에 대하여는 홈페이지 등을 통해 일반인의 접근을 허용하였으나, 고객들의 성명, 소속업체, 직위, 이메일주소, Fax 번호, 휴대전화번호 등이 포함된 고객정보는 별도 관리하면서 甲 회사 직원들에게만 접근을 허용한 점 등 제반 사정에 비추어 보면, 甲 회사는 고객정보를 비밀로 유지하기 위한 '합리적인 노력'을 다하였으므로 고객정보 파일은 부정경쟁방지법상 보호되는 영업비밀에 해당한다는 이유로, 피고인에게 유죄를 선고한 사례[의정부지법 2016. 9. 27. 선고 2016노1670 판결 : 상고].

⑦ 저작권법위반죄와 부정경쟁방지 및 영업비밀보호에 관한 법률위반죄는 상상적 경합관계에 있고, 상표법위반죄는 나머지 죄들과 실체적 경합관계에 있다고 한 사례

피고인이 토끼를 사람 형상으로 표현한 캐릭터 모양의 인형을 수입·판매함으로써, 일본 甲 유한회사의 저작재산권을 침해하고, 甲 회사 등과의 상품화 계약에 따라 乙이 국내에서 판매하는 인형과 혼동하게 하며, 乙의 상표권을 침해하였다고 하여, 저작권법 위반,

부정경쟁방지 및 영업비밀보호에 관한 법률(이하 '부정경쟁방지법'
이라고 한다) 위반, 상표법 위반으로 기소된 사안에서, 저작권법위
반죄와 부정경쟁방지법위반죄는 1개의 행위가 수개의 죄에 해당하
는 형법 제40조의 상상적 경합관계에 있고, 상표법위반죄는 나머지
죄들과 구성요건과 행위태양 등을 달리하여 형법 제37조 전단의
실체적 경합관계에 있다고 한 사례[대법원 2015. 12. 10. 선고
2015도11550 판결].

⑧ 구 부정경쟁방지 및 영업비밀보호에 관한 법률 제2조 제2호의
'영업비밀' 요건 중 '공연히 알려져 있지 아니하다', '독립된 경제
적 가치를 가진다', '상당한 노력에 의하여 비밀로 유지된다'는
것의 의미

구 「부정경쟁방지 및 영업비밀보호에 관한 법률」(2007. 12. 21. 법
률 제8767호로 개정되기 이전의 것) 제2조 제2호의 '영업비밀'은 공
연히 알려져 있지 아니하고 독립된 경제적 가치를 가지는 것으로서,
상당한 노력에 의하여 비밀로 유지된 생산방법, 판매방법 그 밖에
영업활동에 유용한 기술상 또는 경영상의 정보를 말하는 것인데, 여
기서 '공연히 알려져 있지 아니하다'는 것은 정보가 간행물 등의 매
체에 실리는 등 불특정 다수인에게 알려져 있지 않기 때문에 보유자
를 통하지 아니하고는 정보를 통상 입수할 수 없는 것을 말하고, '독
립된 경제적 가치를 가진다'는 것은 정보 보유자가 정보의 사용을
통해 경쟁자에 대하여 경쟁상 이익을 얻을 수 있거나 또는 정보의
취득이나 개발을 위해 상당한 비용이나 노력이 필요하다는 것을 말
하며, '상당한 노력에 의하여 비밀로 유지된다'는 것은 정보가 비밀
이라고 인식될 수 있는 표시를 하거나 고지를 하고, 정보에 접근할
수 있는 대상자나 접근 방법을 제한하거나 정보에 접근한 자에게 비
밀준수의무를 부과하는 등 객관적으로 정보가 비밀로 유지·관리되고
있다는 사실이 인식 가능한 상태인 것을 말한다(대법원 2011. 7.
14. 선고 2009다12528 판결 등 참조).

한편 '컴퓨터프로그램저작물'이란 특정한 결과를 얻기 위하여 컴퓨터 등 정보처리능력을 가진 장치 안에서 직접 또는 간접으로 사용되는 일련의 지시·명령으로 표현된 창작물을 의미하므로, 컴퓨터프로그램저작권 침해 여부를 가리기 위하여 두 컴퓨터프로그램저작물 사이에 실질적 유사성이 있는지를 판단할 때에도 창작적 표현형식에 해당하는 것만을 가지고 대비하여야 한다(대법원 2013. 3. 28. 선고 2010도8467 판결 등 참조)[대법원 2014. 8. 20. 선고 2012도12828 판결].

⑨ 부정경쟁행위가 성립하는 데 장애가 되지 못한다고 한 사례

피고인이, 피해자 甲이 등록출원한 도형상표와 유사한 문양의 표장이 부착된 가방과 지갑을 판매함으로써 甲의 상품과 혼동하게 하거나 甲 등록상표의 식별력이나 명성을 손상하는 행위를 하였다고 하여 부정경쟁방지 및 영업비밀보호에 관한 법률 위반으로 기소된 사안에서, 피고인 사용표장을 구성하는 개별 도형 각각의 상표권에 기초한 상표 사용권은 위 개별 도형들이 조합된 피고인 사용표장 전체 형태의 피고인 사용표장에는 미치지 아니하므로, 피고인과 그의 처(妻)가 피고인 사용표장을 구성하는 개별 도형들에 대해 각각 나누어 상표 등록을 받아 피고인이 피고인 사용표장을 구성하는 개별 도형들 중 일부에 대하여는 상표권을 보유하고 있고, 나머지 부분에 대하여는 그 상표권의 사용허락을 받고서 피고인 사용표장을 사용하였다는 사정은 피고인 사용표장 전체 형태의 사용으로 인하여 甲 등록상표에 대한 부정경쟁행위가 성립하는 데 장애가 되지 못한다고 한 사례[대법원 2013. 3. 14. 선고 2010도15512 판결].

⑩ '타인의 상품과 혼동하게 하는 행위'에 해당하는지 여부(적극)

상품의 품질과 가격, 판매장소, 판매방법이나 광고 등 판매 당시의 구체적 사정 때문에 그 당시 구매자는 상품의 출처를 혼동하지 아니하였더라도, 구매자로부터 상품을 양수하거나 구매자가 지니고 있는 상품을 본 제3자가 상품에 부착된 상품표지 때문에 상품의 출처를

혼동할 우려가 있는 등 일반 수요자의 관점에서 상품의 출처에 관한 혼동의 우려가 있다면 그러한 상품표지를 사용하거나 상품표지를 사용한 상품을 판매하는 등의 행위는 부정경쟁방지 및 영업비밀보호에 관한 법률 제2조 제1호 (가)목, 제18조 제3항 제1호에서 정한 '타인의 상품과 혼동하게 하는 행위'에 해당한다[대법원 2012. 12. 13. 선고 2011도6797 판결].

⑪ 직무발명에 대한 권리를 사용자 등에게 승계한다는 취지를 정한 약정 또는 근무규정의 적용을 받는 종업원 등이 비밀유지 및 이전절차협력의 의무를 이행하지 아니한 채 직무발명의 내용이 공개되도록 하는 행위가 곧바로 부정경쟁방지 및 영업비밀보호에 관한 법률 제18조 제2항에서 정한 영업비밀 누설에 해당하는지 여부(원칙적 소극)

발명자주의에 따라 직무발명을 한 종업원에게 원시적으로 발명에 대한 권리가 귀속되는 이상 위 권리가 아직 사용자 등에게 승계되기 전 상태에서는 유기적으로 결합된 전체로서의 발명의 내용 그 자체가 사용자 등의 영업비밀로 된다고 볼 수는 없으므로, 직무발명에 대한 권리를 사용자 등에게 승계한다는 취지를 정한 약정 또는 근무규정의 적용을 받는 종업원 등이 비밀유지 및 이전절차협력의 의무를 이행하지 아니한 채 직무발명의 내용이 공개되도록 하는 행위를 발명진흥법 제58조 제1항, 제19조에 위배되는 행위로 의율하거나, 또는 직무발명의 내용 공개에 의하여 그에 내재되어 있었던 사용자 등의 개개의 기술상의 정보 등이 공개되었음을 문제삼아 누설된 사용자 등의 기술상의 정보 등을 개별적으로 특정하여 부정경쟁방지 및 영업비밀보호에 관한 법률(이하 '부정경쟁방지법'이라 한다)상 영업비밀 누설행위로 의율할 수 있음은 별론으로 하고, 특별한 사정이 없는 한 그와 같은 직무발명의 내용 공개가 곧바로 부정경쟁방지법 제18조 제2항에서 정한 영업비밀 누설에도 해당한다고 볼 수는 없다

[대법원 2012. 11. 15. 선고 2012도6676 판결].

⑫ 기업의 직원으로서 영업비밀을 인지하여 사용할 수 있는 사람이 이를 외부로 무단 반출하는 행위가 부정경쟁방지 및 영업비밀보호에 관한 법률 제18조 제2항에서 정한 '영업비밀의 취득'에 해당하는지 여부(소극)

부정경쟁방지법 제18조 제2항은 "부정한 이익을 얻거나 기업에 손해를 가할 목적으로 그 기업에 유용한 영업비밀을 취득·사용하거나 제3자에게 누설한 자"를 처벌하고 있다. 그런데 기업의 직원으로서 영업비밀을 인지하여 이를 사용할 수 있는 사람은 이미 당해 영업비밀을 취득하였다고 보아야 하므로 그러한 사람이 당해 영업비밀을 단순히 기업의 외부로 무단 반출한 행위는 업무상배임죄에 해당할 수 있음은 별론으로 하고, 위 조항 소정의 '영업비밀의 취득'에는 해당하지 않는다 (대법원 2009. 10. 15. 선고 2008도9433 판결 등 참조).

원심판결 이유에 의하면 원심은, 이 사건 각 부정경쟁방지법 위반의 공소사실 중 피고인 1, 2가 공모하여 부정한 이익을 얻거나 기업에 손해를 입힐 목적으로 원심판결 별지 [범죄일람표 (1)] 순번 제1 내지 3번의 각 상단, 제4 내지 20번과 같은 [범죄일람표 (2)] 순번 제1, 3번의 각 상단, 제2, 4 내지 14번 기재 각 영업비밀을 취득한 점 및 피고인 3이 기업에 손해를 입힐 목적으로 같은 [범죄일람표 (3)] 제3 내지 7번, 제8번 상단 기재 각 자료를 취득한 점에 관하여 이들 각 자료가 피해자 회사의 영업비밀에 해당하더라도 피고인들이 피해자 회사에 근무할 당시 이미 당해 자료를 취득한 것은 부정경쟁방지법 제18조 제2항에 정한 '영업비밀의 취득'에 해당하지 않는다고 보아 이 부분 공소사실을 무죄로 판단하였다. 앞서 본 법리와 기록에 비추어 살펴보면 원심의 위와 같은 판단은 정당하고, 거기에 상고이유의 주장과 같이 영업비밀의 취득에 관한 법리를 오해하는 등의 위법이 없다[대법원 2012. 6. 28. 선고 2012도3317 판결].

⑬ 부정경쟁방지 및 영업비밀보호에 관한 법률 제2조 제1호 (바)목 후단에서 정한 '상품에 그 상품의 품질, 내용, 제조방법, 용도 또는 수량을 오인하게 하는 표지를 하거나 이러한 표지를 한 상품을 판매 등을 하는 행위'의 의미 및 상품의 제조원을 허위로 표시하거나 그러한 상품을 판매하는 등의 행위가 이에 해당하는 경우

부정경쟁방지 및 영업비밀보호에 관한 법률(이하 '부정경쟁방지법'이라고 한다) 제2조 제1호 (바)목 후단의 '상품에 그 상품의 품질, 내용, 제조방법, 용도 또는 수량을 오인하게 하는 표지를 하거나 이러한 표지를 한 상품을 판매 등을 하는 행위'란 상품의 속성과 성분 등 품질, 급부의 내용, 제조 및 가공방법, 효능과 사용방법 등 용도 또는 상품의 개수, 용적 및 중량 등 수량에 관하여 일반 소비자로 하여금 오인하게 하는 허위나 과장된 내용의 표지를 하거나 그러한 표지를 한 상품을 판매하는 등의 행위를 말한다. 한편 상품의 제조원에 일정한 품질 관념이 화체되어 있어서 이를 표시하는 것이 상품의 수요자나 거래자 등이 속한 거래사회에서 상품의 품질에 대한 관념의 형성에 기여하는 경우에는, 허위로 이러한 제조원을 상품에 표시하거나 그러한 상품을 판매하는 등의 행위는 상품의 품질에 관하여 일반 소비자로 하여금 오인하게 할 우려가 있는 행위로서 부정경쟁방지법 제2조 제1호 (바)목 후단의 부정경쟁행위에 해당한다[대법원 2012. 6. 28. 선고 2010도14789 판결].

⑭ 피고인들은 인터넷 홈페이지에 있는 甲 회사 영업표지의 식별력에 기대어 피고인들 광고의 출처를 표시하는 영업표지로 사용함으로써 甲 회사의 광고영업 활동과 혼동하게 하였다고 본 원심판단을 수긍한 사례

피고인들이 인터넷 포털사이트 "네이버"를 운영하는 甲 주식회사의 영업표지를 이용하여 광고행위를 하였다고 하여 부정경쟁방지 및 영

업비밀보호에 관한 법률 위반으로 기소된 사안에서, 피고인들은 '다국어검색지원서비스'라는 프로그램이 설치되어 있는 컴퓨터 화면상에 그들이 제공하는 광고를 국내에 널리 인식된 甲 회사의 영업표지가 표시되어 있는 네이버 화면의 일부로 끼워 넣어 그 화면에 흡착되고 일체화된 형태로 나타나도록 하거나, 네이버 초기화면에 접속과 동시에 출처 표시가 없는 이른바 레이어 팝업(Layer Pop-up) 형태로 나타나도록 함으로써, 네이버 화면에 있는 甲 회사 영업표지의 식별력에 기대어 피고인들 광고의 출처를 표시하는 영업표지로 사용하였고, 이로써 피고인들의 광고가 마치 甲 회사에 의해 제공된 것처럼 오인하게 하여 甲 회사의 광고영업 활동과 혼동하게 하였으며, '다국어검색지원서비스' 프로그램의 설치 과정에 '약관에 동의합니다'라는 항목을 클릭하여야만 프로그램을 다운로드 받을 수 있고, 액티브엑스(ActiveX) 방식의 보안경고창을 통하여 프로그램이 설치된다는 사정만으로 甲 회사 광고영업 활동과 혼동이 방지되지 않는다고 본 원심판단을 수긍한 사례[대법원 2012. 5. 24. 선고 2011도13783 판결].

⑮ 제1심이 피고인에 대한 각 공소사실을 모두 유죄로 인정하여 벌금형을 선고하였는데, 각 죄의 법정형 중 부정경쟁방지 및 영업비밀보호에 관한 법률 위반죄의 벌금형은 '그 재산상 이득액의 2배 이상 10배 이하에 상당하는 벌금'이고, 구 국가기술자격법 위반죄의 벌금형 상한은 500만 원, 입찰방해죄의 벌금형 상한은 700만 원인 사안에서, 제1심이 부정경쟁방지 및 영업비밀보호에 관한 법률 위반죄에 관하여 최소한의 이득액으로 인정한 70만 원을 기준으로 벌금형의 상한을 그 10배인 700만 원으로 보는 경우 경합범인 위 각 죄의 벌금형 상한은 1,050만 원인데도, 이를 넘어 벌금 1,500만 원을 선고한 제1심판결 및 이 점을 바로잡지 아니한 원심판결에 법리오해 등 위법이 있다고 한 사례

제1심은 피고인 1에 대한 부정경쟁방지법 위반(영업비밀 누설 등), 국가기술자격법 위반 및 입찰방해의 각 점을 모두 유죄로 인정하면서 위 피고인에 대하여 벌금 1,500만 원을 선고하였다.

그런데 위 부정경쟁방지법 위반의 죄에 대하여 적용되는 같은 법 제18조 제2항은 그 형을 "5년 이하의 징역 또는 그 재산상 이득액의 2배 이상 10배 이하에 상당하는 벌금"으로 정하고 있는데, 제1심은 위 피고인의 위 규정에서의 '재산상 이득액'에 관하여 그것이 "아무리 줄여 잡아도 70만 원 이상은 된다"고 평가하였을 뿐이고, 위 부정경쟁방지법 위반의 죄에 관한 벌금형의 상한이 되는 그 재산상 이득액의 10배에 해당하는 금액이 얼마인지는 이를 밝히고 있지 아니하다.

다른 한편 이 사건 국가기술자격법 위반의 죄에 대하여 적용되는 같은 법(2010. 5. 31. 법률 제10336호로 개정되기 전의 것) 제26조 제2항 제1호는 그 벌금형의 상한을 500만 원으로 정하고 있고, 또한 입찰방해죄에 관한 형법 제315조 소정의 벌금형 상한은 700만 원이다. 그리하여 제1심이 위 부정경쟁방지법 위반의 죄에 관하여 그 최소한의 이득액으로 인정한 70만 원을 기준으로 그 벌금형의 상한을 그 10배인 700만 원으로 보는 경우에는, 위 피고인의 이상 각 죄에 관하여 경합범에 관한 형법 제37조 전단, 제38조 제1항 제2호를 적용하면, 위 피고인에 대한 이 사건 벌금형의 상한은 1,050만 원(= 700만 원 + 700만 원 × 2분의 1)이 됨에 그친다. 따라서 제1심이 이보다 높은 형을 선고하려면, 위 부정경쟁방지법 제18조 제2항 소정의 '재산상 이득액'이 막연히 "아무리 줄여 잡아도 70만 원 이상은 된다."는 것만으로는 부족하고, 위 부정경쟁방지법 위반의 점에 관한 벌금형의 상한이 얼마인지를 보다 구체적으로 심리하여 밝혔어야 할 것이다.

그럼에도 제1심법원이 위 피고인에 대하여 위 상한을 넘어서 벌금 1,500만 원을 선고한 것에는 부정경쟁방지법 제18조 제2항 또는 선고형이나 경합범에 관한 법리를 오해한 나머지 위 법률조항에서의 '재산상 이득액'에 관한 심리를 다하지 아니하거나 판결이유에 모순이 있어 판결에 영향을 미친 위법이 있다고 할 것이다. 그런데 원심은 이 점을 바로잡지 아니한 채 피고인들 및 검사의 항소를 모두 기각하였다. 따라서 결국 원심판결 중 위 피고인에 관한 부분은 파기를 면할 수 없다[대법원 2012. 5. 10. 선고 2012도675 판결].

⑯ 상표가 '주지의 정도'에 이르렀는지에 관하여 심리하지 아니한 채 '저명한 정도'에 이르렀다고 보기 어렵다는 이유로 무죄를 인정한 원심판결에 법리오해 및 심리미진의 위법이 있다고 한 사례

원심판결에 의하면, 원심은 피고인이 부정경쟁방지법 제2조 제1호 (가)목에 해당하는 부정경쟁행위를 하였다는 이 사건 공소사실에 대하여, 부정경쟁방지법 제2조 제1호 (다)목에 규정된 "국내에 널리 인식된"은 국내 전역 또는 일정한 지역 범위 안에서 거래자 또는 수요자들 사이에 알려지게 된 '주지의 정도'를 넘어 관계 거래자 이외에 일반 공중의 대부분에까지 널리 알려지게 된 이른바 '저명의 정도'에 이른 것을 의미하는 것으로 해석함이 상당하고, 이러한 법리는 같은 법 제2조 제1호 (가)목에 정한 상표의 경우에도 마찬가지로 적용된다고 전제한 다음, 이 사건 상표가 국내의 일정한 거래자 또는 수요자들 사이에서 알려지게 된 주지의 정도에 이르렀는지에 관하여는 심리하지 아니한 채, 이 사건 상표가 저명한 정도에 이르렀다고 보기 어렵다는 이유로 피고인에게 무죄를 선고한 제1심판결을 유지하였다.

이러한 원심의 판단은 앞서 본 부정경쟁방지법 제2조 제1호 (가)목에 규정된 상품주체 혼동행위와 관련된 법리를 오해하고 이 사건 상표의 주지성 여부에 관한 심리를 다하지 아니하여 판결 결과에 영향을 미친 위법이 있다[대법원 2012. 4. 26. 선고 2011도10469 판결].

⑰ 상품의 형태가 부정경쟁방지 및 영업비밀보호에 관한 법률 제2조 제1호 (가)목에서 정한 '기타 타인의 상품임을 표시한 표지'로서 보호받기 위한 요건

상품의 형태는 디자인권이나 특허권 등에 의하여 보호되지 않는 한 원칙적으로 이를 모방하여 제작하는 것이 허용되며, 다만 예외적으로 어떤 상품의 형태가 2차적으로 상품출처표시기능을 획득하고 나아가 주지성까지 획득하는 경우에는 부정경쟁방지 및 영업비밀보호에 관한 법률(이하 '부정경쟁방지법'이라고 한다) 제2조 제1호 (가)목 소정의 "기타 타인의 상품임을 표시한 표지"에 해당하여 같은 법에 의한 보호를 받을 수 있다. 그리고 이때 상품의 형태가 출처표시기능을 가지고 아울러 주지성을 획득하기 위해서는, 상품의 형태가 다른 유사상품과 비교하여, 수요자의 감각에 강하게 호소하는 독특한 디자인적 특징을 가지고 있어야 하고, 일반 수요자가 일견하여 특정의 영업주체의 상품이라는 것을 인식할 수 있는 정도의 식별력을 갖추고 있어야 하며, 나아가 당해 상품의 형태가 장기간에 걸쳐 특정의 영업주체의 상품으로 계속적·독점적·배타적으로 사용되거나, 또는 단기간이라도 강력한 선전·광고가 이루어짐으로써 그 상품형태가 갖는 차별적 특징이 거래자 또는 일반 수요자에게 특정 출처의 상품임을 연상시킬 정도로 현저하게 개별화된 정도에 이르러야 한다 (대법원 2007. 7. 13. 선고 2006도1157 판결 참조).

원심은, 가구 제조·판매업체인 공소외 주식회사 ' ○○○○' 제품 중 △△ 시리즈 제품의 형태가 다른 가구 제품에 비하여 수요자의 감각에 강하게 호소하는 독특한 디자인적 특징을 가지고 있다거나 일반 소비자가 일견하여 ' ○○○○'의 제품이라는 것을 인식할 수 있을 정도의 식별력을 갖추고 있다고 보기 어렵고, 나아가 검사가 제출한 증거들만으로는 △△ 시리즈 가구 제품의 형태가 갖는 차별적 특징이 거래자 또는 일반 수요자에게 ' ○○○○'의 상품임을 연상시킬

정도로 현저하게 개별화된 정도에 이르렀다고 인정하기 어렵다는 등의 이유로 피고인 1에 대하여 무죄로 판단한 제1심판결을 그대로 유지하였다.

위 법리와 기록에 비추어 살펴보면, 원심의 판단은 정당하고, 거기에 부정경쟁방지법 제2조 제1호 (가)목 소정의 "기타 타인의 상품임을 표시하는 표지"에 관한 법리 등을 오해한 위법이 없다[대법원 2012. 2. 9. 선고 2010도8383 판결].

⑱ 공소사실을 모두 유죄로 인정한 원심판단을 수긍한 사례

원심판결 이유에 의하면, 원심은 적법하게 채택한 증거들을 종합하여 피고인 1이 신농 주식회사(이하 '신농'이라 한다)로부터 상주 지역에 대한 농기계 위탁판매권한을 취득한 피해자로부터 2007. 4.경 상주시 낙동면 지역에 한하여 신농의 농기계를 판매하도록 승낙을 받았다가 적어도 2008. 6.경 이전에는 다시 피해자로부터 상주 지역에서 신농의 농기계를 판매하지 말도록 요구받았음에도, 피고인 2와 공모하여 '신농농산물(고추) 전기건조기, 공장직영-선산, 상주, 문경 판매담당'이라고 기재된 스티커 광고를 전봇대 등지에 붙이는 등 마치 상주 지역에서 신농의 농기계를 판매할 수 있는 권한이 있는 것처럼 광고하여 2008. 7.경 상주 지역에서 신농의 농기계 약 10대를 판매함으로써 위계로써 피해자의 업무를 방해하고, 피해자의 영업임을 표시하는 표시와 동일하거나 유사한 것을 사용하여 피해자의 영업상의 시설 또는 활동과 혼동하게 하는 부정경쟁행위를 하였다고 판단하였다.

원심의 위와 같은 판단은 정당한 것으로서 수긍할 수 있고, 거기에 논리와 경험의 법칙에 위반하고 자유심증주의의 한계를 벗어난 위법이 있다거나 업무방해죄 내지 부정경쟁방지 및 영업비밀보호에 관한 법률 위반죄에 관한 법리를 오해한 위법이 있다고 볼 수 없다[대법원 2011. 7. 14. 선고 2011도3782 판결].

⑲ 부정경쟁행위에 해당한다고 본 원심판단에 법리오해의 위법이 있다고 한 사례

원심판결 이유에 의하면 원심은, 이 사건 무언극의 제목인 '비보이를 사랑한 발레리나'는 단순히 창작물의 내용을 표시하는 명칭에 머무르지 않고 공소외 2 주식회사의 상품표지로서 기능한다고 보이고, 위 명칭이 사용된 공연 기간, 공소외 2 주식회사의 홍보 및 광고내용, 그로 인한 관객의 증가, 국내외 언론의 반응 및 노출 빈도 등의 제반 사정을 종합하면, 피고인이 공연을 진행하기 시작한 2007. 2. 2.경 '비보이를 사랑한 발레리나'는 공소외 2 주식회사의 상품표지로 국내에 널리 인식되었다고 봄이 상당하다 할 것이므로, 피고인이 이 사건 무언극의 시놉시스 등에 관한 저작권을 주장하면서 주도적으로 공소외 3 주식회사, 공소외 4 주식회사와 순차적으로 공연 제작 계약을 체결한 후 위 [범죄일람표 1, 2] 기재와 같이 '비보이를 사랑한 발레리나', '비보이를 사랑한 발레리나S', '비보이를 사랑한 발레리나 시즌1'과 같은 명칭을 사용한 공연을 진행한 행위는 국내에 널리 인식된 공소외 2 주식회사의 상품표지와 동일하거나 유사한 것을 사용하여 공소외 2 주식회사의 상품과 혼동을 일으키게 하는 행위로서 「부정경쟁방지 및 영업비밀보호에 관한 법률」(이하 '부정경쟁방지법'이라 한다) 제2조 제1호 (가)목에서 정하는 상품주체의 혼동행위에 해당한다는 취지로 판단하였다. 그러나 이러한 원심의 판단은 다음과 같은 이유로 이를 그대로 수긍하기 어렵다.

원심이 인정한 사실관계에 의하면, 이 사건 무언극은 '비보이를 사랑한 발레리나'라는 제목으로 2005. 12. 9.경 초연된 이래 계속적인 언론보도와 각종 매체의 광고 등으로 인하여 관객 및 국내외 언론으로부터 그 작품성과 흥행성을 널리 인정받게 되었고, 그 과정에서 공소외 2 주식회사 또한 '비보이를 사랑한 발레리나'의 제작사 내지 공연주체로서 함께 알려지게 되었음을 알 수 있다. 그러나 공

연은 상품의 생산 또는 판매 등과 관련이 없을 뿐만 아니라, 달리 공소외 2 주식회사가 상품의 생산 또는 판매업 등을 영위해 왔다고 볼 자료도 없으므로, 이 사건 무언극의 제목이 피고인이 공연을 진행하기 시작한 2007. 2. 2.경 이미 창작물인 이 사건 무언극의 내용을 표시하는 명칭에 머무르지 않고 거래자 또는 수요자에게 공소외 2 주식회사의 무언극 제작·공연업을 연상시킬 정도로 현저하게 개별화된 정도에 이르러 공소외 2 주식회사의 무언극 제작·공연업이라는 영업의 표지로 되었다고 볼 수 있는지 여부는 별론으로 하고, 이를 공소외 2 주식회사가 취급하는 상품의 표지에 해당한다고 할 수는 없다.

그럼에도 불구하고 이 사건 무언극의 제목이 공소외 2 주식회사의 상품표지에 해당함을 전제로 피고인의 행위가 부정경쟁방지법 제2조 제1호 (가)목의 부정경쟁행위에 해당한다고 판단한 원심에는 위 법조항에 관한 법리를 오해한 위법이 있다(덧붙여 기록에 의하면, 피고인은 2008. 1. 31.경부터 2008. 2. 14.경까지 서울 중구 회현동 1가 ○○빌딩 10층 '○○홀'에서 공소외 1의 허락 없이 공소외 1의 상표와 유사한 상표인 '비보이를 사랑하는 발레리나S'라는 제목으로 공연을 하여 공소외 1의 상표권을 침해하였다는 등의 범죄사실로 서울중앙지방법원 2008고약46850호로 공소제기되어 사건이 아직 확정되지 않은 상태에 있는 것으로 보이는바, 위 상표법 위반 부분의 범죄사실과 그 사건 계속 중에 뒤늦게 공소제기된 이 사건의 위 [범죄일람표 2] 순번 1 기재 부정경쟁방지법 위반 부분의 범죄사실을 서로 비교해 보면, 그 일시·장소 및 행위의 유형 등에 비추어 종전에 제기된 공소의 효력이 이 사건 위 해당 부분에도 미쳐 이중기소 상태에 있다고 볼 여지가 있으므로, 원심으로서는 그 부분 공소의 적법 여부에 관하여도 나아가 살펴보아야 할 것임을 지적해 둔다). 이 부분 원심판결에 대한 상고이유의 주장은 이유 있다[대법원 2011. 5. 13. 선고 2010도7234 판결].

⑳ 원심이 피고인에 대한 상표법 위반의 공소사실을 부정경쟁방지 및 영업비밀보호에 관한 법률 위반으로 공소장 변경을 요구하지 아니하거나, 직권으로 위 부정경쟁방지 및 영업비밀보호에 관한 법률 위반죄의 성립 여부를 판단하지 않은 것이 위법하다는 검사의 상고이유 주장을 모두 배척한 사례

법원이 공소장의 변경 없이 직권으로 공소장에 기재된 공소사실과 다른 범죄사실을 인정하기 위해서는 공소사실의 동일성이 인정되는 범위 내이어야 할 뿐더러 또한 피고인의 방어권 행사에 실질적 불이익을 초래할 염려가 없어야 한다(대법원 2010. 4. 29. 선고 2010 도2414 판결 등 참조).

그런데 상표법 위반의 이 사건 공소사실과 검사 주장의 부정경쟁방지법 위반의 범죄사실은 그 범죄행위의 내용 내지 태양이 서로 달라 이에 대응할 피고인의 방어행위 역시 달라질 수밖에 없어, 공소장 변경 없이 검사 주장과 같은 범죄사실을 인정하는 경우에는 피고인의 방어권 행사에 실질적인 불이익을 초래할 염려가 있다 할 것이므로, 그와 같은 범죄사실을 인정할 증거가 있는지 여부에 관하여 판단할 필요도 없이 이 부분 상고이유의 주장도 받아들이지 아니한다 [대법원 2011. 1. 13. 선고 2010도5994 판결].

제18조의2(미수)

제18조의2(미수) 제18조제1항 및 제2항의 미수범은 처벌한다.

[해설]

1. 영업비밀침해의 미수범 처벌

① 개정법(2004. 1. 20, 법률 제7095호) 제18조의2(미수) 규정에서는 미수죄를 신설하여 영업비밀 침해행위를 실행하다 미수에 그친 자를 처벌할 수 있는 근거 조항을 신설하였다.

② 이는 종전에 동 규정들의 미비로 미수자를 적발하고도 처벌근거가 없어서 처벌하지 못한 점을 고려하여 형사 정책적으로 영업비밀 누출 직전 단계에서의 비밀보호 강화를 위해 동조를 신설한 것으로 해석되고 이는 국내에 한하지 않고 국외 영업비밀 침해죄의 미수범도 처벌하게 되어 있다.

2. 미수범의 형

① 미수범은 범죄의 실행 착수가 있다는 점에서 "예비"와 구별되고 또 범죄의 완성에 이르지 못했다는 점에서 "기수"와 구별된다.

② 미수범의 형은 기수범보다 감경할 수 있다. 다만 영업비밀 침해자가 자의로 영업비밀 침해에 착수 행위를 중지하거나 그 행위로 인한 결과의 발생을 방지한 때(중지미수)에는 필요적 감면이고(형법 제26조), 실행의 수단 또는 대상의 착오로 인하여 결과의 발생이 불가능하다 하더라도 위험성이 있는 때(불능미수)에는 임의적 감면이다. 그래서 미수범 가운데서 필요적 감면이나 임의적 감면이 됨에 그치는 미수범을, 중지미수와 불능미수에 대하여 장애미수(협의)라고 한다.

[관련판례]

① 영업비밀부정사용죄에서의 실행의 착수 시기

구 부정경쟁방지법 제18조 제2항에서 정하고 있는 영업비밀부정사용죄에서 영업비밀의 사용은 영업비밀 본래의 사용 목적에 따라 이를 상품의 생산·판매 등의 영업활동에 이용하거나 연구·개발사업 등에 활용하는 등으로 기업활동에 직접 또는 간접적으로 사용하는 행위로서 구체적으로 특정이 가능한 행위를 말한다. 한편, 행위자가 당해 영업비밀과 관계된 영업활동에 이용 혹은 활용할 의사 아래 그 영업활동에 근접한 시기에 영업비밀을 열람하는 행위(영업비밀이 전자파일의 형태인 경우에는 저장의 단계를 넘어서 해당 전자파일을 실행하는 행위)를 하였다면 영업비밀부정사용죄의 실행에 착수하였다고 볼 수 있다[대법원 2009. 10. 15. 선고 2008도9433 판결].

② 영업비밀부정사용미수를 긍정한 사례

원심은, 피고인이 퇴사하면서 무단으로 유출한 이 사건 프로그램 파일을 새로 입사한 그 판시 회사 사무실에 있는 자신의 컴퓨터에 저장한 후 그 파일을 실행하여 판시 회사의 게임개발에 참고하기 위하여 여러 번에 걸쳐 파일에 접근하였다는 사실인정을 전제로, 보안프로그램의 작동으로 파일이 실행되지 아니하였다고 하더라도 피고인의 위와 같은 행위는 파일 저장의 단계를 넘어 파일을 실행하는 행위에 해당한다는 이유로 영업비밀부정사용미수의 공소사실을 유죄로 인정하였다. 원심판결 이유를 위 법리에 비추어 살펴보면, 원심의 이 부분에 관한 이유설시에 다소 적절치 아니하거나 미흡한 점이 있기는 하나 피고인이 영업비밀부정사용죄의 실행에 착수하였다는 결론에 있어서는 정당한 것으로 수긍이 가고, 거기에 영업비밀부정사용죄의 실행의 착수시기 등에 관한 법리를 오해한 잘못이 없다[대법원 2012. 4. 12 선고 2010도391 판결].

③ 영업비밀부정사용미수를 부정한 사례

피고인이 피해자 회사의 진공 건조장치 및 도액공급장치 관련 기술상 영업비밀이 담긴 컴퓨터 파일을 실행시킨 것만으로는 그 영업비밀을 부정사용하였다고 단정할 수 없고, 한편 피해자 회사의 나머지 기술상 영업비밀이 담긴 컴퓨터 파일 등은 피고인이 단순히 보관하고 있었을 뿐 이를 열람하였다고 볼 자료가 없다는 이유로 그 부정사용미수의 죄책을 물을 수 없다고 판단하여, 피고인 및 그를 직원으로 사용한 피고인 회사에 대하여 모두 무죄를 선고한 제1심 판결을 유지한 원심을 수긍한 사례[대법원 2009. 12. 24. 선고 2009도10995 판결].

제18조의3(예비 · 음모)

[해설]

1. 영업비밀 침해의 예비 · 음모자 처벌

① 개정법(2004. 1. 20, 법률 제7095호) 제18조의3(예비 · 음모) 규정에서는 예비 · 음모죄를 신설하여 영업비밀 침해행위를 예비 · 음모한 자도 처벌할 수 있는 근거 조항을 신설하였고, 2019년 개정법(2019. 1. 8, 법률 제16204호)에서 영업비밀 침해 예비, 음모범에 대한 벌금 상한을 2천만원과 1천만원에서 각각 3천만원과 2천만원으로 상향하였다.

② 이는 종전에 동 규정들의 미비로 예비 · 음모자를 적발하고도 처벌근거가 없어서 처벌하지 못한 점을 감안하여 형사 정책적으로 영업비밀 누출 직전 단계에서의 비밀보호 강화를 위해 동조를 신설한 것으로 해석된다. 즉, 국내 영업비밀 침해죄를 범할 목적으로 예비 · 음모한 자는 2년 이하의 징역, 2천만 원 이하의 벌금에 처하고, 국외 영업비밀 침해죄를 범할 목적으로 예비 · 음모한 자는 3년 이하의 징역, 3천만 원 이하의 벌금에 처하도록 하고 있다.

2. 예비죄

① 예비라 함은 영업비밀을 침해하기 위해서 행하는 준비행위로서, 침해의 착수에 이르지 아니한 것을 말한다. 예비는 동법에서와 같이 특

별히 규정이 없는 한 처벌되지 아니한다(형법 제28조).

② 예비한 후 침해의 착수에 이르면 예비행위는 독립해서 처벌의 대상이 되지 않는다. 왜냐하면, 착수 후의 미수 내지 기수와 법조경합의 관계(보충관계)에 있기 때문이다. 예비의 중지에 대하여 중지미수의 규정(형법 제26조)을 준용할 것인가에 관하여는 견해대립이 있다. 그런데 형의 균형이 맞지 않는 한도 내에서 그 준용을 인정하는 것이 타당할 것이다.

3. 음모죄

① 음모라 함은 2인 이상의 사이에 행하여지는 영업비밀 침해를 하기 위한 모의를 말한다. 음모는 동법에서와 같이 특별한 규정이 없는 한 처벌되지 않는다(형법 제28조).

② 음모한 후 영업비밀 침해의 착수에 이르면 음모행위는 독립해서 처벌의 대상이 되지 않는다. 왜냐하면, 착수 후의 미수 내지 기수와 법조경합의 관계(보충관계)에 있기 때문이다.

제18조의4(비밀유지명령 위반죄)

> **제18조의4(비밀유지명령 위반죄)**
> ① 국내외에서 정당한 사유 없이 제14조의4제1항에 따른 비밀유지명령을 위반한
> 자는 5년 이하의 징역 또는 5천만원 이하의 벌금에 처한다.
> ② 제1항의 죄는 비밀유지명령을 신청한 자의 고소가 없으면 공소를 제기할 수
> 없다.

[해설]

① 제14조의4에 규정하고 있는 「비밀유지명령」에 위반하여 비밀유지명령의 대상이 되는 영업비밀을 해당 소송수행의 목적 이외로 사용하거나 해당 비밀유지명령을 받은 자 이외의 자에게 공개하는 행위는 형사처벌의 대상으로 한다.

② 이는 민사소송 절차에서 생산되거나 교환된 비밀정보의 보호에 관한 사법명령의 위반에 대하여 사법당국이 제재를 부과할 수 있는 권한을 규정한 한·미 FTA 협정문 제18.10조 제11항을 반영하기 위한 것이다. ③ 비밀유지명령 위반은 법규 위반이 아닌 법원의 명령에 대한 위반이며, 심리 중에 알게 된 비밀을 소극적으로 유지하지 못한 것이라는 점에서 일정한 목적을 가지고 누설한 목적범과 그 형량에 차이를 두는 것이 합리적이므로, 산업기술유출방지법 및 일본 부정경쟁방지법과 같이 5년 이하의 징역 또는 5천만 원 이하의 벌금으로 규정하고, 민사소송법상의 비밀심리제도를 형사소송까지 확대하여 비공개로 할 수 있는 법적 근거가 없는 이상 명령위반에 대한 형사소송에서 영업비밀이 공개될 가능성이 있으므로 영업비밀 보유자에게 영업비밀 유지이익의 선택권을 주어 친고죄로 규정한다.

④ 이에 대해서 법원의 명령에 대한 위반이 현실화된 이상 충분한 억지력을 주기 위해서는 단순한 친고죄로 구성해서는 안 된다는 견해와

친고죄로 구성하여 영업비밀 보유자에게 영업비밀 유지이익의 선택권을 주어야 한다는 견해가 있을 수 있다.

⑤ 그러나 비친고죄로 구성하는 경우, 피해자가 형사재판을 원하지 않아도 검사가 기소하면 공판 절차가 개시되므로 형사처벌을 통해 보호를 도모하고자 하는 영업비밀이 형사소송 과정에서 다시 공개되어 버릴 가능성이 있다.

⑥ 영업비밀을 침해받은 자는 비밀유지명령위반에 대하여 자신의 영업비밀이 누설되는 것을 감수하고서라도 형사소추를 하여 처벌할 것인지, 아니면 영업비밀을 중시하여 소추하지 않을 것인지 여부를 스스로 비교 형량하여 판단할 수 있다. 이와 같이 부정경쟁방지법은 비밀유지명령 위반에 대한 형사처벌의 근거를 마련함으로써 영업비밀을 보호하여 건전한 거래질서를 확립할 수 있을 것으로 기대된다.

제18조의5(몰수)

제18조의5(몰수) 제18조제1항 각 호 또는 같은 조 제4항 각 호의 어느 하나에 해당하는 행위를 조성한 물건 또는 그 행위로부터 생긴 물건은 몰수한다.

제19조(양벌규정)

> **제19조(양벌규정)** 법인의 대표자나 법인 또는 개인의 대리인, 사용인, 그 밖의 종업원이 그 법인 또는 개인의 업무에 관하여 제18조제1항부터 제5항까지의 어느 하나에 해당하는 위반행위를 하면 그 행위자를 벌하는 외에 그 법인에게는 해당 조문에 규정된 벌금형의 3배 이하의 벌금형을, 그 개인에게는 해당 조문의 벌금형을 과(科)한다. 다만, 법인 또는 개인이 그 위반행위를 방지하기 위하여 해당 업무에 관하여 상당한 주의와 감독을 게을리하지 아니한 경우에는 그러하지 아니하다.

[해설]

① 양벌규정이란 법인 또는 개인의 대표자·대리인 또는 사용자, 기타 종업원이 업무주체인 법인 또는 개인의 업무에 관하여 위법행위를 했을 때 행위자를 벌하는 외에 업무주체인 법인 또는 개인에 대하여도 소정의 벌금형을 과한다는 취지의 규정이다.

② 「법인의 대표자」란 주식회사의 대표이사 등과 같이 행위자의 법률행위가 법인의 행위로 간주되는 관계에 있는 자를 말하고, 「대리인」이란 업무주체인 법인 또는 개인과 대리관계에 있는 자를 말하며, 「그 밖의 종업원」이란 업무주체인 법인 또는 자연인과의 고용계약으로 노무를 제공하는 자를 말한다.

③ 따라서 양벌규정은 범죄행위를 한 자의 행위가 업무주체인 법인 또는 개인의 업무에 관하여 행하여진 경우에 적용된다. 본래의 업무를 수행하기 위하여 행하여진 행위일 필요는 없고, 업무와 관련하여 행하여진 행위이면 충분하다. 예컨대, 법인 또는 개인의 대리인의 경우 그 범죄행위가 대리의 목적을 달성하기 위한 행위로써 본인의 업무에 관한 것이면 충분하고 대리권의 범위 내일 필요는 없다.

④ 다만 영업주가 종업원 등에 대한 관리·감독상 주의의무를 다하였는지에 관계없이 영업주를 처벌하게 되면 책임주의 원칙에 위배될 소

지가 있으므로, 영업주가 종업원 등에 대한 관리·감독상 주의의무를
다한 경우에는 처벌을 면하게 하고 있다.

[관련판례]

① 위조상표 부착 상품 판매사실을 알고도 방치한 백화점 직원에 대한 부정경쟁방지법위반방조의 성립 여부

피고인이 그랜드 백화점 잡화부 소속 직원으로 잡화매장 관리업무를 담당하면서 공동피고인 홍OO이 운영하는 잡화매장에서 원심이 판시한 가짜 캘빈 클라인(CALVIN KLEIN), 세린느(CELINE), 디케이앤와이(DKNY), 게스(GUESS) 상표가 새겨진 혁대를 판매하는 것을 알면서도 이를 제지하거나, 상급자에게 보고하여 판매를 금지하도록 조치를 취하지 아니한 사실을 인정할 수 있으므로, 백화점 직원인 피고인은 부작위에 의하여 공동피고인인 점주의 상표법위반 및 부정경쟁방지법위반 행위를 방조하였다고 인정할 수 있다[대법원 1997. 3. 14. 선고 96도1639 판결].

② 법인이 상당한 주의 또는 관리·감독을 게을리하였는지 여부의 판단 기준

형벌의 자기책임원칙에 비추어 볼 때 위 양벌규정은 법인이 사용인 등에 의하여 위반행위가 발생한 그 업무와 관련하여 상당한 주의 또는 관리감독 의무를 게을리한 때에 한하여 적용된다(대법원 2011. 7. 14. 선고 2009도5516 판결 등 참조). 이러한 양벌규정에 따라 법인은 위반행위가 발생한 그 업무와 관련하여 법인이 상당한 주의 또는 관리·감독 의무를 게을리한 과실로 인하여 처벌된다. 구체적인 사안에서 법인이 상당한 주의 또는 관리·감독을 게을리하였는지 여부는 당해 위반행위와 관련된 모든 사정, 즉 당해 법률의 입법 취지, 처벌조항 위반으로 예상되는 법익 침해의 정도, 위반행위에 관하여 양벌규정을 마련한 취지 등은 물론 위반행위의 구체적인 모습과 그로 인하여 실제 야기된 피해 또는 결과의 정도, 법인의 영업 규모 및 행위자에 대한 감독가능성이나 구체적인 지휘·감독 관계, 법인이 위반행위 방지를 위하여 실제 행한 조치 등을 전체적으로 종합하여 판단하여야 한다(대법원 2010. 4. 15. 선고 2009도9624 판결, 대법원 2010. 12. 9. 선고 2010도12069 판결 등 참조)[대법원 2018. 7. 12. 선고 2015도464 판결].

제19조의2(공소시효에 관한 특례)

제19조의2(공소시효에 관한 특례) 제19조에 따른 행위자가 제18조제1항 또는 제2항의 적용을 받는 경우에는 제19조에 따른 법인에 대한 공소시효는 10년이 지나면 완성된다.

제20조(과태료)

제20조(과태료)

① 다음 각 호의 어느 하나에 해당하는 자에게는 2천만원 이하의 과태료를 부과한다.

  1. 제7조제1항에 따른 관계 공무원의 조사나 수거를 거부·방해 또는 기피한 자

  1의2. 제8조제1항에 따른 시정명령을 정당한 사유 없이 이행하지 아니한 자

  2. 제9조의4제5항을 위반하여 시정명령을 이행하지 아니한 자

② 제1항에 따른 과태료는 대통령령으로 정하는 바에 따라 특허청장, 시·도지사 또는 시장·군수·구청장이 부과·징수한다.

③ 삭제 〈2009. 12. 30.〉

④ 삭제 〈2009. 12. 30.〉

⑤ 삭제 〈2009. 12. 30.〉

[해설]

1. 과태료부과 대상 및 금액

부정경쟁행위에 대한 조사를 효율적으로 수행하고, 원본증명기관에 대한 제재조치의 실효성 확보를 위해 법 제7조 제1항 규정에 의한 부정경쟁행위에 대한 조사 또는 수거를 거부·방해 또는 기피한 자 또는 제9조의4 제5항을 위반하여 시정명령을 이행하지 아니한 자에 대하여 2천만원 이하의 과태료를 부과할 수 있도록 규정하고 있다.

2. 과태료 부과의 근거 법령

① 질서위반행위규제법의 제정(법률 제8725호, 2007. 12. 21. 공포, 2008. 6. 22. 시행)으로 불필요해진 과태료의 부과·징수 절차 등에 관한 내용을 정비하기 위하여 부과·징수에 관한 절차와 이의제기 절차를 2009년 개정에서 삭제하였다.

② 과태료의 부과·징수, 재판 및 집행 등의 절차에 관한 규정은 질서위
반행위규제법으로 정하는 바에 따른다. "질서위반행위"란 법률 의무
를 위반하여 과태료를 부과하는 행위를 말한다.

3. 부과·징수 절차

① 특허청장 등은 위반행위를 조사·확인한 후 위반사실과 과태료 금액
등을 서면(당사자가 동의하는 경우에는 전자문서를 포함)으로 명시하
여 이를 납부할 것을 과태료처분대상자에게 통지하고, 10일 이상의
기간을 정하여 과태료처분대상자에게 의견을 제출할 기회를 주어야
한다.

② 이 경우 지정된 기일까지 의견제출이 없는 경우에는 의견이 없는 것
으로 본다(질서위반행위규제법 제16조, 동법 시행령 제3조).

③ 특허청장 등은 과태료의 금액을 정함에 있어서는 당해 위반행위의
동기·목적·방법·결과, 위반행위 이후의 당사자의 태도와 정황, 질
서위반행위자의 연령·재산상태·환경, 그 밖에 과태료의 산정에 필
요하다고 인정되는 사유를 고려하여야 하고(질서위반행위규제법 제
14조), 과태료의 징수 절차는 법 또는 시행령에 반하지 아니하는 범
위에서 국고금관리법령 또는 지방재정·회계법령을 준용한다(동법 시
행령 제8조 제1항).

④ 과태료 부과 고지서에는 이의제기 기간과 방법 등을 함께 기재하여
야 한다(동법 시행령 제4조 제6호).

4. 과태료 처분에 대한 이의제기

① 과태료 부과에 불복하는 당사자는 과태료 부과 통지를 받은 날부터
60일 이내에 특허청장에게 서면으로 이의제기를 할 수 있고, 이의제
기가 있는 경우 특허청장의 과태료 부과처분은 그 효력을 상실한다
(질서위반행위규제법 제20조 제1항, 제2항).

② 이의제기를 받은 특허청장은 당사자가 이의제기를 철회한 경우 또는 당사자의 이의제기에 이유가 있어 과태료를 부과할 필요가 없는 것으로 인정되는 경우가 아닌 한 이의제기를 받은 날부터 14일 이내에 이에 대한 의견 및 증빙서류를 첨부하여 관할 법원에 통보하여야 하고(질서위반행위규제법 제21조 제1항), 그 통보를 받은 관할법원은 비송사건절차법에 따른 과태료의 재판을 한다(질서위반행위규제법 제28조).

③ 당사자가 납부기한까지 과태료를 납부하지 아니한 때에는 납부기한을 경과한 날부터 체납된 과태료에 대하여 100분의 3에 상당하는 가산금을 징수하고, 당사자가 60일 이내에 이의를 제기하지 아니하고 이에 따른 가산금을 납부하지 아니한 때에는 국세 또는 지방세 체납처분의 예에 따라 징수한다(질서위반행위규제법 제24조).

5. 과태료의 부과 기준

법 제7조 제1항에 따른 관계 공무원의 조사나 수거를 거부·방해 또는 기피한 경우와 법 제9조의4 제5항을 위반하여 시정명령을 이행하지 않은 경우에 대한 과태료 부과의 일반기준 및 개별기준은 부정경쟁방지법 시행령 제6조 및 [별표 4]에서 구체적으로 규정하고 있다.

Chapter 5.
부록 : 관련법령

부정경쟁방지 및 영업비밀보호에 관한 법률 시행령
부정경쟁행위 방지에 관한 업무처리 규정

부정경쟁방지 및 영업비밀보호에 관한 법률 시행령

(약칭: 부정경쟁방지법 시행령)

[시행 2023. 12. 12.] [대통령령 제33913호, 2023. 12. 12., 타법개정]

제1조(목적) 이 영은 「부정경쟁방지 및 영업비밀보호에 관한 법률」에서 위임된 사항과 그 시행에 필요한 사항을 규정함을 목적으로 한다.

[전문개정 2009. 8. 18.]

제1조의2(정당한 사유) 「부정경쟁방지 및 영업비밀보호에 관한 법률」(이하 "법"이라 한다) 제2조제1호다목3)에서 "비상업적 사용 등 대통령령으로 정하는 정당한 사유"란 다음 각 호의 어느 하나에 해당하는 경우를 말한다. 〈개정 2023. 9. 27.〉

1. 비상업적으로 사용하는 경우
2. 뉴스보도 및 뉴스논평에 사용하는 경우
3. 삭제 〈2023. 9. 27.〉
4. 타인의 성명, 상호, 상표, 상품의 용기·포장, 그 밖에 타인의 상품 또는 영업임을 표시한 표지의 사용이 공정한 상거래 관행에 어긋나지 아니한다고 인정되는 경우

[전문개정 2009. 8. 18.]

제1조의3(실태조사의 범위 및 절차 등) ① 법 제2조의4제2항 후단에서 "기업의 경영·영업상 비밀의 유지 등 대통령령으로 정하는 특별한 사유가 있는 경우"란 다음 각 호의 어느 하나에 해당하는 경우를 말한다.

1. 자료를 제출하면 기업의 경영·영업상 비밀에 관한 사항이 공개되어 기업의 정당한 이익을 현저히 해칠 우려가 있다고 인정되는 경우
2. 법령이나 계약에 따라 비밀 유지 의무가 부과되어 있는 경우

② 법 제2조의4제1항에 따른 실태조사(이하 이 조에서 "실태조사"라 한다)의 구체적인 자료 작성의 범위는 다음 각 호와 같다.

1. 부정경쟁행위와 관련된 기업의 인식도 및 영업환경에 관한 사항
2. 영업비밀 보유자의 현황 및 영업비밀 취득·사용·관리에 관한 사항
3. 부정경쟁행위 및 영업비밀 침해행위의 발생유형·피해구제 현황 등 분쟁에 관한 사항
4. 그 밖에 부정경쟁방지 및 영업비밀보호를 위한 정책수립·시행과 관련하여 특허청장이 필요하다고 인정하는 사항

③ 특허청장은 실태조사를 하려는 경우에는 조사 대상자 선정기준을 정하고, 조사의 목적·내용 및 기간 등을 포함한 실태조사 계획을 작성하여 미리 조사 대상자에

게 통지해야 한다.

④ 실태조사는 현장조사 또는 서면조사의 방법으로 실시하며, 효율적인 조사를 위하여 필요한 경우에는 전자우편 등 정보통신망을 활용하여 할 수 있다.

⑤ 특허청장은 실태조사 중 전문적인 검토나 조사업무를 부정경쟁방지 및 영업비밀 보호 관련 연구기관·단체 또는 전문가에게 의뢰하여 실시할 수 있다.

[본조신설 2021. 4. 20.]

[종전 제1조의3은 제1조의4로 이동 〈2021. 4. 20.〉]

제1조의4(부정경쟁행위 등의 조사 방법 등) ① 특허청장, 특별시장·광역시장·특별자치시장·도지사·특별자치도지사(이하 "시·도지사"라 한다) 또는 시장·군수·구청장(자치구의 구청장을 말한다. 이하 같다)은 법 제7조제1항에 따라 영업시설 또는 제조시설에 출입하여 관계 자료나 제품 등을 조사하거나 조사에 필요한 최소분량의 제품을 수거하여 검사하기 전에 다음 각 호의 방법에 따라 법 제2조제1호(아목과 파목은 제외한다)의 부정경쟁행위나 제3조, 제3조의2제1항 또는 제2항을 위반한 행위(이하 "부정경쟁행위등"이라 한다)를 확인할 수 있다. 〈개정 2023. 9. 27.〉

 1. 당사자, 이해관계인 또는 참고인에 대한 관계 자료나 제품 등의 제출 요청

 2. 당사자, 이해관계인 또는 참고인에 대한 출석 요청, 자문 및 진술 청취

② 특허청장, 시·도지사 또는 시장·군수·구청장은 법 제7조제1항에 따른 조사·검사를 실시하려는 경우 당사자에게 조사·검사의 목적, 일시 및 방법 등을 사전에 통지하여야 한다. 다만, 긴급하거나 미리 통지하면 증거인멸 등으로 조사·검사의 목적을 달성할 수 없다고 인정하는 경우에는 그러하지 아니하다.

③ 특허청장, 시·도지사 또는 시장·군수·구청장은 법 제7조제1항에 따른 조사·검사의 대상이 되는 행위가 다음 각 호의 어느 하나에 해당하는 경우에는 조사·검사를 개시해서는 아니 되며, 조사·검사가 진행 중인 경우에는 이를 중단하여야 한다.

 1. 부정경쟁행위등에 해당하지 아니함이 명백한 경우

 2. 기초자료가 미비하여 조사·검사의 대상을 특정할 수 없거나 사실관계의 확인이 불가능한 경우

 3. 부정경쟁행위등에 해당하지 아니한다는 확정판결이 있는 경우

④ 법 제7조제1항에 따른 조사의 대상자는 조사대상과 동일한 사안으로 「발명진흥법」 제43조에 따른 분쟁의 조정이 계속 중인 경우 특허청장, 시·도지사 또는 시장·군수·구청장에게 그 조사의 중지를 요청할 수 있다. 〈신설 2021. 4. 20.〉

⑤ 특허청장, 시·도지사 또는 시장·군수·구청장은 법 제7조제3항에 따라 같은 조 제1항에 따른 조사를 중지하려는 경우에는 미리 양 당사자의 의견을 들어야 한다. 〈신설 2021. 4. 20.〉

⑥ 제1항부터 제5항까지에서 규정한 사항 외에 부정경쟁행위등의 조사 및 조사 중지의 방법·절차 등에 관한 세부적인 사항은 특허청장이 정하여 고시한다. 〈신설 2021. 4. 20.〉

[전문개정 2018. 9. 18.]

[제1조의3에서 이동, 종전 제1조의4는 제1조의5로 이동 〈2021. 4. 20.〉]

제1조의5(수거물품 등의 처리 등) ① 특허청장, 시·도지사 또는 시장·군수·구청장은 법 제7조제1항에 따라 조사에 필요한 최소분량의 제품을 수거하는 경우 그 소유자나 점유자에게 별지 제1호서식의 수거증을 발급하여야 한다.

② 특허청장, 시·도지사 또는 시장·군수·구청장은 법 제7조제1항에 따라 수거하거나 제1조의4제1항제1호에 따라 제출받은 제품의 현황·목록 등에 관한 사항을 기록하고 이를 보관해야 한다. 〈개정 2021. 4. 20.〉

③ 특허청장, 시·도지사 또는 시장·군수·구청장은 법 제7조제1항에 따른 검사 또는 제1조의4제1항제1호에 따른 확인이 종료된 경우 법 제7조제1항에 따라 수거하거나 제1조의4제1항제1호에 따라 제출받은 제품을 수거 또는 제출 당시의 소유자·점유자 또는 제출자에게 즉시 돌려주어야 한다. 〈개정 2021. 4. 20.〉

④ 법 제7조제5항에 따른 증표는 별지 제2호서식에 따른다. 〈개정 2021. 4. 20.〉

[본조신설 2018. 9. 18.]

[제1조의4에서 이동 〈2021. 4. 20.〉]

제2조(시정권고의 방법 등) ① 법 제8조제1항에 따른 시정권고는 다음 각 호의 사항을 명시한 문서로 해야 한다. 〈개정 2018. 9. 18., 2021. 4. 20.〉

 1. 시정권고의 이유

 2. 시정권고의 내용

 3. 시정기한

② 특허청장, 시·도지사 또는 시장·군수·구청장은 제1항에 따른 시정권고를 하기 위하여 필요하다고 인정되는 경우 또는 그 시정권고의 이행 여부를 확인하기 위하여 필요하다고 인정되는 경우에는 관계 공무원으로 하여금 현장을 확인하게 할 수 있다. 〈개정 2011. 9. 22.〉

③ 제2항에 따라 현장을 확인하는 공무원은 그 권한을 표시하는 증표를 지니고 관계인에게 보여야 한다.

[전문개정 2009. 8. 18.]

제2조의2(공표의 방법 및 절차) ① 특허청장, 시·도지사 또는 시장·군수·구청장은 법 제8조제2항에 따라 다음 각 호의 사항을 관보, 인터넷 홈페이지 또는 「신문 등의 진흥에 관한 법률」에 따른 전국을 보급지역으로 하는 일반일간신문에 게재하여 공표할 수 있다.

1. 위반행위를 한 자의 성명 및 주소
2. 위반행위의 내용
3. 시정기한
4. 시정권고의 이유 및 내용

② 특허청장, 시·도지사 또는 시장·군수·구청장은 제1항 각 호의 사항을 공표하려는 경우에는 위반행위의 내용 및 정도, 위반 기간 및 횟수, 위반행위로 인하여 발생한 피해의 범위 및 결과 등을 고려해야 한다.

③ 제1항 및 제2항에서 규정한 사항 외에 공표 절차 등에 관하여 필요한 사항은 특허청장이 정하여 고시한다.

[본조신설 2021. 4. 20.]

제3조(의견청취의 절차) ① 특허청장, 시·도지사 또는 시장·군수·구청장은 법 제9조에 따라 의견을 들으려는 경우에는 의견청취 예정일 10일 전까지 시정권고 및 공표의 상대방, 이해관계인, 참고인 또는 그 대리인에게 서면으로 그 뜻을 통지하여 의견을 진술할 기회를 주어야 한다. 〈개정 2011. 9. 22., 2021. 4. 20.〉

② 제1항에 따른 통지를 받은 시정권고 및 공표의 상대방, 이해관계인, 참고인 또는 그 대리인은 지정된 일시에 지정된 장소로 출석하여 의견을 진술하거나 서면으로 의견을 제출할 수 있다. 〈개정 2021. 4. 20.〉

③ 제2항에 따라 시정권고 및 공표의 상대방, 이해관계인, 참고인 또는 그 대리인이 출석하여 의견을 진술했을 때에는 관계 공무원은 그 요지를 서면으로 작성한 후 의견 진술자에게 그 내용을 확인하고 서명 또는 날인하게 해야 한다. 〈개정 2021. 4. 20.〉

④ 제1항에 따른 통지에는 정당한 사유 없이 이에 따르지 아니하면 의견을 진술할 기회를 포기한 것으로 본다는 뜻을 분명히 밝혀야 한다.

[전문개정 2009. 8. 18.]

제3조의2(원본증명기관의 지정 기준) 법 제9조의3제2항에 따른 원본증명기관으로 지정받으려는 자가 갖추어야 할 전문인력과 설비의 요건은 다음 각 호와 같다. 〈개정 2016. 12. 30.〉

1. 전문인력:전자지문을 이용하여 영업비밀이 포함된 전자문서의 원본 여부를 증명하는 업무(이하 "원본증명업무"라 한다)에 필요한 설비의 운영인력으로서 다음 각 목의 요건을 모두 갖춘 사람 2명 이상을 보유할 것

   가. 「국가기술자격법」에 따른 정보통신기사·정보처리기사 또는 전자계산기조직응용기사 이상의 국가기술자격을 갖출 것

   나. 「국가기술자격법」에 따른 정보기술분야 또는 통신분야에서 2년 이상 근무한 경력이 있을 것

2. 설비: 원본증명업무에 필요한 설비로서 다음 각 목의 사항에 관하여 특허청장

이 정하여 고시하는 기준에 맞는 설비를 갖출 것

가. 원본증명업무 관련 정보의 보관 및 송신·수신에 관한 사항

나. 네트워크 및 시스템 보안 체계에 관한 사항

다. 화재 및 수해(水害) 등 재해 예방 체계에 관한 사항

라. 그 밖에 원본증명업무 관련 시스템 관련 설비 등 원본증명업무의 운영·관리를 위하여 필요한 사항

[본조신설 2014. 1. 28.]

제3조의3(원본증명기관의 지정 절차) ① 법 제9조의3제2항에 따라 원본증명업무를 수행하는 기관(이하 "원본증명기관"이라 한다)으로 지정을 받으려는 자는 별지 제3호서식의 원본증명기관 지정신청서(전자문서로 된 신청서를 포함한다. 이하 "지정신청서"라 한다)에 다음 각 호의 서류(전자문서를 포함한다)를 첨부하여 특허청장에게 제출하여야 한다.

1. 사업계획서

2. 제3조의2 각 호에 따른 전문인력 및 설비를 갖추었음을 증명할 수 있는 서류

3. 법인의 정관 또는 단체의 규약(원본증명기관이 법인 또는 단체인 경우만 해당한다)

② 제1항에 따른 지정신청서를 받은 특허청장은 「전자정부법」 제36조제1항에 따른 행정정보의 공동이용을 통하여 신청인의 법인 등기사항증명서(원본증명기관이 법인인 경우만 해당한다) 및 사업자등록증을 확인하여야 한다. 다만, 신청인이 사업자등록증의 확인에 동의하지 아니하는 경우에는 그 사본을 첨부하도록 하여야 한다.

③ 제1항에 따른 지정신청서를 받은 특허청장은 그 지정신청이 제3조의2에 따른 지정기준을 충족한다고 인정하는 경우 원본증명기관으로 지정하고, 별지 제4호서식의 원본증명기관지정서를 발급하여야 한다.

④ 특허청장은 제3항에 따른 지정을 위하여 필요하면 지정신청서를 제출한 자에게 자료의 제출을 요구하거나 해당 제출자 및 관계 전문가의 의견을 들을 수 있다.

⑤ 특허청장은 원본증명기관을 지정하면 지체 없이 그 사실을 특허청 인터넷 홈페이지에 게재하여야 한다.

[본조신설 2014. 1. 28.]

제3조의4(원본증명기관의 안전성 및 신뢰성 확보 조치) 법 제9조의3제4항에 따라 원본증명기관이 지켜야 할 사항은 별표 1과 같다.

[본조신설 2014. 1. 28.]

제3조의5(원본증명기관에 대한 행정처분의 기준 등) ① 법 제9조의4제3항에 따른 원본증명기관에 대한 행정처분의 기준은 별표 2와 같다.

② 특허청장은 법 제9조의4제3항에 따라 원본증명기관의 지정을 취소하거나 원본증명업무의 전부 또는 일부의 정지를 명한 경우에는 다음 각 호의 사항을 고시하여야 한다.

1. 원본증명기관의 명칭 및 주소(원본증명기관이 법인 또는 단체인 경우에는 대표자의 성명 및 주된 사무소의 소재지를 말한다)

2. 처분의 내용

[본조신설 2014. 1. 28.]

제3조의6(지정취소된 원본증명기관의 인계·인수) ① 법 제9조의4제3항각 호 외의 부분 본문에 따라 지정이 취소된 원본증명기관은 다음 각 호의 서류(전자문서를 포함한다)를 특허청장에게 제출하여야 한다.

1. 원본증명기관지정서 원본

2. 법 제9조의4제4항 본문에 따른 원본증명업무에 관한 기록의 인계·인수계약서 사본 1부

② 법 제9조의4제4항 단서에 따른 원본증명업무에 관한 기록을 인계할 수 없는 경우에는 별지 제5호서식의 원본증명기관 업무인계 불가 신고서에 다음 각 호의 서류를 첨부하여 특허청장에게 제출하여야 한다. 이 경우 특허청장은 원본증명업무에 관한 기록이 다른 원본증명기관에 인계될 때까지는 그 기록을 보관하여야 한다.

1. 인계 불가 사유서 1부

2. 원본증명업무에 관한 기록 및 그 목록 1부

[본조신설 2014. 1. 28.]

제3조의7(과징금의 부과 및 납부) ① 법 제9조의5제1항에 따른 원본증명기관의 위반행위의 종류·정도 등에 따른 과징금의 부과기준은 별표 3과 같다.

② 특허청장은 법 제9조의5제1항에 따라 과징금을 부과하려면 그 위반행위의 종류와 과징금의 금액을 분명히 적어 이를 낼 것을 서면으로 알려야 한다.

③ 제2항에 따라 통지를 받은 자는 통지받은 날부터 20일 이내에 특허청장이 정하는 수납기관에 해당 과징금을 내야 한다. 〈개정 2023. 12. 12.〉

④ 제3항에 따라 과징금을 받은 수납기관은 납부자에게 영수증을 발급하고, 지체 없이 그 사실을 특허청장에게 알려야 한다.

[본조신설 2014. 1. 28.]

제3조의8(신고포상금의 지급 기준 등) ① 법 제16조제1항에 따라 지급 받는 신고포상금(이하 "신고포상금"이라 한다)은 한 사람이 1년간 1천만원을 넘을 수 없다.

② 신고포상금을 지급받으려는 자는 특허청장에게 신청하여야 한다.

③ 특허청장은 제2항에 따른 신청을 받은 경우 그 내용을 확인하여 신고포상금 지급 여부 및 지급액을 결정하고, 그 결정일부터 15일 이내에 신청인에게 알려야 한다.

④ 특허청장은 신고포상금 지급액을 결정하는 경우 다음 각 호의 사항을 고려할 수 있다.

1. 해당 신고가 수사기관의 수사의 근거가 되었는지 여부
2. 법 제2조제1호가목에 따른 부정경쟁행위를 한 자가 취한 이익 및 그로 인한 피해 정도
3. 해당 신고 관련 위반행위에 관한 수사기관의 처리결과

⑤ 제1항에서 제4항까지에서 규정한 사항 외에 신고포상금의 구체적인 지급기준·방법 및 절차 등 신고포상금의 지급에 필요한 사항은 특허청장이 정한다.

[본조신설 2014. 1. 28.]

제4조(업무의 위탁 등) ① 삭제 〈2011. 9. 22.〉

② 삭제 〈2011. 9. 22.〉

③ 법 제17조제2항에서 "대통령령으로 정하는 산업재산권 보호 또는 부정경쟁방지 업무와 관련된 법인이나 단체"란 다음 각 호의 법인 또는 단체를 말한다. 〈개정 2011. 9. 22., 2021. 4. 20.〉

1. 「발명진흥법」에 따라 설립된 한국발명진흥회
2. 법 제2조의5의 업무에 관한 전문성이 있다고 인정되는 법인 또는 단체 중에서 특허청장이 지정하여 고시하는 법인 또는 단체

④ 법 제17조제3항 및 제4항에 따른 지원업무에 종사하는 자에 관하여는 제2조제2항 및 제3항을 준용한다. 〈개정 2011. 9. 22.〉

⑤ 법 제17조제5항에 따라 비용을 지원받으려는 법인 또는 단체는 별지 제6호서식의 부정경쟁방지 및 영업비밀보호 업무비용 지원신청서에 다음 각 호의 서류를 첨부하여 특허청장에게 제출하여야 한다. 이 경우 특허청장은 「전자정부법」 제36조제1항에 따른 행정정보의 공동이용을 통하여 법인 등기사항증명서(법인인 경우만 해당한다)를 확인하여야 한다. 〈개정 2010. 5. 4., 2011. 9. 22., 2014. 1. 28.〉

1. 부정경쟁방지 및 영업비밀보호를 위한 업무계획서
2. 정관(법인인 경우만 해당한다)

⑥ 특허청장은 제3항제2호에 따른 법인 또는 단체의 지정기준과 절차를 정하여 고시하여야 한다. 〈개정 2011. 9. 22.〉

[전문개정 2009. 8. 18.]

[제목개정 2011. 9. 22.]

제4조의2(공동사무의 운영절차) 법 제7조부터 제9조까지 및 제20조에 따른 업무의 운영절차 및 지도 등에 필요한 세부사항은 특허청장이 정하여 고시한다.

[본조신설 2011. 9. 22.]

제5조(교육) 특허청장은 부정경쟁행위방지에 관한 직무에 종사하는 공무원에 대하여 필요하다고 인정하면 직무교육을 할 수 있다.

[전문개정 2009. 8. 18.]

제5조의2(규제의 재검토) 특허청장은 다음 각 호의 사항에 대하여 다음 각 호의 기준일을 기준으로 5년마다(매 5년이 되는 해의 기준일과 같은 날 전까지를 말한다) 그 타당성을 검토하여 개선 등의 조치를 해야 한다.

  1. 제3조의2에 따른 원본증명기관의 지정 기준: 2021년 1월 1일

  2. 제3조의4 및 별표 1에 따른 원본증명기관이 지켜야 할 사항: 2021년 1월 1일

[전문개정 2021. 4. 20.]

제6조(과태료의 부과기준) 법 제20조제1항에 따른 과태료의 부과기준은 별표 4와 같다.

〈개정 2014. 1. 28.〉

[전문개정 2009. 8. 18.]

부칙

〈제33913호, 2023. 12. 12.〉

이 영은 공포한 날부터 시행한다.

[별표 1]
원본증명기관의 안전성 및 신뢰성 확보 조치 (제3조의4 관련)

1. 전자지문의 추출·등록 및 보관(법 제9조의3제4항제1호관련)
   가. 원본증명기관은 원본등록 신청인이 보유한 영업비밀로부터 전자지문을 추출·등록한 후 신청인에게 원본등록확인서를 발급할 것
   나. 원본증명기관은 등록된 전자지문을 안전하게 보관할 것

2. 영업비밀 원본 증명 및 원본증명서의 발급(법 제9조의3제4항제2호 관련)
   가. 원본증명기관은 원본증명서 발급 시 발급받으려는 사람의 신원확인을 위한 절차 등의 기준을 마련할 것
   나. 원본증명기관은 원본증명서의 발급명세 등을 관리할 것

3. 원본증명업무에 필요한 전문인력의 관리 및 설비의 보호(법 제9조의3제4항제3호 관련)
   가. 원본증명기관은 원본증명업무 담당 및 책임 직원에 대하여 그 운영과 관련된 교육을 실시할 것
   나. 원본증명기관은 원본증명업무를 수행하기 위하여 설비의 변경이 필요한 경우 특허청장에게 알릴 것

4. 원본증명업무의 운영·관리(법 제9조의3제4항제4호 관련)
   가. 원본증명기관은 원본증명업무와 관련한 정보가 훼손 또는 변경되지 않도록 관리할 것
   나. 원본증명기관은 원본증명업무에 관한 기록을 관리할 것
   다. 원본증명기관은 특허청장이 정하여 고시하는 시기에 운영·관리 등에 대하여 정기적으로 점검을 받을 것

5. 제1호부터 제4호까지에서 규정하고 있는 안전성 및 신뢰성 확보 조치 관련 구체적 사항은 특허청장이 정하여 고시한다.

행정처분 기준 (제3조의5제1항 관련)

1. 일반기준

  가. 위반행위가 둘 이상인 경우로서 그에 해당하는 각각의 처분기준이 다른 경우에는 그 중 무거운 처분기준에 따른다. 다만, 둘 이상의 처분기준이 모두 업무정지인 경우에는 각 처분기준을 합산한 기간을 넘지 않는 범위에서 무거운 처분기준의 2분의 1의 범위에서 가중할 수 있고, 둘 이상의 처분기준 중 경고가 포함되어 있는 경우에는 경고를 함께 부과할 수 있다.

  나. 위반행위의 횟수에 따른 행정처분 기준은 최근 1년간 같은 위반행위로 행정처분을 받은 경우에 적용한다. 이 경우 기간의 계산은 위반행위에 대하여 행정처분을 받은 날과 그 처분 후 다시 같은 위반행위를 하여 적발된 날을 기준으로 한다.

  다. 나목에 따라 가중된 처분을 하는 경우 가중처분의 적용 차수는 그 위반행위 전 처분차수(나목에 따른 기간 내에 행정처분이 둘 이상 있었던 경우에는 높은 차수를 말한다)의 다음 차수로 한다.

  라. 행정처분기준이 경고인 경우에는 1개월 이상의 기간을 정하여 시정을 명하고 그 기간 동안 위반사항이 시정되지 않으면 2회 위반한 것으로 본다.

  마. 처분권자는 위반행위가 고의성이 없는 사소한 부주의나 오류로 인한 경우 그 처분을 감경할 수 있다. 이 경우 그 처분이 업무정지인 경우에는 그 처분기준의 2분의 1의 범위에서 감경할 수 있고, 지정취소(법 제9조의4제3항제1호 및 제2호에 따른 지정취소는 제외한다)인 경우에는 3월 이상의 업무정지처분으로 감경할 수 있다.

2. 개별기준

위반사항	근거 법조문	위반횟수별 처분기준		
		1차	2차	3차 이상
가. 거짓이나 그 밖의 부정한 방법으로 법 제9조의3제1항에 따른 지정을 받은 경우	법 제9조의4 제3항제1호	지정취소		
나. 법 9조의4제3항 각 호 외의 부분 본문에 따라 원본증명업무의 정지명령을 받은 자가 그 명령을 위반하여 원본증명업무를 한 경우	법 제9조의4 제3항제2호	지정취소		

다. 법 제9조의3제1항에 따른 지정을 받은 날부터 6개월 이내에 원본증명업무를 시작하지 않거나 6개월 이상 계속하여 원본증명업무를 중단한 경우	법 제9조의4 제3항제3호	경고	지정취소	
라. 법 제9조의4제1항제1호에 해당하여 시정명령을 받은 경우 그 시정명령을 정당한 이유 없이 이행하지 않은 경우	법 제9조의4 제3항제4호	업무정지 1개월	업무정지 2개월	업무정지 6개월
마. 법 제9조의4제1항제2호에 해당하여 시정명령을 받은 경우 그 시정명령을 정당한 이유 없이 이행하지 않은 경우	법 제9조의4 제3항제4호	업무정지 1개월	업무정지 2개월	업무정지 6개월
바. 법 제9조의4제2항에 따른 보조금 반환명령을 이행하지 않은 경우	법 제9조의4 제3항제5호	경고	지정취소	

[별표 3]

과징금 부과기준 (제3조의7제1항 관련)

1. 일반기준

　가. 업무정지 1개월은 30일을 기준으로 한다.

　나. 위반행위의 종류에 따른 과징금의 금액은 업무정지기간에 라목에 따라 산정한 1일당 과징금의 금액을 곱한 금액으로 한다.

　다. 나목의 업무정지기간은 별표 2에 따라 산정된 기간(가중 또는 감경을 한 경우에는 그에 따라 가중 또는 감경된 기간을 말한다)을 말한다.

　라. 1일당 과징금의 금액은 위반행위를 한 자의 최근 1년간 월평균 원본증명 등록건수를 기준으로 제2호에 따라 산출한다.

　마. 라목의 최근 1년간 월평균 원본증명 등록건수는 해당 업체에 대한 처분일이 속한 월의 이전 1년간 월평균 원본증명 등록건수를 기준으로 한다. 다만, 신규 지정·휴업 등으로 인하여 1년간의 월평균 원본증명 등록건수를 산출할 수 없거나 1년간의 월평균 원본증명 등록건수를 기준으로 하는 것이 불합리하다고 인정되는 경우에는 일별 원본증명 등록건수를 기준으로 산출하거나 조정한다.

바. 나목에도 불구하고 과징금 산정금액이 1억원을 초과하는 경우에는 과징금의
   금액을 1억원으로 한다.

2. 과징금의 산정방법

1년간 월평균 원본증명 등록건수 (단위: 건)	1일당 과징금 금액 (단위: 만원)
600 이하	20
600 초과 1,200 이하	40
1,200 초과	60

[별표 4]

과태료의 부과기준 (제6조 관련) <u>과태료의 부과기준</u> (제6조 관련)

1. 일반기준

   가. 위반행위의 횟수에 따른 과태료의 가중된 부과기준은 최근 3년간 같은 위반행
      위로 과태료 부과처분을 받은 경우에 적용한다. 이 경우 기간의 계산은 위반
      행위에 대하여 과태료 부과처분을 받은 날과 그 처분 후 다시 같은 위반행위
      를 하여 적발된 날을 기준으로 한다.

   나. 가목에 따라 가중된 부과처분을 하는 경우 가중처분의 적용 차수는 그 위반행
      위 전 부과처분 차수(가목에 따른 기간 내에 과태료 부과처분이 둘 이상 있었
      던 경우에는 높은 차수를 말한다)의 다음 차수로 한다.

   다. 부과권자는 다음의 어느 하나에 해당하는 경우에는 제2호에 따른 과태료 금액
      의 2분의 1의 범위에서 그 금액을 줄일 수 있다. 다만, 과태료를 체납하고 있
      는 위반행위자의 경우에는 그러하지 아니하다.

      1) 위반행위자가 「질서위반행위규제법 시행령」 제2조의2제1항 각 호의 어느
         하나에 해당하는 경우

      2) 위반행위가 사소한 부주의나 오류로 인한 것으로 인정되는 경우

      3) 위반행위자가 법 위반상태를 시정하거나 해소하기 위하여 노력한 것이 인
         정되는 경우

      4) 그 밖에 위반행위의 정도, 위반행위의 동기와 그 결과 등을 고려하여 줄일
         필요가 있다고 인정되는 경우

   라. 부과권자는 다음의 어느 하나에 해당하는 경우에는 제2호에 따른 과태료 금액
      의 2분의 1의 범위에서 그 금액을 늘릴 수 있다. 다만, 법 제20조제1항에 따

른 과태료 금액의 상한을 넘을 수 없다.

1) 위반의 내용·정도가 중대하여 소비자 등에게 미치는 피해가 크다고 인정되는 경우

2) 법 위반상태의 기간이 6개월 이상인 경우

3) 그 밖에 위반행위의 정도, 위반행위의 동기와 그 결과 등을 고려하여 늘릴 필요가 있다고 인정되는 경우

2. 개별기준

위반행위	근거법령	과태료 금액(만원)		
		1회 위반	2회 위반	3회 이상 위반
가. 법 제7조제1항에 따른 관계 공무원의 조사나 수거를 거부·방해 또는 기피한 경우	법 제20조 제1항제1호			
1) 관계 공무원의 영업장 출입을 거부하거나 영업장 조사를 거부하는 등 관계 공무원의 조사를 적극적으로 거부하는 경우		500	1,000	2,000
2) 영업장 내의 증거품을 반출하거나 숨기거나 인멸하는 등 관계 공무원의 조사를 방해하는 경우		200	400	800
3) 정당한 사유 없이 영업장을 이탈하는 등 조사를 기피하는 경우		100	200	400
4) 정당한 사유 없이 관계 공무원의 조사 확인이나 조사에 필요한 제품의 수거를 거부하는 등 기피행위를 한 경우		50	100	200
나. 법 제9조의4제5항을 위반하여 시정명령을 이행하지 않은 경우	법 제20조 제1항제2호	300	600	1,200

부정경쟁행위 방지에 관한 업무처리규정

[시행 2022. 9. 1.] [특허청고시 제2022-18호, 2022. 9. 1., 일부개정.]

제1조(목적) 이 규정은 「부정경쟁방지 및 영업비밀보호에 관한 법률」(이하 "법"이라 한다) 및 같은 법 시행령(이하 "영"이라 한다)에서 위임된 사항과 그 시행에 필요한 사항을 규정함을 목적으로 한다.

제2조(조사대상) ① 이 규정에 따른 조사대상은 법 제7조 제1항에 정한 바와 같다.

② 누구든지 제1항의 조사대상에 해당하는 사실을 알게 된 경우, 별지 제1호 서식의 신고서를 작성하여 특허청장, 시 · 도지사 또는 시장 · 군수 · 구청장에게 제출할 수 있다.

③ 제2항의 신고와 관련하여 피신고인 외에 제3자에 대한 조사가 필요한 경우 그의 동의를 받아 조사할 수 있다.

제3조(조사방법 등) ① 법 제7조의 부정경쟁행위 등의 조사 등을 실시하는 관계 공무원(이하 "조사관"이라 한다)은 조사대상자에게 자료제출이나 출석을 요구할 경우, 다음 각 호의 사항이 적힌 서면을 발송해야 한다.

1. 목적 · 취지 및 내용
2. 제출기한 또는 출석 일시 · 장소
3. 자료제출이나 출석 거부에 대한 제재조치 및 근거 법령

② 조사관은 법 제7조제1항에 따른 현장조사를 할 경우, 별지 제2호 서식의 조사확인서를 작성하고 방문기관의 대표자 또는 종업원이 이를 확인하도록 한 후 확인자란에 서명 또는 날인하게 해야 한다. 다만, 도피 · 부재 · 방해 또는 거부 등으로 조사확인서에 서명 또는 날인을 받을 수 없는 경우에는 그 사유를 명확하게 기록해야 한다.

③ 조사관은 신고인이 동일하거나 위반행위의 동질성이 인정되는 등의 경우에 별개의 사건번호가 부여된 사건을 병합하여 처리할 수 있다.

④ 조사관은 조사과정에서 알게 된 직무상 비밀을 준수해야 한다.

⑤ 조사관은 당사자의 자구능력, 피해 구제의 긴급성 및 피해의 정도 등을 고려하여 신속히 처리할 필요가 있다고 판단되는 경우 이를 다른 사건에 우선하여 조사할 수 있다.

⑥ 조사관은 제3자가 신고한 경우에는 조사과정에서 신고자의 동의 없이 신고자의 신분이 공개되지 않도록 한다.

⑦ 조사관은 전문가 자문이 필요한 경우에 관련 분야의 전문가, 변호사, 변리사, 교수, 특허청 심사관 · 심판관 등으로 구성된 자문회의를 개최하여 의견을 청취할 수 있다.

제4조(증표의 발급) ① 특허청장, 시·도지사 또는 시장·군수·구청장은 조사관에게 영 제1조의3제3항의 증표를 발급한다.

② 특허청장은 법 제17조제3항 및 제4항에 따른 지원업무에 종사하는 자에게 영 제1조의3제3항의 증표를 발급한다.

제5조(제품의 수거 등) 법 제7조제1항에 따른 필요한 최소분량의 제품을 수거한 경우에는 그 제품을 봉인해야 한다. 다만, 제품의 성질과 상태에 따라 봉인할 필요가 없거나 봉인이 곤란하다고 인정하는 경우는 예외로 한다.

제6조(접수대장 및 처리대장의 관리) ① 특허청장, 시·도지사 또는 시장·군수·구청장은 위반행위 접수 내용을 별지 제3호 서식의 접수대장에 작성하고, 위반행위를 한 자에 대한 처리내용을 별지 제4호 서식의 처리대장에 작성한다. 다만, 접수대장 및 처리대장은 전산으로 관리할 수 있다.

② 제5조에 따라 제품을 수거한 경우에는 별지 제5호 서식의 제품수거목록을 작성해야 한다.

제7조(시정권고 등) ① 특허청장, 시·도지사 또는 시장·군수·구청장은 위반행위를 한 자에게 법 제8조에 따라 시정권고를 할 수 있다.

② 시정권고는 별지 제6호 서식의 시정권고통지서에 따른다.

③ 특허청장, 시·도지사 또는 시장·군수·구청장은 제1항의 시정권고를 불이행한 자(법 제18조 제3항 제1호 또는 제2호에 따라 형사처벌이 가능한 위반행위의 경우)를 형사소송법 제234조제2항에 따라 고발할 수 있다. 다만, 특허청장, 시·도지사 또는 시장·군수·구청장은 위반행위의 정도, 위반행위의 동기와 그 결과 등을 고려하여 14일 이내의 기간으로 한 차례에 한정하여 시정권고 내용의 이행을 촉구할 수 있다.

④ 특허청장, 시·도지사 또는 시장·군수·구청장이 제3항에 따라 고발하려면 다음 각 호 중 필요한 서류를 첨부하여 관할 지방검찰청검사장 또는 경찰서장에게 제출해야 한다.

1. 고발장(별지 제7호 서식)

2. 조사확인서(별지 제2호 서식)

3. 진술서(별지 제8호 서식)

4. 상표등록원부 사본(특허청에서 발행한 「주로 도용되는 상표자료집」사본으로 갈음할 수 있음)

5. 법 제7조제1항에 따라 수거한 제품 및 목록

제7조의2(공표의 절차) ① 특허청장, 시·도지사 또는 시장·군수·구청장은 법 제8조에 따른 시정권고를 이행하지 않은 자 중에서 공표여부를 결정하기 위한 대상자(이

하 "공표대상자"라 한다)를 결정한다.

② 특허청장, 시·도지사 또는 시장·군수·구청장은 공표대상자에게 그 사실을 서면으로 통지하여 의견을 진술하거나 제출할 기회를 주어야 한다.

③ 공표대상자는 제2항에 따른 통지를 받은 날부터 30일 이내에 의견서를 제출하거나 의견을 진술할 수 있다. 다만, 천재·지변 기타 부득이한 사유로 인하여 의견서를 제출하지 못하였거나 의견을 진술하지 못한 경우에는 그 사유가 없어진 날부터 10일 이내에 의견서를 제출하거나 의견을 진술해야 한다.

④ 제3항에 따른 기간이 만료하는 날까지 의견서를 제출하지 않거나 의견을 진술하지 않은 경우에는 의견이 없는 것으로 본다.

⑤ 특허청장, 시·도지사 또는 시장·군수·구청장은 제7조의5제4항에 따른 부정경쟁행위공표자문위원회가 개최되는 경우에는 공표대상자에게 개최 예정일 10일 전까지 그 사실을 서면으로 통지해야 한다. 이 경우 직권 또는 공표대상자의 신청에 따라 공표대상자로 하여금 부정경쟁행위공표자문위원회에 출석하여 의견을 진술하게 할 수 있다.

⑥ 특허청장, 시·도지사 또는 시장·군수·구청장은 영 제2조의2제2항에 정한 사항 이외에 다음 각 호의 사유도 고려하여 공표여부를 결정한다.

1. 시정권고를 이행하지 아니한 사유

2. 공표로 인하여 공표대상자가 받을 불이익

3. 공표로 인한 효과

⑦ 특허청장, 시·도지사 또는 시장·군수·구청장은 공표대상자에게 공표여부에 대한 결정서를 서면으로 통지해야 한다.

제7조의3(공표절차의 중지) ① 특허청장, 시·도지사 또는 시장·군수·구청장은 공표대상자가 공표예정일 10일 전까지 시정권고를 이행한 사실을 소명하는 경우에는 공표절차를 중지할 수 있다.

② 제1항에 따라 소명된 이행사실이 시정권고의 내용에 일치하는지 여부에 대하여 부정경쟁행위공표자문위원회에 부의할 수 있다.

제7조의4(공표의 방법) ① 법 제8조제2항에 따라 다음 각 호 사항을 반영하여 공표한다.

1. 공표제목에는 시정권고를 받은 사실을 명료하게 표시한다.

2. 공표내용에는 일반 대중에게 널리 알려진 법위반 사업자의 사업장명이 따로 있는 경우 함께 쓰고, 해당 시정권고를 받은 사실을 원칙적으로 육하원칙에 따라 구체적으로 기재한다.

3. 공표제목, 피신고인, 법위반행위, 시정권고권자, 시정권고의 표시는 글자를 고딕체로 하여 색도를 진하게 한다.

4. 공표문을 둘러싸는 겹테두리를 사각형으로 표시하되 겹테두리의 가운데 여백은

1㎜, 바깥쪽과 안쪽 테두리의 두께는 각각 0.5㎜의 규격으로 한다.

② 공표크기, 매체수, 게재횟수, 공표기간은 다음 각 호에 따른다. 단, 제7조의2제6 항에 따라 공표크기, 매체수, 게재횟수, 공표기간을 달리 정할 수 있다.

1. 공표크기 : 5단 × 12㎝

2. 매체수 : 1개

3. 게재횟수 : 1회

4. 공표기간 : 7일 이내

제7조의5(부정경쟁행위공표자문위원회) ① 특허청장은 공표여부를 결정하기 위하여 필요한 경우에는 부정경쟁행위공표자문위원회(이하 "위원회"라 한다)를 두어 자문을 받을 수 있다.

② 위원회는 변호사, 변리사, 학자, 산업종사자, 특허청 공무원 등 관련 분야 전문가 10인 이내의 자문위원(이하 "위원"이라 한다)으로 구성한다.

③ 위원장은 위원 중 1인으로 하고, 간사는 부정경쟁행위조사팀장이 된다.

④ 위원은 공표여부에 대한 자문을 위하여 필요한 범위 내에서 공표대상자가 시정권고를 받은 해당사건의 기록, 시정권고의 내용, 제7조의2제3항에 따라 공표대상자가 제출한 의견서 등을 열람하거나 공표대상자의 의견을 청취할 수 있다.

⑤ 특허청장은 위원회의 자문을 듣기 위하여 필요한 경우에는 위원회를 개최하여 자문을 요청할 수 있다. 이 경우 위원회는 특별한 사정이 없는 한 특허청장의 자문 요청에 응한다.

제8조(의견청취) ① 특허청장, 시ㆍ도지사 또는 시장ㆍ군수ㆍ구청장은 시정권고, 공표 및 고발을 하기 전에 직권으로 또는 당사자ㆍ이해관계인이나 참고인의 신청에 따라 의견을 진술할 기회를 주어야 한다.

② 의견청취 시 당사자ㆍ이해관계인 또는 참고인은 필요한 증거자료를 제출할 수 있다.

제8조의2(조사의 종결 등) ① 조사관은 조사결과가 확정된 날로부터 7일 이내에 조사 결과를 당사자에게 서면으로 통지해야 한다.

② 조사관은 다음 각 호의 어느 하나에 해당하는 사유가 발생한 경우 조사를 종결할 수 있다.

1. 부정경쟁행위에 해당하는지 여부에 대한 판단이 가능할 정도로 조사가 충분히 이루어진 경우

2. 신고인이 신고를 철회한 경우. 다만, 부정경쟁행위의 개연성이 크고 공익상 필요성이 상당하다고 인정되는 경우에는 철회에도 불구하고 조사를 계속할 수 있다.

3. 조사종결 전에 위반행위가 시정된 경우

4. 피신고인에게 사망·해산·파산·폐업 또는 이에 준하는 사유가 발생하여 시정 조치 등의 이행을 확보하기가 사실상 불가능하다고 인정될 경우

5. 영 제1조의4 제4항에 따라 조사대상자로부터 조사중지의 요청이 있는 사안에 대하여 「발명진흥법」 제43조에 따른 분쟁의 조정이 성립한 경우

③ 다음 각 호의 어느 하나에 해당하는 사유가 발생하여 조사를 계속하기가 곤란한 경우에는 그 사유가 해소될 때까지 조사를 중지할 수 있고, 조사를 중지한 날부터 6개월이 지난 후에도 사유가 해소되지 않을 경우 조사를 종결할 수 있다. 다만, 제6호의 경우 조사를 중지한 날부터 6개월이 지난 후에도 분장의 조정이 계속 중이거나 분쟁조정이 성립하지 않은 경우 조사를 재개할 수 있다.

1. 피신고인의 영업중단

2. 일시적 폐업

3. 법인의 실체가 없는 경우

4. 피신고인의 소재불명

5. 피신고인이 국외에 소재하는 외국인인 경우

6. 영 제1조의4제4항에 따라 분쟁의 조정이 계속 중인 조사사건에 대하여 양당사자로부터 조사중지요청이 있는 경우

7. 그 밖에 제1호부터 제6호까지의 규정에 준하는 경우

제8조의3(재조사) ① 조사를 종결한 사건에 대하여 다음 각 호의 어느 하나에 해당하는 사유가 발생한 경우 재조사를 할 수 있다. 다만, 제1호부터 제3호까지의 규정은 피신고인에 대하여 위법행위가 의심되는 경우로 한정한다.

1. 사실의 오인이 있는 경우

2. 조사종결 후 새로운 사실 또는 증거가 발견된 경우

3. 법령의 해석 또는 적용에 착오가 있는 경우

4. 결론의 기초가 된 민사나 형사의 판결, 그 밖의 재판 또는 행정처분이 다른 재판이나 행정처분에 따라 바뀐 때

5. 조사에 제출된 증거가 된 문서 또는 그 밖의 물건이 위조되거나 변조되었다는 이유로 형사처벌을 받은 때

6. 그 밖에 제1호부터 제5호까지의 규정에 준하는 사유가 있는 경우

② 재조사를 위한 신고는 제1항 각 호의 어느 하나에 해당하는 사유가 발생한 날로부터 1년 이내에 해야 한다. 제1항 각 호에 해당하는 사유가 2 이상인 경우라도 최초 사유가 발생한 날을 기준으로 한다.

③ 재조사를 위한 신고는 1회에 한하여 할 수 있다.

④ 제1항의 조사를 종결한 사건이 시정권고 되었던 사건인 경우 제1항에도 불구하고 재조사를 위한 신고를 할 수 없다.

제9조(시정여부의 확인) ① 특허청장, 시·도지사 또는 시장·군수·구청장은 제7조제1항에 따른 시정권고의 이행여부를 확인해야 한다.

② 시정권고의 이행여부 확인은 법 제8조에 따라 정한 시정기간이 경과한 후 1개월 이내에 별지 제9호 서식의 시정여부확인서에 따라 실시한다.

제10조(자료의 제출) 특허청장은 지방자치법 제166조제1항에 따라 조사업무를 조언·권고·지도하기 위하여 필요한 경우에 시·도지사 또는 시장·군수·구청장에게 별지 제10호 서식의 부정경쟁행위 방지업무 처리실적과 그 밖의 관련 자료의 제출을 요구할 수 있다.

제11조(포상) 특허청장, 시·도지사 또는 시장·군수·구청장은 부정경쟁행위 방지업무 처리실적 등을 평가하여 매년 우수공무원 등에 대한 포상을 실시할 수 있다.

제12조(교육) ① 특허청장, 시·도지사 및 시장·군수·구청장은 부정경쟁행위 방지업무를 효율적으로 하기 위하여 필요한 경우 조사관에 대한 직무교육을 실시할 수 있다.

② 특허청장 또는 시·도지사는 지방자치법 제166조제2항에 따라 지방자치단체가 조사관에 대한 직무교육을 실시하는 데에 필요하다고 인정하면 교육에 필요한 인력, 시설 또는 재정 등을 지원할 수 있다.

제13조(과태료의 부과·징수 등) ① 특허청장, 시·도지사 또는 시장·군수·구청장은 법 제20조에 따른 과태료를 부과하기 전에 별지 제11호 서식의 과태료처분예고서를 부과대상자에게 등기우편으로 송부하거나 직접 발급하여 사전 의견진술의 기회를 부여해야 한다. 이 경우 통지서를 받은 날부터 10일 이내에 의견 진술이 없는 경우에는 의견이 없는 것으로 본다. 다만, 처분대상자가 천재·지변 그 밖의 부득이한 사유로 인하여 의견진술을 할 수 없을 때에는 그 사유가 없어진 날부터 7일 이내에 의견 진술을 해야 한다.

② 특허청장, 시·도지사 또는 시장·군수·구청장이 법 제20조에 따른 과태료를 부과할 때에는 지체없이 별지 제12호 서식의 과태료처분통지서를 부과대상자에게 등기우편으로 보내거나 직접 발급해야 한다.

③ 제2항에서 규정한 과태료처분통지서를 보낸 경우에는 별지 제13호 서식의 과태료부과·수납대장을 작성·관리해야 한다.

④ 제2항에서 규정한 과태료는 통지서를 받은 날부터 20일 이내에 납부해야 한다. 다만 천재·지변 그 밖의 부득이한 사유로 과태료를 납부할 수 없을 때에는 그 사유가 없어진 날부터 7일 이내에 납부해야 한다.

⑤ 제2항에서 규정한 과태료처분에 이의가 있을 경우, 통지서를 받은 날부터 60일 이내에 별지 제14호 서식의 과태료처분에 대한 이의신청서에 불복사유를 적어 이의를 제기할 수 있다.

⑥ 납부의무자가 제4항에서 규정한 납입기한에 과태료를 납부하지 않은 경우에는 국

세 또는 지방세 체납처분의 예에 따라 이를 징수한다.

⑦ 이 규칙에서 정한 사항 외에 과태료처분과 관련해서는 질서위반행위규제법에 따른다.

제14조(재검토기한) 특허청장은 이 고시에 대하여 2023년 1월 1일 기준으로 매 3년이 되는 시점(매 3년째의 12월 31일까지를 말한다)마다 그 타당성을 검토하여 개선 등의 조치를 해야 한다.

부칙

〈제2022-18호, 2022. 9. 1.〉

이 고시는 고시한 날부터 시행한다.

▣ 편 저 조 희 진 ▣

· 부산 동부 지방법원 민사과
· 부산 동부 지방법원 민사계장
· 부산지방법원 민원실장
· 부산지방법원 민사과장
· 부산지방법원 집행관
· 부산지방법원 법무사

해설과 관련판례로 살펴본
알기 쉬운
부정경쟁방지법

2024년 10월 20일 초판 인쇄
2024년 10월 25일 초판 발행

편 저 조희진
발행인 김현호
발행처 법문북스
공급처 법률미디어

주소 서울 구로구 경인로 54길4(구로동 636-62)
전화 02)2636-2911~2, 팩스 02)2636-3012

홈페이지 www.lawb.co.kr
페이스북 www.facebook.com/bummun3011
인스타그램 www.instagram.com/bummun3011
네이버 블로그 blog.naver.com/bubmunk

등록일자 1979년 8월 27일
등록번호 제5-22호

ISBN 979-11-93350-72-0 (13330)

정가 28,000원